高校思想政治理论课辅导教材

思想道德修养与法律基础实践教学指南

主　编　杜爱国　袁　丁　肖　坤
副主编　曹胜亮　秦琬媛　王　东

华中科技大学出版社
http://www.hustp.com
中国·武汉

内 容 简 介

根据教育部 2018 年 4 月印发的《新时代高校思想政治理论课教学工作基本要求》,高校思想政治理论课除理论讲授外,还需安排一定量的实践内容。本书以高等教育出版社《思想道德修养与法律基础(2018 年版)》的教学内容为参照标准,系统设计了课程各章的实践教学环节。

本书的章节内容由四部分组成,包括教学分析、教学热点面对面、实践教学设计、课后练习。本书既包含对《思想道德修养与法律基础(2018 年版)》内容的回顾与总结,又注重开拓学生的课外阅读视野,同时将具体的实践环节落实在丰富多样的课外指导性活动中,以便广大师生更好地落实思政课的相关实践学习要求。

图书在版编目(CIP)数据

思想道德修养与法律基础实践教学指南/杜爱国,袁丁,肖坤主编. —武汉:华中科技大学出版社,2019.10 (2020.10 重印)
ISBN 978-7-5680-5856-8

Ⅰ.①思… Ⅱ.①杜… ②袁… ③肖… Ⅲ.①思想修养-高等学校-教学参考资料 ②法律-中国-高等学校-教学参考资料 Ⅳ.①G641.6 ②D920.4

中国版本图书馆 CIP 数据核字(2019)第 237972 号

思想道德修养与法律基础实践教学指南　　　　　　　　　杜爱国　袁　丁　肖　坤　主编
Sixiang Daode Xiuyang yu Falü Jichu Shijian Jiaoxue Zhinan

策划编辑:曾　光
责任编辑:张　娜
封面设计:孢　子
责任监印:朱　玢
出版发行:华中科技大学出版社(中国·武汉)　　电话:(027)81321913
　　　　　武汉市东湖新技术开发区华工科技园　　邮编:430223
录　　排:华中科技大学惠友文印中心
印　　刷:武汉市籍缘印刷厂
开　　本:787mm×1092mm　1/16
印　　张:10.25
字　　数:262 千字
版　　次:2020 年 10 月第 1 版第 3 次印刷
定　　价:35.00 元

本书若有印装质量问题,请向出版社营销中心调换
全国免费服务热线:400-6679-118　　竭诚为您服务
版权所有　侵权必究

前言

《思想道德修养与法律基础实践教学指南》以习近平新时代中国特色社会主义思想为指导，全面贯彻党的教育方针，落实立德树人根本任务，发展素质教育，培养德智体美全面发展的社会主义建设者和接班人。

本书针对大学生成长过程中面临的思想道德和法律问题，有效开展当代马克思主义的世界观、人生观、价值观和法治观教育，引导大学生坚定崇高的理想信念，弘扬伟大的中国精神，确立正确的人生观和价值观，加强思想品德修养，增强尊法学法守法用法的自觉性，全面提高思想道德素质和法律素质，是一本融思想性、政治性、知识性、综合性和实践性于一体的教材，用于高校大学生思想政治课实践环节的落实与推进。

本书由杜爱国、袁丁、肖坤担任主编，曹胜亮、秦琬嫒、王东担任副主编，参编人员有伍松、刘艳、崔博文、刘吉念、郭俊等。肖坤（湖北商贸学院党委书记）对本书编写进行了统筹安排。感谢武汉科技大学、武汉工程大学、湖北商贸学院、黄冈师范学院等高校对本书的大力支持。

本书在编写过程中，我们倾注了大量精力，力求有所创新，但由于水平限制，时间仓促，尚有诸多不足之处。恳请广大读者批评指正，以便在后期修订中得以完善。

编　者

2019 年 9 月

目 录

绪论 ·· (1)
　　第一节　教材热点面对面 ··· (2)
　　第二节　实践教学设计 ··· (13)

第一章　人生的青春之问 ·· (19)
　　第一节　教材热点面对面 ·· (19)
　　第二节　实践教学设计 ··· (27)

第二章　坚定理想信念 ··· (35)
　　第一节　教材热点面对面 ·· (36)
　　第二节　实践教学设计 ··· (42)

第三章　弘扬中国精神 ··· (60)
　　第一节　教材热点面对面 ·· (61)
　　第二节　实践教学设计 ··· (76)

第四章　践行社会主义核心价值观 ··· (85)
　　第一节　教材热点面对面 ·· (86)
　　第二节　实践教学设计 ··· (93)

第五章　明大德守公德严私德 ··· (101)
　　第一节　教材热点面对面 ·· (102)
　　第二节　实践教学设计 ··· (108)

第六章　尊法学法守法用法 ··· (122)
　　第一节　教材热点面对面 ·· (123)
　　第二节　实践教学设计 ··· (140)

参考文献 ·· (157)

绪　　论

┃学习目标┃

（1）知识目标：初步了解中国特色社会主义进入新时代这一重大历史判断，思考新时代大学生成长成才的基本要求。

（2）能力目标：初步领悟时代新人的基本含义，并结合自身实际进行辩证分析。

（3）素质目标：在教师讲授、学生讨论、课后研学过程中，初步培育大学阶段的学习目的、基本素养、理想信念。

┃理论焦点┃

（1）中国特色社会主义进入新时代。

（2）如何做敢于担当勇于奉献的时代新人。

（3）明确学习思想政治理论课的重要意义。

┃难点突破┃

如何做敢于担当勇于奉献的时代新人。

┃思维导图┃

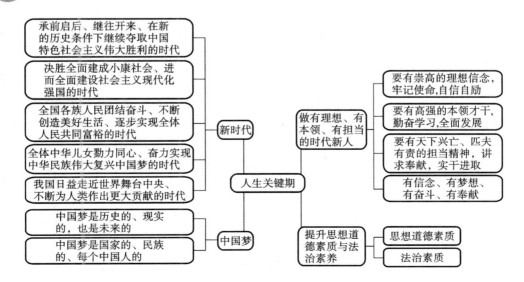

第一节　教材热点面对面

《思想道德修养与法律基础（2018年版）》的绪论部分相比旧版作了较大调整，主要包括两部分："我们处在中国特色社会主义新时代"和"时代新人要以民族复兴为己任"。第一部分教学应重点介绍新时代的特征，说明新时代为大学生成长成才、勤学报国提供了广阔的舞台和无限的机遇。第二部分主要围绕党的十九大提出的"培养担当民族复兴大任的时代新人"战略要求，告诫大学生应珍惜历史机遇，胸怀实现中华民族伟大复兴的中国梦，肩负接续奋斗的光荣使命，坚定理想，增强本领，勇于担当，提升思想道德素质和法治素养，为新时代贡献青春力量。因此，其中主要的理论要点和理论热点包括：

一、理论要点

新时代大学生，肩负民族复兴的大任。如何做好一名合格的大学生，不仅要用理论知识来武装自己，更要坚持实事求是的理想信念，要树立与这个时代主题同心同向的正确理想信念，要培养自己正确的价值观，提高自身综合素质；要勇于担当这个时代赋予的历史责任，励志勤学、刻苦磨炼，在激情奋斗中绽放青春光芒、健康成长、不断进步。大学生要不断提升思想道德素质和法治素养，立志为新时代贡献青春力量。

（一）准确把握"新时代"

中国特色社会主义进入了新时代，这是我国发展新的历史方位。对于我国发展这个新的历史方位应该怎么理解把握，这个新的历史方位对中国特色社会主义又提出了哪些新的要求？这是我们深刻理解把握新时代需要回答的又一个重大问题。

习近平在党的十九大报告中对此作了全面系统的阐述，将新时代的科学内涵明确概括为"五个是"。这对于我们深刻理解把握中国特色社会主义进入新时代的科学内涵，更好理解把握新时代带来的新起点新要求，新时代所要求的新气象新作为，在新时代新征程上更好完成新的历史使命，具有极其重要的指导意义。

（1）从新时代的主题来看，这个新时代，是承前启后、继往开来、在新的历史条件下继续夺取中国特色社会主义伟大胜利的时代。

这个定位明确规定了新时代的主题，鲜明回答了在中国特色社会主义这个新的阶段，要举什么旗、走什么路、朝着什么样的目标前进的问题。习近平指出，这个新时代是中国特色社会主义新时代，而不是别的什么新时代。党要在新的历史方位上实现新时代党的历史使命，最根本的就是要高举中国特色社会主义伟大旗帜。

这一重要论断，深刻揭示了新时代为什么要坚持和发展中国特色社会主义，以及新时代如何坚持和发展中国特色社会主义这一根本问题，为我们深刻理解把握新时代的准确定位和科学内涵，指明了正确方向和科学路径。概括地说，新时代坚持和发展中国特色社会主义，既是我们实现中华民族复兴伟大梦想必须不断推进的伟大事业，又是我们在新的历史起点上创造更加美好未来的根本保证。

实践证明，中国特色社会主义道路是实现社会主义现代化、创造人民美好生活的必由之路，中国特色社会主义理论体系是指导党和人民实现中华民族伟大复兴的正确理论,中国特色社会主义制度是当代中国发展进步的根本制度保障,中国特色社会主义文化是激励全党全国各族人民奋勇前进的强大精神力量。

关于新时代如何坚持和发展中国特色社会主义。习近平指出,社会主义从来都是在开拓中前进的。现在,我们这一代共产党人的任务,就是继续把这篇大文章写下去。坚持马克思主义,坚持社会主义,一定要有发展的观点。我们的事业越前进、越发展,新情况新问题就会越多,面临的风险和挑战就会越多,面对的不可预料的事情就会越多。

要把新时代坚持和发展中国特色社会主义这场伟大社会革命进行好,必须立足新时代新的历史条件,研究和回答新时代中国特色社会主义所面临的新情况新问题。习近平指出,我们中国共产党人干革命、搞建设、抓改革,从来都是为了解决中国的现实问题。

新时代中国特色社会主义就是在回答国内外形势变化和我国各项事业发展提出的一系列重大课题中不断向前推进的。新时代中国共产党人的一项重要历史使命,就是要根据党的十八大以来国内外形势变化和我国各项事业发展提出的重大时代课题,从理论和实践结合上系统回答新时代坚持和发展什么样的中国特色社会主义、怎样坚持和发展中国特色社会主义。

今天,我们党处在这样的历史方位上,摆在我们面前的一项重大历史任务,就是推动中国特色社会主义制度更加成熟更加定型。从形成更加成熟更加定型的制度看,我国社会主义实践的前半程已经走过了。后半程,我们的主要历史任务是完善和发展中国特色社会主义制度,为党和国家事业发展、人民幸福安康、社会和谐稳定和国家长治久安提供一整套更完备、更稳定、更管用的制度体系。

(2)从新时代的目标任务来看,这个新时代,是决胜全面建成小康社会、进而全面建设社会主义现代化强国的时代。

这个定位明确规定了这个阶段要完成什么任务、进行什么战略部署、实现什么目标的问题。概括地说,新时代要完成的历史任务,就是要决胜全面建成小康社会、进而全面建设社会主义现代化强国,实现"两个一百年"奋斗目标、实现中华民族伟大复兴的中国梦。

党的十八大以来,以习近平同志为核心的党中央,把全面建成小康社会纳入"四个全面"战略布局,统筹推进"五位一体"总体布局,全面建设小康社会取得了显著成就。尤其是党的十八届五中全会就全面建成小康社会进行了专题研究。习近平指出,今后五年党和国家各项任务,归结起来就是夺取全面建成小康社会决胜阶段的伟大胜利,实现第一个百年奋斗目标。

党的十九大报告进一步指出,从现在到2020年,是全面建成小康社会决胜期。现在,这个时跨本世纪头20年的奋斗历程到了需要一鼓作气向终点线冲刺的历史时刻。完成这一战略任务,是我们的历史责任,也是我们的最大光荣。按照党的十九大的战略部署,这一阶段要突出抓重点、补短板、强弱项,特别是要坚决打好防范化解重大风险、精准脱贫、污染防治的攻坚战,使全面建成小康社会得到人民认可、经得起历史检验。

党的十九大综合分析国际国内形势和我国发展条件,开启全面建设社会主义现代化国家新征程,并作出分两个阶段安排的战略部署。第一个阶段,从2020年到2035年,在全面建成小康社会的基础上,再奋斗15年,基本实现社会主义现代化。第二个阶段,从2035年到本世纪中叶,在基本实现现代化的基础上,再奋斗15年,把我国建成富强民主文明和谐美丽的社会主义现代化强国。

这个"两步走"战略安排,完整勾画了我国社会主义现代化建设的时间表、路线图,为新时代进行社会主义现代化建设提供了重要遵循,是新时代中国特色社会主义发展的战略安排。这个战略安排既充分体现了历史发展的延续性,又切合国内外形势和我国发展新要求,为第二个百年奋斗目标赋予了新的时代内涵。

从时间看,这个战略安排把基本实现我国社会主义现代化的时间提前了15年。我们知道,从最初提出建成中等发达的社会主义国家,到后来提出基本实现社会主义现代化,时间节点都是本世纪中叶。党的十九大明确提出到2035年基本实现社会主义现代化,将原来设想的时间整整提前15年。应该说,这个幅度是不小的,同样是很大的雄心壮志。

从要求看,这个战略安排把原来基本实现现代化提升为建成富强民主文明和谐美丽的社会主义现代化强国。过去一段时间里,我们说的基本实现现代化,是把中等发达国家作为参照系的。比如,邓小平当初构想"三步走"发展战略,第三步就是在前两步达到温饱和小康的基础上,再奋斗30到50年时间,达到中等发达国家水平。党的十九大报告提出的建成社会主义现代化强国,尽管在字面上跟原来建设社会主义现代化国家只有一字之差,但这个"强"字,使我们要建成的社会主义现代化国家的含金量有了质的飞跃,上了一个大的台阶。

(3)从新时代的主体力量来看,这个新时代,是全国各族人民团结奋斗、不断创造美好生活、逐步实现全体人民共同富裕的时代。

这个定位明确规定了新时代的价值取向和人民立场,回答了新时代发展为了谁、依靠谁,发展成果由谁共享等基本问题,是坚持以人民为中心发展思想的集中体现。

关于新时代发展为了谁的问题。习近平在党的十九大报告中开门见山地亮明了我们党的立场。他深刻指出,中国共产党人的初心和使命,就是为中国人民谋幸福,为中华民族谋复兴。不忘初心、牢记使命,是党的十九大主题的重要内容,也是贯穿十九大报告的灵魂,是习近平新时代中国特色社会主义思想鲜明人民性的集中体现。

关于新时代发展依靠谁的问题。从马克思主义来看,在人类发展历史长河中,人民不仅是物质财富的创造者,也是精神财富的创造者,是变革社会制度、推动历史发展的根本力量。马克思主义唯物史观确立了人民的历史主体地位,深刻揭示了人类社会发展的规律,是社会主义从空想变为科学的一块重要基石。

党的十九大报告在回顾总结过去五年的工作和历史性变革时深刻指出,五年来的成就,是党中央坚强领导的结果,更是全党全国各族人民共同奋斗的结果。真挚的为民情怀、鲜明的人民立场,成为习近平新时代中国特色社会主义思想的一个鲜明特色。

关于新时代发展成果由谁共享的问题。发展为了人民,这是马克思主义政治经济学的根本立场。马克思、恩格斯指出,"无产阶级的运动是绝大多数人的,为绝大多数人谋利益的独立的运动",在未来社会"生产将以所有的人富裕为目的"。邓小平深刻思考和回答了"什么是社会主义,怎样建设社会主义"这一根本问题。他指出,社会主义的本质,是解放生产力,发展生产力,消灭剥削,消除两极分化,最终达到共同富裕。

让广大人民群众共享改革发展成果,是社会主义的本质要求,是社会主义制度优越性的集中体现,是我们党坚持全心全意为人民服务根本宗旨的重要体现。坚持共享发展,集中到一点就是要坚持发展为了人民、发展依靠人民、发展成果由人民共享,使全体人民在共建共享发展中有更多获得感,朝着共同富裕的方向稳步前进。

(4)从新时代实现民族伟大复兴来看,这个新时代,是全体中华儿女勠力同心、奋力实现中华民族伟大复兴中国梦的时代。

这个定位明确规定了新时代的宏伟目标,就是要凝聚起同心共筑中国梦的磅礴力量,实现中华民族的伟大复兴。实现中华民族伟大复兴是近代以来中华民族最伟大的梦想,是一百多年来中国社会发展的主题,也是近代以来全体中华儿女的共同愿望。随着中国特色社会主义进入新时代,实现中华民族伟大复兴进入到一个新的阶段。

一是,新时代是实现中华民族伟大复兴又一个重要的关键阶段。经过中国共产党成立90多年来的接续奋斗,现在我们比历史上任何时期都更接近中华民族伟大复兴的目标,比历史上任何时期都更有信心、有能力实现这个目标。

二是,新时代要实现中华民族伟大复兴,全党必须付出更为艰巨、更为艰苦的努力。习近平指出,团结带领全国各族人民在中国特色社会主义道路上全面建成小康社会,进而全面建成社会主义现代化强国、实现中华民族伟大复兴,是新时代中国共产党的历史使命。党的十九大报告对"新时代中国共产党的历史使命"进行了全面系统的阐述。概括地说,要实现中华民族伟大复兴的梦想,必须进行伟大斗争,必须建设伟大工程,必须推进伟大事业。

三是,新时代要实现中华民族伟大复兴,必须凝聚起全民族的力量。2013年3月,在十二届全国人大一次会议上,习近平全面系统论述了中国梦与中国道路、中国精神、中国力量的关系问题,强调实现中国梦必须走中国道路,必须弘扬中国精神,必须凝聚中国力量。这个中国力量,就是中国各族人民大团结的力量。中国梦是国家的、民族的,也是每一个中国人的,必须紧紧依靠人民来实现,最大限度调动一切积极因素,共同致力于实现中华民族伟大复兴。全国各族人民心往一处想,劲往一处使,13亿多人的智慧和力量就能汇集起实现中华民族伟大复兴不可战胜的磅礴力量。

(5)从新时代中国与世界的关系来看,这个新时代,是我国日益走近世界舞台中央、不断为人类作出更大贡献的时代。

这个定位明确规定了新时代中国与世界关系的深刻变化,回答了新时代中国在国际上处在一个什么样的地位、对人类要作出什么样贡献的问题。我们知道,要正确把握一个国家所处的发展方位,既要从这个国家自身纵向的发展来看,同时也要从横向与其他国家的比较中来看。新时代中国与世界的关系已经发生了深刻的历史性变化,这给新时代中国的发展带来了新的机遇、新的挑战和新的使命。

一是,在这个新时代,我国日益走近世界舞台中央,国际地位有了空前提升。经过新中国成立以来70年,特别是改革开放以来40年的艰苦奋斗,我国的经济实力、科技实力、国防实力、综合国力有了巨大提升,我国国际地位和国际影响力又上了一个大台阶。

二是,在这个新时代,我们面临着很好的发展机遇,也面临着严峻的挑战。习近平深刻指出,当前,我国处于近代以来最好的发展时期,世界处于百年未有之大变局,两者同步交织、相互激荡。当前国内外形势正在发生深刻复杂变化,我国发展仍处于重要战略机遇期,但重要战略机遇期的内涵和条件发生了新的变化。

三是,在这个新时代,中国将作为负责任大国,积极履行应尽的国际义务和责任,始终做世界和平的建设者、全球发展的贡献者、国际秩序的维护者。习近平在党的十九大报告中指出,中国共产党是为中国人民谋幸福的政党,也是为人类进步事业而奋斗的政党。中国共产党始终把为人类作出新的更大的贡献作为自己的使命。实践证明,中国的发展是世界的机遇,中国是经济全球化的受益者,更是贡献者。

中国将以更负责的精神、更开放包容的胸襟、更高质量的增长,在实现自身发展的同时,更好地把国内发展与对外开放统一起来,把中国发展与世界发展联系起来,把中国人民利益同各国人民共同利益结合起来,不断扩大同各国的互利合作,以更加积极的姿态参与国际事务,共同应对全球性挑战,不断为人类作出更大贡献。

(二)新时代青年历史使命的承接与担当

历史赋予使命,时代要求担当。习近平总书记在纪念五四运动100周年大会上号召:"新时代中国青年要珍惜这个时代、担负时代使命,在担当中历练,在尽责中成长。"并对青年担当尽责、成长成才提出了六点期望和要求。对照习近平总书记的期望和要求,青年人要切实承担起推进新时代中国特色社会主义事业的使命,努力成长为新时代德智体美劳全面发展的社会主义建设者和接班人。

作为新时代的青年,应志存高远、忠于祖国,努力做新时代具有远大理想和坚定信念的爱国者。"志不立,天下无可成之事。"习近平总书记勉励广大青年"要励志,立鸿鹄志",并指出,"热爱祖国是立身之本、成才之基",是"立德之源、立功之本"。一个人的理想只有同国家的前途和民族的命运相结合才有价值,一个人的追求只有同社会的需要和人民的利益相一致才有意义。新时代青年只有胸怀忧国忧民之心、爱国爱民之情,才能准确定位自己的人生目标和奋斗方向。"理想指引人生方向,信念决定事业成败。没有理想信念,就会导致精神上'缺钙'。"新时代青年只有用习近平新时代中国特色社会主义思想武装头脑,不断增强"四个自信"、持续坚定中国特色社会主义信念,才能在推进新时代中国特色社会主义事业的爱国奋斗中不断实现人生理想和价值。

作为新时代的青年,应敢于担当、勇于奋斗,努力做新时代具有责任意识和创新精神的建设者。国家命运与个人前途休戚相关,民族振兴与个体发展紧密相连。习近平总书记指出,"新时代中国青年处在中华民族发展的最好时期,既面临着难得的建功立业的人生际遇,也面临着'天将降大任于斯人'的时代使命",希望"新时代中国青年要担当时代责任"。在中国迎来从站起来、富起来到强起来的伟大飞跃新时代,广大青年应深刻认识自身所面临的时代际遇和历史责任,将个人梦与中国梦结合起来,以实现中华民族伟大复兴为己任,不辜负党的期望、人民期待和民族重托,不断将中国特色社会主义伟大事业推向前进。但是,中华民族伟大复兴绝不是轻轻松松、敲锣打鼓就能实现的,需要靠一代又一代人的接续奋斗。"奋斗是青春最亮丽的底色",广大青年要积极响应习近平总书记的号召,"青春是用来奋斗的",要有"锐意创新的勇气、敢为人先的锐气、蓬勃向上的朝气","勇于创业、敢闯敢干,努力在改革开放中闯新路、创新业,不断开辟事业发展新天地"。

作为新时代的青年,应勤奋学习、锤炼身心,努力做新时代具有过硬本领和高尚品格的接班人。习近平总书记教育广大青年:"梦想从学习开始,事业靠本领成就。"追求梦想、担当使命需要依靠过硬的本领,而练就过硬本领则要依靠勤奋学习。青年时期是学习的黄金期,青年要把学习作为首要任务,不仅要学书本上的知识,更要学实践中的知识。要在面向现代化、面向世界、面向未来的大局中不断提升体能、技能和智能,要在感悟新时代、紧跟新时代、引领新时代的新际遇中持续提高自身的素质和能力,通过学习使自己成为新知识、新观念和新思维的集成体。与此同时,要注重修炼品德。新时代青年要不断用社会主义核心价值观涵养自身的言行品格,自觉按照党和人民的要求不断锤炼自己、完善自己。自身的提高是为了成为建设国家的有用之材,而这一价值的最终体现则要通过实践来实现,广大青年要积极投身于新时代中国特色社会主义的伟大实践,努力在新时代改革开放事业的奋斗中成为可堪大用、能担重任的栋梁之材。

二、理论热点

（一）中国特色社会主义新时代标示我国发展新的历史方位

一个国家、一个民族要振兴，就必须在历史前进的逻辑中前进、在时代发展的潮流中发展。习近平总书记指出，中国特色社会主义进入了新时代，这是我国发展新的历史方位。这一重大政治论断，赋予党的历史使命、理论遵循、目标任务新的时代内涵，为深刻把握当代中国发展变革的新特征，增强贯彻落实习近平新时代中国特色社会主义思想的自觉性和坚定性，提供了时代坐标和科学依据，具有重大现实意义和深远历史意义。

1. 对我国发展新的历史方位作出的重大政治论断

顺应时代潮流，把握时代特点，回答时代课题，是中国共产党永葆旺盛生命力和坚强战斗力、不断从胜利走向胜利的一个重要原因。中国特色社会主义进入了新时代这一重大政治论断，是我们党在科学把握时代趋势和国际局势重大变化，科学把握世情国情党情深刻变化的基础上作出的，有着充分的时代依据、理论依据和实践依据。

这一重大政治论断，是根据中国特色社会主义进入新的发展阶段作出的。党的十八大以来，以习近平同志为核心的党中央科学把握国内外发展大势，顺应实践要求和人民愿望，推动党和国家事业发生历史性变革，领导人民取得改革开放和社会主义现代化建设的历史性成就。在新中国成立以来特别是改革开放以来我国发展取得的重大成就基础上，我国发展站到新的历史起点上，中国特色社会主义进入新的发展阶段。这个新的发展阶段，是改革开放40年来发展历程的必然接续，又有很多与时俱进的新特征，比如党的理论创新实现了新飞跃，党的执政方式和执政方略有重大创新，党推动发展的理念和方式有重大转变，我国发展的环境和条件有重大变化，对发展水平和质量的要求比以往更高，等等。需要从新的历史方位、新的时代坐标，科学认识和全面把握中国特色社会主义新的发展阶段。

这一重大政治论断，是根据我国社会主要矛盾发生新变化作出的。社会主要矛盾状况及其变化是社会发展阶段性划分的重要依据。党的十九大提出，我国社会主要矛盾已经由人民日益增长的物质文化需要同落后的社会生产之间的矛盾，转化为人民日益增长的美好生活需要和不平衡不充分的发展之间的矛盾。这个论断，反映了我国发展的实际状况，揭示了制约我国发展的症结所在，指明了解决当代中国发展主要问题的根本着力点。经过改革开放40年努力，我国稳定解决了十几亿人的温饱问题，总体上实现了小康，不久将全面建成小康社会，人民美好生活需要日益广泛，不仅对物质文化生活提出了更高要求，而且在民主、法治、公平、正义、安全、环境等方面的要求日益增长。同时，我国社会生产力水平显著提高，社会生产能力在很多方面进入世界前列，更加突出的问题是发展不平衡和不充分，这已经成为满足人民美好生活需要的主要制约因素。我国社会主要矛盾发生变化，对我国发展全局产生广泛而深刻的影响。需要从新的历史方位、新的时代坐标，科学认识和全面把握我国社会主要矛盾的变化。

这一重大政治论断，是根据历史交汇期新的奋斗目标作出的。从党的十九大到党的二十大，是"两个一百年"奋斗目标的历史交汇期，我们既要全面建成小康社会、实现第一个百年奋斗目标,又要乘势而上开启全面建设社会主义现代化国家新征程,向第二个百年奋斗目标进军。党的十九大综合分析国际国内形势和我国发展条件,既对决胜全面建成小康社会提出明确要求,又将实现第二个百年奋斗目标分为两个阶段安排。从2020年到2035年,在全面建成小康社会基础上,再奋斗15年,基本实现社会主义现代化;在基本实现现代化的基础上再奋斗15年,到本世纪中叶把我国建成富强民主文明和谐美丽的社会主义现代化强国。这是新时代中国特色社会主义发展的战略安排,不仅使实现"两个一百年"奋斗目标的路线图、时间表更加清晰,而且意味着原定的我国基本实现现代化的目标将提前15年完成,第二个百年奋斗目标则充实提升为全面建成社会主义现代化强国。需要从新的历史方位、新的时代坐标,科学认识和全面把握这一鼓舞人心、切实可行的奋斗目标、宏伟蓝图。

这一重大政治论断,是根据我国国际环境发生新变化作出的。世界正处于大发展大变革大调整时期,我国发展仍处于重要战略机遇期和历史机遇期。当代中国已不再是国际秩序的被动接受者,而是积极的参与者、建设者、引领者。中国日益走近世界舞台中央,世界对中国的关注,从未像今天这样广泛、深切、聚焦;中国对世界的影响,也从未像今天这样全面、深刻、长远。同时也要看到,前景十分光明,挑战也十分严峻,我国正处在从大国走向强国的关键时期,"树大招风"效应日益显现,外部环境更加复杂,一些势力对我的阻遏、忧惧、施压不断增大。需要从新的历史方位、新的时代坐标,科学认识和全面把握国际局势和周边环境的新变化。

历史车轮滚滚向前,只有与历史同步伐、与时代共命运,才能赢得光明的未来。作出中国特色社会主义进入了新时代的重大政治论断,彰显了中国共产党与时代共同进步的先进性本色,以及把握历史规律和历史趋势的高度自觉和高度自信。作出这一重大政治论断,符合中国特色社会主义实际,是改革开放以来我国社会发展进步的必然结果,是我国社会主要矛盾运动的必然结果,也是我们党团结带领全国各族人民开创光明未来的必然要求。

2. 新时代的丰富内涵

中国特色社会主义进入了新时代,既不是凭空产生的,更不是一个简单的新概念表述,而是经济社会发展到一定阶段发生的必然历史飞跃,具有丰富厚重的思想内涵、实践内涵和历史内涵。

这个新时代,是承前启后、继往开来、在新的历史条件下继续夺取中国特色社会主义伟大胜利的时代。中国特色社会主义是党和人民90多年来奋斗、创造、积累的根本成就。改革开放以来特别是党的十八大以来,我们党带领人民走中国特色社会主义道路,极大激发了中国人民的创造力,极大解放和发展了社会生产力,极大增强了社会活力,极大提升了我国国际地位,社会主义在中国展现出强大生命力。中国特色社会主义是不断发展、不断前进的,需要一代又一代中国共产党人带领人民接续奋斗。习近平总书记反复强调,坚持和发展中国特色社会主义是一篇大文章,我们这一代共产党人的任务,就是继续把这篇大文章写下去。在中国特色社会主义新时代,我们党治国理政第一位的任务,就是紧紧围绕坚持和发展中国特色社会主义这个主题,团结带领人民奋力实现"两个一百年"奋斗目标,谱写中国特色社会主义新的伟大篇章,让社会主义在中国展现出更加强大的生命力。

这个新时代,是决胜全面建成小康社会、进而全面建设社会主义现代化强国的时代。党的十九大围绕实现"两个一百年"奋斗目标,对经济建设、政治建设、文化建设、社会建设、生态文明建设等作出战略部署,具有很强的战略性、前瞻性、针对性。到2020年如期全面建成小康社会,是我们党向人民、向历史作出的庄严承诺,实现这个目标,今后还有许多"雪山"、"草地"需要跨越，必须举全党全国之力不懈奋斗。全面建成社会主义现代化强国，是第二个百年奋斗目标，更有不少"娄山关"、"腊子口"需要征服。从世界发展史看，已经实现现代化的国家和地区，其现代化大多经历了产业革命以来近300年时间才逐步完成，而我国要用100年时间走完发达国家几百年走过的现代化路程，这种转变不但速度、规模超乎寻常，变化的广度、深度和难度也超乎寻常。因此，坚忍不拔、锲而不舍地为全面建成小康社会、全面建成社会主义现代化强国而奋斗，是中国特色社会主义新时代的必然要求和历史任务。

这个新时代，是全国各族人民团结奋斗、不断创造美好生活、逐步实现全体人民共同富裕的时代。人民对美好生活的向往，始终是我们党的奋斗目标。在中国特色社会主义新时代，我们党把不断创造美好生活、逐步实现全体人民共同富裕作为发展的目标和归宿，体现了以人民为中心的发展思想，体现了我们党全心全意为人民服务的根本宗旨，体现了中国特色社会主义的本质要求。我们党的重大任务，就是更加关注人民对美好生活新的多样化需求，更加关注社会公平正义，更加注重多谋民生之利、多解民生之忧，着力使全体人民在共建共享发展中有更多获得感、幸福感、安全感，着力使全体人民享有更加幸福安康的生活，着力在实现全体人民共同富裕上不断取得实实在在的新进展。

这个新时代，是全体中华儿女勤力同心、奋力实现中华民族伟大复兴中国梦的时代。实现中华民族伟大复兴，是近代以来中国人民最伟大的梦想，凝聚了几代中国人的夙愿。新中国的成立，为民族复兴奠定了坚实基础。改革开放新的伟大革命，为民族复兴注入了强大生机活力。在中国共产党领导下，中国这个世界上最大的发展中国家创造了人类社会发展史上惊天动地的发展奇迹。在中国特色社会主义新时代，中国比历史上任何时期都更接近、更有信心和能力实现中华民族伟大复兴的目标。凝聚起全体中华儿女同心共筑中国梦的磅礴力量，接续奋斗、砥砺前行，就一定能够到达民族复兴的光辉彼岸。

这个新时代，是我国日益走近世界舞台中央、不断为人类作出更大贡献的时代。当今世界，中国人民的梦想同各国人民的梦想息息相通，实现中国梦离不开和平的国际环境和稳定的国际秩序。在中国特色社会主义新时代，面对国际格局和国际关系的深度调整，面对局部冲突和动荡频发、人类需要应对许多共同挑战的外部环境，我们必须统筹国内国际两个大局，始终高举和平、发展、合作、共赢的旗帜，恪守维护世界和平、促进共同发展的外交政策宗旨，牢牢把握构建人类命运共同体的目标追求，始终不渝走和平发展道路、奉行互利共赢的开放战略，坚持正确义利观，树立共同、综合、合作、可持续的新安全观，谋求开放创新、包容互惠的发展前景，促进和而不同、兼收并蓄的文明交流，始终做世界和平的建设者、全球发展的贡献者、国际秩序的维护者。中国为人类文明作出过卓越贡献，在中国特色社会主义新时代，中国一定能为世界的和平与发展、人类的繁荣与进步作出新的更大贡献。

习近平总书记强调，新时代是中国特色社会主义新时代，而不是别的什么新时代。用新时代界定当前我国发展新的历史方位，有利于进一步统一思想、凝聚力量，在新的起点上把中国特色社会主义事业推向前进。

3. 新时代的重大意义

习近平总书记指出："中国特色社会主义进入新时代，在中华人民共和国发展史上、中华民族发展史上具有重大意义，在世界社会主义发展史上、人类社会发展史上也具有重大意义。"党的十九大用"三个意味着"，对中国特色社会主义进入新时代的重大意义作出高度概括。

中国特色社会主义进入新时代，意味着近代以来久经磨难的中华民族迎来了从站起来、富起来到强起来的伟大飞跃,迎来了实现中华民族伟大复兴的光明前景。实现中华民族伟大复兴是近代以来中华民族团结奋斗的最大公约数,是中国共产党与生俱来的历史使命。鸦片战争后,中国陷入黑暗境地,中国人民经历深重苦难。无数仁人志士不屈不挠、前仆后继,矢志不渝探索复兴之路。中国共产党在民族蒙受苦难、探求光明的逆境中应运而生,带领人民历经28年浴血奋战,建立新中国,使"占人类总数四分之一的中国人从此站立起来了"。新中国成立以来特别是改革开放40年来,我们党团结带领人民成功走出一条中国特色社会主义道路,稳定解决了十几亿人的温饱问题,总体上实现小康,不久将全面建成小康社会,中国人民逐步富裕起来。历经苦难与辉煌、曲折与胜利、付出与收获,中国特色社会主义进入了新时代,中华民族正在实现从富起来到强起来的伟大飞跃。到21世纪中叶,我国将全面建成富强民主文明和谐美丽的社会主义现代化强国,物质文明、政治文明、精神文明、社会文明、生态文明将全面跃升,成为综合国力和国际影响力领先的国家,中华民族将以更加昂扬的姿态屹立于世界民族之林。

中国特色社会主义进入新时代,意味着科学社会主义在21世纪的中国焕发出强大生机活力,在世界上高高举起了中国特色社会主义伟大旗帜。习近平总书记指出:"科学社会主义在中国的成功,对马克思主义、科学社会主义的意义,对世界社会主义的意义,是十分重大的。"20世纪80年代末90年代初,苏联解体、苏共垮台、东欧剧变,世界社会主义遭受严重曲折。"社会主义失败论"、"历史终结论"一度甚嚣尘上,"中国崩溃论"在西方也不绝于耳。然而,中国顶住了巨大压力和挑战,坚守和捍卫了社会主义。中国特色社会主义取得了巨大成功,创造出令人惊叹的"中国奇迹",谱写了社会主义发展的辉煌篇章,为历经磨难的社会主义注入强大生命力,在世界上重振了人们对社会主义的信心。邓小平同志曾经指出:"最终说服不相信社会主义的人要靠我们的发展。如果我们本世纪内达到了小康水平,那就可以使他们清醒一点;到下世纪中叶我们建成中等发达水平的社会主义国家时,就会大进一步地说服他们。"进入新时代,中国特色社会主义这面旗帜在当今世界更加鲜艳夺目、更加令人神往,成为引领21世纪科学社会主义发展的伟大旗帜,成为振兴世界社会主义的中流砥柱。

中国特色社会主义进入新时代,意味着中国特色社会主义道路、理论、制度、文化不断发展,拓展了发展中国家走向现代化的途径,给世界上那些既希望加快发展又希望保持自身独立性的国家和民族提供了全新选择,为解决人类问题贡献了中国智慧和中国方案。目前世界上200多个国家和地区中,走资本主义道路的占绝大多数,但搞得比较像样的还是二三十个老牌资本主义国家。即使欧美几个主要资本主义国家,近年来也麻烦不断、衰象纷呈。广大发展中国家追随欧美资本主义国家的发展理念和发展道路,到头来并没有解决发展问题,有的甚至战乱不断、民不聊生。原社会主义阵营中,不少国家选择了走西方道路,结果大多数发展缓慢、困难重重。与之形成鲜明对比的是,在中国共产党领导下,改革开放40年来中国创造了世界历史上的发展奇迹,成功走出了一条独具特色的社会主义现代化道路,打破了发展中国家对西方国家现代化的"路径依赖",为它们树立了发展榜样,提供了全新选择。我国的实践向世界说明了一个道理,世界上没有一种普遍适用的发展模式,推动一个国家实现现代化并不是只有西方制度模式这一条道,各国完全可以走出自己的路。

4. 新时代要有新气象新作为

新时代是奋斗者的时代。中国特色社会主义进入新时代,对党和国家工作提出了许多新要求。要有更高的境界、更强的本领、更优的作风、更好的精神状态,积极主动顺应、锐意开拓进取,创造无愧于新时代的新成就,不断把中国特色社会主义推向前进。

新时代要以新思想为科学指引。伟大的时代孕育伟大的思想,伟大的思想引领伟大的时代。习近平新时代中国特色社会主义思想,是马克思主义中国化最新成果,是中国特色社会主义理论体系的重要组成部分,是全党全国各族人民为实现中华民族伟大复兴而奋斗的行动指南,是引领中国特色社会主义新时代的旗帜和灵魂。党的十九大提出用习近平新时代中国特色社会主义思想武装全党的战略任务,作出在全党开展"不忘初心、牢记使命"主题教育的战略部署,其政治意义、理论意义和实践意义十分重大。要以高度的政治责任感和历史使命感,立足新时代中国特色社会主义伟大实践,深入学习习近平新时代中国特色社会主义思想,坚持不懈用习近平新时代中国特色社会主义思想武装全党。要深入领会这一思想的科学体系、精神实质、实践要求,全面掌握这一思想贯穿的马克思主义立场观点方法,大力弘扬理论联系实际的优良学风,全面增强执政本领,切实把党的科学理论转化为强大物质力量。

新时代要进行新的伟大实践。要在新时代统揽伟大斗争、伟大工程、伟大事业、伟大梦想。进行伟大斗争,要充分认识这场斗争的长期性、复杂性、艰巨性,发扬斗争精神,提高斗争本领,敢于斗争,善于斗争,不断夺取新胜利;推进伟大工程,要按照新时代党的建设总要求,勇于自我革命,不断增强党的政治领导力、思想引领力、群众组织力、社会号召力,确保我们党永葆旺盛生命力和强大战斗力;推进伟大事业,要更加自觉地增强"四个自信",一以贯之坚持和发展中国特色社会主义,把我们党领导人民进行的这场伟大社会革命继续推进下去,谱写中国特色社会主义新篇章;实现伟大梦想,要看到我们比历史上任何时期都更接近、更有信心和能力实现这个伟大梦想,要充分认识到伟大梦想绝不是轻轻松松、敲锣打鼓就能实现的,要付出更加艰巨、更为艰苦的努力。"四个伟大"紧密联系、相互贯通、相互作用,要切实发挥伟大工程的决定性作用,凝聚起全党全国各族人民团结奋斗的强大力量。

新时代要有新的理念举措。一方面,中国特色社会主义进入新时代,我国社会主要矛盾的变化,没有改变我们对我国社会主义所处历史阶段的判断,我国仍处于并将长期处于社会主义初级阶段的基本国情没有变,我国是世界最大发展中国家的国际地位没有变。发展仍然是我们党执政兴国的第一要务。必须牢牢把握社会主义初级阶段这个基本国情,牢牢立足社会主义初级阶段这个最大实际,牢牢坚持党的基本路线这个党和国家的生命线、人民的幸福线。另一方面,在中国特色社会主义新时代,随着我国社会主要矛盾的变化,发展的内涵和重点、理念和方式、环境和条件、水平和要求与过去有很大不同。这就必须更好地贯彻落实新发展理念,针对发展不平衡不充分问题提出新的思路、新的战略、新的举措,努力实现更高质量、更有效率、更加公平、更可持续的发展。最根本的,是要全面坚持党在社会主义初级阶段的基本理论、基本路线、基本方略,不断增强工作的原则性、系统性、预见性、创造性,按照新时代要求在以新的理念举措不断推动发展的基础上,更好解决我国社会出现的各种问题,更好推动各项事业全面发展,更好坚持和发展中国特色社会主义。

新时代要有新的精神风貌。在中国特色社会主义新时代,我们党面临的"四大考验"和"四种危险"仍然是长期的、复杂的、尖锐的、严峻的,全面从严治党永远在路上。这就要求我们深入贯彻落实党的十九大部署,坚持和加强党的全面领导,以刀刃向内的自我革命精神,把党建设好、建设强,使党成为始终走在时代前列、人民衷心拥护、经得起各种风浪考验、朝气蓬勃的马克思主义执政党。要把党的政治建设摆在首位,突出政治建设在党的建设中的统领地位,把政治建设的要求落实到思想建设、组织建设、作风建设、纪律建设和反腐败斗争中,落实到严肃党内政治生活、完善民主集中制、发展积极健康的党内政治文化、营造风清气正的良好政治生态等具体实践中。党员干部要进一步树立政治意识、大局意识、核心意识、看齐意识,在政治立场、政治方向、政治原则、政治道路上始终同以习近平同志为核心的党中央保持高度一致,不断增强忠诚核心、拥戴核心、维护核心的思想自觉和行动自觉,确保党中央权威和集中统一领导,为新时代坚持和发展中国特色社会主义,实现"两个一百年"奋斗目标提供坚强的政治和组织保证。

(资料来源:中共中央宣传部《习近平新时代中国特色社会主义思想三十讲》,学习出版社,2018)

(二)新时代召唤什么样的青年

习近平总书记明确指出,青年兴则国家兴,青年强则国家强。青年一代有理想、有本领、有担当,国家就有前途,民族就有希望。基于中国特色社会主义进入新时代这一科学判断,习近平总书记深刻指出,实现"两个一百年"奋斗目标的历史进程,将贯穿千千万万当代青年成长发展的全过程,"全面建成小康社会,广大青年是生力军和突击队","中华民族伟大复兴的中国梦终将在一代代青年的接力奋斗中变为现实",这些论述是习近平总书记对青年地位和历史作用的新定位新要求,科学阐释了当代青年承担的历史使命和肩负的时代责任,充分体现了以习近平同志为核心的党中央对当代青年的高度重视、充分信任和殷切期望。

热点解读

"十年树木,百年树人。"我们经常将培养人才,比喻成树木的生长、庄稼的种植。在谈到对青年人才的培养时,习近平总书记指出,"这好比小麦的灌浆期,这个时候阳光水分跟不上,就会耽误一季的庄稼"。青年的发展与国家、民族未来的发展紧密相关。只有锻铸理想信念、掌握丰富知识、锤炼高尚品格,才能做新时代的有为青年,成长为担当民族复兴大任的时代新人。

做新时代的有为青年,要厚植其根。"凿井者,起于三寸之坎,以就万仞之深。"青年处于价值观形成和确立的时期,就像穿衣服扣扣子,如果第一粒纽扣扣错了,剩下的扣子都会扣错。在这一时期,尤其需要以德为先,明大德、守公德、严私德,更要善于知行合一,迈稳步子、夯实根基、久久为功。面对纷繁多变的社会现象、社会思潮,如果不能树立社会主义核心价值观,就有可能会疑惑、彷徨、失落,偏离健康的成长航向。正所谓根深才能叶茂,勤学、修德、明辨、笃实,努力把社会主义核心价值观变成日常的行为准则、自觉的信念理念,当代青年才能在时代大潮中建功立业,成就自己的人生。

做新时代的有为青年,要强壮其枝。《劝学》有云,"不积跬步,无以至千里;不积小流,无以成江海"。面对信息时代、多元文化,当代青年理应具备持续学习的能力、不断创新的意识、敢于实践的行动。青年是最富活力、最具创造力的群体,理应走在创新创造的前列。当代青年一定要矢志艰苦奋斗,立足本职、埋头苦干,从自身做起,从点滴做起,用勤劳的双手、一流的业绩,谱写不断创新创造的精彩篇章。要不怕困难、攻坚克难,勇于到条件艰苦的基层、国家建设的一线、项目攻关的前沿,经受锻炼、增长才干,为国家富强、民族复兴、人民幸福作出自己的贡献。

做新时代的有为青年,要繁茂其叶。新时代的中国青年要在求同存异、聚同化异、包容开放中树立家国情怀、远大理想。既要有"小德川流",丰富内在修养,在细节上下功夫;也要能"大德敦化",胸怀世界和未来,树立崇高的理想与志向,为共建人类命运共同体贡献青春力量。

(资料来源:人民网,http://opinion.people.com.cn/n1/2018/0830/c1003-30259623.html)

第二节 实践教学设计

实践教学一:上好大学第一课

【实践目的】

通过对"上好大学第一课"的讨论,让在校大学生明白,大学阶段是人生发展的重要时期,是世界观、人生观、价值观形成的关键时期。教育大学生站在新的历史起点一件事情接着一件事情办,一年接着一年干,在提升自己文化素质的同时,更应提高自己的道德素质,努力做有理想、有本领、有担当的青年,争当新时代的弄潮儿。

【实践方案】

(1)讨论应围绕"读大学的意义是什么""社会价值观多元化的今天是否有必要读大学""大学生应具备何种素质"等问题展开。

(2)采取学生主动发言与教师指定同学发言相结合的方式。教师对每位同学的发言情况如实记录,并要求同学们积极参与课堂讨论。

(3)教师对每位同学的发言进行引导性点评,对发言质量较高的同学当众给予表扬。

【参考资料】

学 以 成 人

新学年开启,又一茬学生告别漫长的高考马拉松,如释重负进入大学门槛。十多年的超负荷学业压力,等到这个时节得以完全释放。在数以百万计的"新科"大学生眼里,进入大学,不仅意味着求学时间和空间的切换,更重要的是,意味着人生道路的质变和转折。近些日子,关于开学第一课的话题被舆论爆炒,击中了数以千万个家庭的交感神经。其中,大学第一课,更是这个话题中的话题。这个话题之所以成为焦点,不仅因为"00后"一代大学生进入大学,还在于这个话题背后沉淀了多年的公众期待和关切。比如,大学为何?这个根本性的命题的有力回应,对于中国当下的大学教育而言,尤为急切。

本来,中国大学自身的问题解决起来都很吃紧,还得多承担一份义务和责任,那就是基础教育的欠账。基础教育有诸般成就,但有一个致命的短板,就是"人"的教育。基础教育铆足了劲,把"教学"效用发挥到极致,致使将本应丰盈的"教育"简化成功利主义的"教学"。长期以来,我们在"素质教育"方面没少费脑筋,但很多素质教育的努力都沦为精致的应试教育,多少应试教育借素质教育之船出海,以至于基础教育的欠账利滚利,因此,在基础教育阶段的"人"的教育包袱,经由高考闸口之后,连本带利传到大学手中。

在大学阶段,"立人"成为刻不容缓的任务。如何把带着强大基础教育惯性的新科大学生,带进正常的大学教育轨道?大学不可能解决所有问题,不可能满足大学生及家长所有的期待,但大学应有使命和责任就是:"立人",让"学以成人"落地开花。

"学以成人",首先得要对"学"有正确的定位和理解。"学"本有极其丰富的内涵,诸如:基于对未知的探求,困惑的解结,去蔽,追求真理,去魅,等等。而不是将"学"简化为学分、绩点以及学业上的三六九指标。求学有功利的成分,但不能过于功利主义。在大学,应让"学"归位,不能把大学教育片面地理解为基础教育的升级版,大学之"学"之所以"大",不止于知识版图的拓展,不止于知识的细分和深化,而在于知识逻辑的切换,在于知识之道的殊异。在大学,要告别对知识的狭隘和功利理解,把知识片面理解为与人生意义和家国情怀无涉的零度知识,"学"的意义必须与"人"关联,人生的意义和社会关怀深度关联。

在大学求学,不是换个地方"刷题"和挣分。大学教育有一个艰难的工作就是:清空此前基础教育功利主义的欠账,从大学之道出发,把"立人"放在重中之重的位置。

大学与社会,有区隔,有关联。处理好大学与社会关系,是为学成人的必修课。大学生在大学学习,既要与社会保持一定距离,保持一点批判性的清高,也须与社会之间保持亲和性,以出世之心入世,练就一身济世本领,而非远离尘嚣,坐而论道,不及物,不接地气,回避社会关切,无视社情民生。大学不能成为社会责任的洼地。大学为国家和社会培养人才,这就要求其所培养的人不是单薄、偏狭、功利之才,而是有时代担当、有价值皈依、有健全人格、有社会责任感的"大道"之才,培养有智慧、有知识的"大学"之才。

古人云:大学之道,在明明德,在亲民,在止于至善。此言用来照明当下大学之路,纠正功利主义教育之偏,仍有疗效。

(资料来源:澎湃新闻,https://www.thepaper.cn/newsDetail_forward_2420412)

实践教学二:我的职业生涯规划

【实践目的】

让学生对自己的大学生活进行总结与反思、对所处的时代进行畅想、对个人进行 SWOT 分析,明确自己的目标,为自己制定一份实现奋斗目标的计划。

【实践方案】

(1)要求每个学生总结自己大学入学以来的生活和学习情况,确立自己在大学期间所要达到的目标,并为实现自己的目标制定一份规划书。

(2)上交规划书。

(3)教师可以在课堂上安排学生就自己的发展规划进行演讲,并进行交流讨论。通过讨论,让在校大学生明白,大学阶段是人生发展的重要时期,是世界观、人生观、价值观形成的关键时期。同时,教育大学生在提升自己文化素质的同时,更应提高自己的道德素质。

【参考资料】

如何做一份有效的职业生涯规划

1. 了解自己

一份有效的职业生涯规划,必须是在充分且正确地认识自身的条件与相关环境的基础上进行。

在开始做规划前,你需要对自己的性格、能力、兴趣、特长、思维方式、思维方法等进行自我评估。不过人难免对自己的认识不够清晰,在自我评估的同时,我们可以请父母、好友帮助。经过这一系列的评估,我们可以找出自己真正的特长和兴趣点,确定一个大致的择业方向和范围。

2. 确定职业目标

很多大学生求职难的真正原因在于,自己不能为自己确立一个清晰的职业定位,所以给自己制定一个清晰的职业目标是非常重要的。

制定自己的职业目标并没有想象的那么难,只要考虑一下你希望在多少年之内达到什么目标,然后一步一步往回算就可以了。目标的设定要以自己的最佳才能、最优性格、最大兴趣、最有利的环境等信息为依据。通常目标分短期目标、中期目标、长期目标和人生目标。

短期目标要看起来可行性非常强,中期目标则是量变就可以达到的。而长期目标,需要我们不懈努力才能达到,譬如一年内学会几个技能,大学毕业前要达到什么水平,最后我们要达到什么水平。人生目标的设定变动最大,我们可以根据变动修正,但在短期内,这个目标要看起来是最为美好伟大的。

3. 制定行动方案

有了目标,下一步我们需要制定一个切实可行的行动方案。

方案中不仅有你的人生终极目标,更需要具体的可行性较强的步骤,这些步骤可以帮助你一步步实现目标,走向成功。举例来说,比如一年学会几个技能,每个月我们要学习多长时间,何时达到熟练的程度等。

4. 开始行动

不管计划多么完美,一切都要落实到行动才可以,这也是所有职业生涯规划中最艰难的一个步骤。如果没有将规划转化成行动,目标永远只能停留在梦想阶段,方案也只能是一纸空文。对于规划中不可预测的部分,我们应当不断地对自己的规划进行评估、修正,才能更好地帮助我们成长!

延伸阅读

1. 东北师范大学2015级本科生刘强:让我们大学生自己讲思政课

从学好思政到讲好思政,从讲好思政到用好思政,四年来,思政课见证着刘强的成长。

刘强从小在农村长大,懂事的他知道家里条件不好,上小学起就帮父亲收废品贴补家用。看着他的刻苦努力,很多老师都给他提供书本,帮他学习。心怀感恩的他在收到东北师范大学公费师范生录取通知书的时候,就下定决心,自己一定要成为一名好老师。

2017年10月,他在吉林省高校学生讲思政课大赛中获得一等奖。同年12月,他以《追逐共产主义的光芒》自讲课程包揽了全国高校学生讲思政课大赛的一等奖、最受学生欢迎奖和最具理论深度奖等多个奖项,很多一线思政教师至今对他印象深刻。

"能不能让大学生自己去讲思政课?"带着这样的问题,他查阅了大量的文献资料,并尝试创建了大学生宣讲思政课的平台——学"习"社。满怀热情的他却遇到了前所未有的"难题"。很多"社员"甚至自身都觉得自己讲的思政课没意思,现场听众寥寥无几更是对自信心的重大打击。作为社长的刘强并没有沮丧,多方探讨和虚心请教后,他调整了宣讲的方式,以讲带学,边学边讲。渐渐地不断有人加入队伍,来听课的学生由原来的零星几人到现在的几十人几百人,他用他的真诚和执着让不可能变成可能,"学习社"也已经发展为拥有900多名固定听众的实体性课堂。

2018年年末,他签约了全国知名的东北师范大学附属中学,成为了该校最年轻的思政课教师,也开启了他新一轮的梦想挑战。

2. 武汉理工大学2015级本科生黄莺:除了看不见我什么都能做

两岁那年的一次高烧,让黄莺成为了一个双目失明的女孩。生活在黑暗世界中的她却对生活充满了希望,她始终坚信:"除了看不见,我什么都能做。"

2015年6月,她作为宁夏首个参加普通高考的盲人学生,以高出当地理科一本线85分的成绩被武汉理工大学社会工作专业录取。

进入大学后,黄莺又面临了新的挑战。生活上,她第一次进入不熟悉的大学校园,面对更复杂的校园环境,甚至有时要往返于15公里以外的校区参加活动。学习上,她也面临了巨大挑战,高数等个别课程没有盲文教材、无法观看老师的板书、考试时必须通过听的方式记住一道题目再进行作答……

这些困难并没有使她退却,相反,她立刻就喜欢上了节奏紧张而又充满活力的大学生活。在老师同学们的帮助下,黄莺顺利学会了使用盲杖在校园行走,并渐渐适应了大学的学习和生活。为了能跟进上课节奏,她摸索出"口述—盲文记录—盲文学习—盲文解题—口述"的学习模式,仅高数一门课程就额外进行了40多次补习,累计抄写的盲文笔记近300页。

黄莺积极参加力所能及的志愿服务活动。她创办了公众号"盲着看看",分享自己在普通高校的学习生活经验,为盲人学生提供盲文辅导与求学的建议,她还为中途失明的学生提供疏导及一定的资源链接。在她的影响下,湖北、辽宁等地的一些视障学生走上了普通高考的道路,并取得了十分优异的成绩。

以"心光"为世界明灯,用不屈为人生铺路。面对人生的残缺,她勇敢坚毅,用加倍的勤奋还击命运的不公。在勤学之路上,她始终记得自己的"心光"——要通过自己的努力拓宽盲人群体的就业之路。

(资料来源:《2019年"最美大学生"事迹扫描》,中国教育报,2019年6月24日第7版,节选)

课后练习

一、单选题

1. 中国共产党第十九次全国代表大会,是在全面建成小康社会决胜阶段、中国特色社会主义进入_____的关键时期召开的一次十分重要的大会。

　　A. 新时期　　　　B. 新阶段　　　　C. 新征程　　　　D. 新时代

2. 十九大的主题是:不忘初心,_____,高举中国特色社会主义伟大旗帜,决胜全面建成小康社会,夺取新时代中国特色社会主义伟大胜利,为实现中华民族伟大复兴的中国梦不懈奋斗。

　　A. 继续前进　　　B. 牢记使命　　　C. 方得始终　　　D. 砥砺前行

3. 中国共产党人的初心和使命,就是为中国人民_____,为中华民族_____。这个初心和使命是激励中国共产党人不断前进的根本动力。

　　A. 谋幸福　谋未来　　　　　　　　B. 谋生活　谋复兴
　　C. 谋幸福　谋复兴　　　　　　　　D. 谋生活　谋未来

4. 五年来,我们统筹推进"_____"总体布局、协调推进"_____"战略布局,"十二五"规划胜利完成,"十三五"规划顺利实施,党和国家事业全面开创新局面。

　　A. 五位一体　四个全面　　　　　　B. 四位一体　五个全面
　　C. 五个全面　四位一体　　　　　　D. 四个全面　五位一体

5. 过去五年,经济保持中高速增长,在世界主要国家中名列前茅,国内生产总值从五十四万亿元增长到_____万亿元,稳居世界第二,对世界经济增长贡献率超过百分之三十。
   A. 六十   B. 七十   C. 八十   D. 九十

6. 脱贫攻坚战取得决定性进展,_____贫困人口稳定脱贫,贫困发生率从百分之十点二下降到百分之四以下。
   A. 六千多万   B. 七千多万   C. 八千多万   D. 九千多万

7. 实施共建"一带一路"倡议,发起创办亚洲基础设施投资银行,设立丝路基金,举办首届"一带一路"国际合作高峰论坛、亚太经合组织领导人非正式会议、二十国集团领导人_____峰会、金砖国家领导人_____会晤、亚信峰会。
   A. 北京 南京   B. 杭州 厦门   C. 南京 北京   D. 厦门 杭州

8. 坚持反腐败无禁区、全覆盖、零容忍,坚定不移"打虎""拍蝇""猎狐",_____的目标初步实现,_____的笼子越扎越牢,_____的堤坝正在构筑,反腐败斗争压倒性态势已经形成并巩固发展。
   A. 不敢腐 不能腐 不想腐   B. 不能腐 不敢腐 不想腐
   C. 不想腐 不敢腐 不能腐   D. 不敢腐 不想腐 不能腐

9. 经过长期努力,中国特色社会主义进入了新时代,这是我国发展新的_____。
   A. 未来方向   B. 未来方位   C. 历史方向   D. 历史方位

10. 中国特色社会主义进入新时代,我国社会主要矛盾已经转化为人民日益增长的_____需要和_____的发展之间的矛盾。
    A. 美好生活 不充分不平衡   B. 幸福生活 不平衡不充分
    C. 幸福生活 不充分不平衡   D. 美好生活 不平衡不充分

11. 必须认识到,我国社会主要矛盾的变化,没有改变我们对我国社会主义所处历史阶段的判断,我国仍处于并将长期处于_____的基本国情没有变,我国是世界最大发展中国家的国际地位没有变。
    A. 社会主义阶段   B. 社会主义初级阶段
    C. 社会主义中级阶段   D. 社会主义高级阶段

12. _____是实现社会主义现代化、创造人民美好生活的必由之路。
    A. 中国特色社会主义道路   B. 中国特色社会主义理论体系
    C. 中国特色社会主义制度   D. 中国特色社会主义文化

13. _____是指导党和人民实现中华民族伟大复兴的正确理论。
    A. 中国特色社会主义道路   B. 中国特色社会主义理论体系
    C. 中国特色社会主义制度   D. 中国特色社会主义文化

14. _____是当代中国发展进步的根本制度保障。
    A. 中国特色社会主义道路   B. 中国特色社会主义理论体系
    C. 中国特色社会主义制度   D. 中国特色社会主义文化

15. _____是激励全党全国各族人民奋勇前进的强大精神力量。
    A. 中国特色社会主义道路   B. 中国特色社会主义理论体系
    C. 中国特色社会主义制度   D. 中国特色社会主义文化

16. 新时代中国特色社会主义思想,明确坚持和发展中国特色社会主义,总任务是实现社会主义现代化和中华民族伟大复兴,在全面建成小康社会的基础上,分_____在 21 世纪中叶建成富强民主文明和谐美丽的社会主义现代化强国。

A. 两步走　　　　B. 三步走　　　　C. 四步走　　　　D. 五步走

17. 新时代中国特色社会主义思想,明确中国特色社会主义最本质的特征是_____。

A."五位一体"总体布局　　　　　　B. 建设中国特色社会主义法治体系

C. 人民利益为根本出发点　　　　　D. 中国共产党领导

18. 发展是解决我国一切问题的基础和关键,发展必须是科学发展,必须坚定不移贯彻_____的发展理念。

A. 创新、协调、绿色、开放、共享　　B. 创造、协调、生态、开放、共享

C. 创新、统筹、绿色、开放、共享　　D. 创造、统筹、生态、开放、共享

19. _____是中国特色社会主义的本质要求和重要保障。

A. 全面依法治国　　　　　　　　　B. 全面从严治党

C. 全面发展经济　　　　　　　　　D. 全面可持续发展

20. _____是一个国家、一个民族发展中更基本、更深沉、更持久的力量。

A. 道路自信　　　B. 理论自信　　　C. 制度自信　　　D. 文化自信

二、简答题

新时代的大学生如何将立鸿鹄志、做奋斗者与脚踏实地、练真本领有机结合起来?

参 考 答 案

一、单选题

1. D　2. B　3. C　4. A　5. C　6. A　7. B　8. A　9. D　10. D
11. B　12. A　13. B　14. C　15. D　16. A　17. D　18. A　19. A　20. D

二、简答题

略。

第一章　人生的青春之问

学习目标

（1）知识目标：探讨"人的本质"，引申至人生观的思考。
（2）能力目标：理解人生目的、人生态度和人生价值的相互关系。
（3）素质目标：掌握积极进取人生态度的内涵及人生价值的评价标准及方法。

理论焦点

（1）人的本质和人生目的。
（2）辩证对待人生矛盾的相关理论。

难点突破

（1）如何看待和甄别社会上存在的各式人生观，自觉抵制和摈弃错误的人生观。
（2）如何不虚度、不辜负青春，为国家、为社会贡献青春之力，成就出彩人生。

思维导图

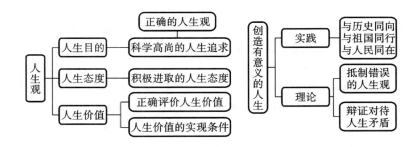

第一节　教材热点面对面

《思想道德修养与法律基础（2018年版）》第一章的第一节是第二节和第三节的逻辑起点与理论支撑。第一节首先对"人是什么"和"人的本质是什么"等问题进行了阐述，使学生对"人的本质"有科学的认识。其次从理论层面阐述了人生观的主要内容，使学生明确人生观的三个主要方面。最后阐述人生观与世界观的密切关系,明确树立正确的人生观离不开马克思主义科学世界观的指导,使学生明确应把自己的人生追求同社会的发展进步紧密结合起来,在为社会作贡献的过程中实现自己的人生价值。

第二节具体阐述应确立怎样的人生追求(人生目的)、应保持怎样的人生态度、应掌握怎样的评价人生价值的方法,以及应如何把握人生价值的实现条件。第三节第一目阐述大学生应辩证对待人生矛盾,树立正确的幸福观、得失观、苦乐观、顺逆观、生死观、荣辱观,是人生观的具体应用,也对错误人生观的表现单独列出,正反两方面的对比得出结论:要"成就出彩人生"必须与历史同向、与祖国同行、与人民同在,服务人民,奉献社会。

一、理论要点

2019年4月30日举行的纪念五四运动100周年大会上,习近平对新时代中国青年提出了殷切期望。他指出:"新时代中国青年处在中华民族发展的最好时期,既面临着难得的建功立业的人生际遇,也面临着'天将降大任于斯人'的时代使命。新时代中国青年要继续发扬五四精神,以实现中华民族伟大复兴为己任,不辜负党的期望、人民期待、民族重托,不辜负我们这个伟大时代。"青年的价值取向决定了未来整个社会的价值取向,大学时期是世界观、人生观、价值观形成的关键时期。青年学生应把自身的理想信念和人生追求同国家前途和民族命运紧密联系起来,才能在新时代的大舞台上展现才华、奉献社会,才能在实现中华民族伟大复兴的征程中贡献青春力量,成就精彩人生,实现人生价值。

(一)正确认识人的本质

人之所以为人,是因为我们在不断追问和思考中去探索、发现、进化。人对自身的认识和人生的探知自人类起源以来从未停止。"我是谁""人是什么""人为什么活着"等一系列的追问也极大地激发和积累了人类的自我认知和改造世界的能力。古往今来的思想家也贡献了极为丰富和宝贵的思想资料。

古希腊哲学家苏格拉底在讲学时曾问道:"人是什么?"弟子们众说纷纭,一片嘈杂。得意弟子柏拉图信心满满地答道:"人是没有羽毛,能够直立行走的动物。"听完之后,苏格拉底扔出一只被拔光了羽毛的公鸡,公鸡因受到惊吓,绕场行走了好几圈才停下。他笑着对柏拉图说:"看,这就是你说的人。"柏拉图羞红了脸,从此以后认真研学,最终也成了古希腊最负盛名的哲学家。最终,马克思运用辩证唯物主义和历史唯物主义的立场、观点和方法,解开了"人的本质"之谜。他指出:"人的本质不是单个人所固有的抽象物。在其现实性上,它是一切社会关系的总和。"可见,人的本质的探寻和研究经历了一个漫长的过程,只有从科学的角度进行分析,才能得出正确客观的认识。人是自然属性和社会属性的结合体,缺一不可。曾经轰动一时的印度"狼孩"事件,为什么认定狼孩不属于人类呢?因为它在长期与狼群生活中丧失了社会属性的培养和形成,只保留了动物的自然属性。据此,之前的争论不休才得以清晰分辨和定义。

理解了人的本质,我们也就深刻地理解到,为什么说人的存在和发展必须依托社会的存在和发展,两者相互统一、不可分割。个人的成长和发展推动国家的不断革新和发展;国家的稳定发展和繁荣富强又给个人向"自由而全面的发展"提供了物质保障和智力支持。青年学生们只有认识到这点,才能自觉、主动、积极地将"小我"和"大国"紧密联系起来,才能树立科学崇高的的人生理想,力争成为一个"大写的人"。

(二)树立正确的人生观

当前,我国正处于社会转型的攻坚阶段。随着经济社会领域的不断改革与深化,在思想文化领域,主流文化与非主流文化发生碰撞,大学生人生观的形成与发展面临着严峻的挑战。大学生群体位居国民教育的高端,是中国特色社会主义事业的建设者和主力军,他们思维敏捷、思想活跃,且具有很强的可塑性。大学生人生观的正确与否不但影响到他们自身的成长和才智的发挥,而且也事关社会的发展和国家的未来。

有什么样的人生观,就会有什么样的世界观。青年学生应该深入学习马克思主义关于人生问题的基本理论,积极面对和处理人生问题的科学方法,树立正确的人生观,明确人生目的、端正人生态度、认识人生价值,为创造有意义的人生奠定良好的基础。

1. 科学高尚的人生追求

和平与发展仍然是当今世界的主题,然而国际关系围绕利益而出现的摩擦、争端、冲突,甚至小规模战争,也时有发生。所以,新时代的青年学生更应该居安思危,心系祖国的稳定与发展,树立高尚的人生追求,努力拓展自己的格局。古人云,"求上居中,求中居下",只有科学地遵循高尚的人生目标,我们才能一步一个脚印,努力学习和储备技能与经验,在国家需要我们的时候,能源源不断地贡献自己的智慧和力量。

"服务人民、奉献社会"代表了人类社会迄今最先进的人生追求。服务人民就是一切从人民的利益出发,为人民办事,为人民提供高质量的服务;奉献社会就是要求我们树立奉献社会的精神,并通过兢兢业业的工作,自觉为社会和他人作贡献。服务人民、奉献社会要求我们树立科学高尚的人生追求,这是唯物史观的基本要求,也是提升自我人生境界的需要。唯物史观认为,在社会历史发展过程中,人民群众起着决定性作用,人民群众是社会物质财富和精神财富的创造者,是社会变革的决定力量。因此毛泽东说:"人民,只有人民,才是创造世界历史的动力"。我们当代大学生要把对国家和人民事业的无私奉献作为自己人生的最高追求,在服务人民、奉献社会中收获人生的美好。

2. 积极进取的人生态度

正如歌曲《真心英雄》中唱道:"把握生命里的每一分钟,全力以赴我们心中的梦。不经历风雨怎么见彩虹,没有人能随随便便成功。"青春稍纵即逝,人生有且只有一次,想成就出彩人生,大学生必须从现在开始珍惜时光,正确认识、处理生活中各种各样的困难和问题,保持认真务实、乐观向上、积极进取的人生态度才能笑对各种困难和磨炼,从容应对、游刃有余。回顾新中国历史,在漫长的革命历程中,工农红军历经千辛万苦,却始终保持革命乐观主义精神,为后来的革命胜利起到了重要的精神支柱和指引作用。毛泽东在《七律·长征》中写道:"红军不怕远征难,万水千山只等闲。五岭逶迤腾细浪,乌蒙磅礴走泥丸。金沙水拍云崖暖,大渡桥横铁索寒。更喜岷山千里雪,三军过后尽开颜。"面对让敌人望而却步的天堑地险,这是何等的气势磅礴,何等的乐观积极!所以,虽然长征过后,工农红军由原来的三十多万人,只剩下不到三万人,却仍然带领全国人民打赢了艰苦卓绝的持久战,最终迎来了革命的胜利和新中国的成立。

3. 人生价值的评价与实现

莎士比亚说:"仅仅一个人独善其身,那实在是一种浪费。上天生下我们,是要把我们当作火炬,不是照亮自己,而是普照世界;因为我们的德行尚不能推及他人,那就等于没有一样。"因此,评价人生价值的根本尺度是看一个人是否符合社会发展规律,是否促进了历史的进步。

人生的价值表现在青年学生上,就是看他们是否心怀国家、放眼世界、刻苦努力的学习,珍惜大学四年的宝贵学习时光,不浑浑噩噩,不虚度光阴,立志用自己的聪明才智为国家和社会真诚奉献,为人民群众服务。

此外,正确评价人生价值除了掌握科学的标准,还要掌握恰当的方法,坚持三个统一:坚持能力有大小与贡献须尽力相统一,坚持物质贡献与精神贡献相统一,坚持完善自身与贡献社会相统一。罗素曾说过:"人生就把握在自己的手中。"任何人都只能在一定的主客观条件下实现自己的人生价值,因而正确把握人生价值的实现条件至关重要。

实现自己的人生价值要从社会的客观条件和自身条件出发,要不断增强实现人生价值的本领和能力。人生的社会价值是实现自我价值的基础,人的自我价值的实现是社会发展的根本目标,人的自我价值的实现有助于个体为社会创造更大的价值。

(三)创造有意义的人生

如今,随着社会发展和进步,人们的物质生活需求得到了不断满足,不少人却迷失了人生的方向。人是精神和物质的结合体,缺一不可。如何创造有意义的人生,是每个时代的灵魂拷问。

1. 学会辩证的对待人生矛盾

矛盾即"对立统一",是事物发展的关键因素,所以"时时有矛盾、事事有矛盾",矛盾的产生和出现是很平常的事情。辩证对待人生矛盾,才能不害怕、不过分焦虑矛盾的出现,积极应对,沉着冷静地思考矛盾的根源,积极乐观地寻求解决路径。要在这个过程中,努力树立正确的幸福观、得失观、苦乐观、顺逆观、生死观和荣辱观。不断锻造我们的精神和内心,理解事物的变化需要一个量变的积累才能达成质变,而我们需要付出的是积极、努力、坚守和耐心。

2. 自觉抵制错误的人生观

追求人生的终极目标幸福、快乐的进程中,我们会受各种错误思潮和腐朽思想影响,现实生活中出现了各种各样的错误人生观,如崇拜金钱的拜金主义、崇尚感官刺激的享乐主义和夸大个人利益的极端个人主义。这三种人生观,对人的需要的理解都是片面的,都没有正确把握个人与社会的关系,都忽视或否认了社会性是人存在和活动的本质属性。这三种人生观的共同点是:求名图利,寻欢作乐;追逐权势金钱,纵情享乐。现实生活中的人,有享乐的欲望,又能把握好"度",应是正常;如果放纵,成为金钱和欲望的奴隶,就值得警惕,极易以各种不正当手段获得享乐资源。

"互联网+"的时代,青年学生处在一个信息和资讯爆炸的时代,我们的思想和生活方式时刻面临各种思潮的冲击和影响。在一次社会调查中,面对"长大以后你想做什么"的问题,很多小学生的回答是"我未来的理想是当网红"。面对孩子们的这一"理想",有些家长显得有些踌躇,但也有一些家长觉得无可厚非。从公众的角度来说,网红就是那些通过网络走红的人,既有能将自身的专长发挥到极致的草根达人,也有凭借爆料隐私、行为出格、装萌邀宠而走红的各种人。但是,网红中不乏励志型人物,比如"布鞋院士""最美教师"等;然而,也有一些网红炫富、炫身材、爆粗口、诈骗敛财等,各种出格甚至违法的行为,给处在人格塑造时期的青年学生造成了非常负面的影响甚至出现盲从现象。所以,当网红本身并无所谓好坏,关键在于是以什么样的人生观去引导自己甄别观念和思想的正确与否,最终不偏不倚达成人生的目标。

3. 服务人民、奉献社会的实践——成就出彩人生

马克思在《青年在选择职业时的考虑》中表示,如果我们选择了最能为人类服务的职业,我们就不会被任何重负所压倒,因为这是为全人类所做的牺牲。那时我们所得到的将不是可怜的、有限的和自私自利的欢乐。我们的幸福将属于千万人。我们的事业并不显赫一时,但将永远存在。面对我们的骨灰,高尚的人们将洒下热泪。或许,人民这个概念对于许多人而言过于宽泛,觉得服务人民的目标似乎过于高大上,不是我们普通学生所能达成的,其实这是对"人民"含义的不理解导致的。

人民是以劳动群众为主体的社会基本成员。在不同的国家和各个国家的不同历史时期,人民有着不同的内容。在民主制或共和制的国家里,"人民"的含义是很广泛的,几乎所有的阶层,都属于"人民"的范畴。在我国社会主义时期,一切赞成、拥护和参加社会主义建设事业的阶级、阶层和社会集团,都属于人民的范围。不同的时代背景下,所塑造的世界观是不同的,但无论时代背景如何变化,都应坚守内心底线,做一个有坚定信念的大学生。2017年的热播剧《人民的名义》很好地诠释了对"人民"一词的理解和担当。剧中的陈岩石老党员给每一个人上了生动的一课,从15岁加入中国共产党开始,陈老的一生没有被大环境影响,始终保持着革命战争时期对党和人民事业的那股赤胆忠心。始终恪守全心全意为人民服务的宗旨,捍卫真理,不惧权贵。所以,成功的定义不在于拥有多少财富和社会地位的高低,而在于自我价值的实现。大学生是新时代的生力军,面对社会上的许多诱惑和挑战,能否始终坚守底线、不忘初心,显得十分重要。时刻牢记自己的使命,树立共产主义的远大理想,始终坚持实现中华民族伟大复兴的共同理想和坚定信念,把实现自我价值作为目标,树立正确的世界观。

道理千万条,实干出真知。"实践是检验真理的唯一标准",社会实践是科学理论、创新思维的源泉,是检验真理的试金石,也是青年锻炼成长的有效途径。新时代的中国,最重要的社会实践就是实现中华民族伟大复兴的实践。为此,大学生应与历史同向、与祖国同在、与人民同行,坚持理论联系实际,积极投身社会实践,服务人民,奉献社会,以实现最大的人生价值,创造无悔的青春。

二、理论热点

(一)"大学废了,可能一生都废了"

2018年10月11日,湖南环境生物职业技术学院发布通告,决定对学业成绩没有达到要求的22名学生进行清退;另外,还有40名学生留级。原因不是违反校规校纪,也不是闯了大祸,而是考试不合格。2018年10月12日《人民日报》报道,985名校华中科技大学发布一则通告,决定把18名学生的本科学历转成专科,原因还是考试成绩不合格。两件事情差不多同一时间出来,网上瞬间就炸锅了:"大学不好混了!"可是,大学原本是用来混的吗?

《人民日报》还刊登过一篇文章,标题很刺眼:《沉睡中的大学生:你不失业,天理难容》。文中所描述的情景,确实在当今的学校屡见不鲜:"上课时,清醒没有发呆的多,发呆没有睡觉的多,睡觉没有玩手机的多;下课时,自修没有吃零食多,吃零食没有看连续剧多,看连续剧没有游戏多。考试时,不给范围就不会考试,给了范围也只是复印同学准备的答案。毕业前,上大学前填报志愿,你说不知道自己的兴趣特长,好吧,大学毕业找工作了,同样不知道自己的兴趣

特长。"

专业课一塌糊涂,做了4年实验,定容都未必会;每学期到来,领来一摞新书,期末再卖出去,还是新的,翻都没翻过;这是在上学吗？这是在混日子!

热点解读

大学,一度被误导成青年学生奋斗的终点站。有可能不少老师和家长会告诉你:"苦过高中,到了大学就轻松了。"真的是这样吗？很明显不是。大学相对于之前的基础教育阶段,是绝大多数同学进入社会前最后一次系统学习。相对来说,大学更有包容度,更有自由度,塑造的也不仅仅是你的知识,还有体系化思考、价值观、良好习惯、学习和解决问题的能力等。所以,在大学混日子的人,废掉的不只是这4年,很有可能,废了一生。

大学4年混过去,你会丧失什么？

第一,体系化的知识与思考。大学真正的定位是,你在进入社会之前最后一次系统性学习。就是指基于一个点,深挖,最后形成在此专业中体系化的知识。你身边可能有很多人,并不具有体系化的知识,他们好像什么都懂,但什么都只懂得一些碎片。知识不成体系的人,会有两个截然不同的观点从他嘴里说出来,而无论哪个观点,他都能说得振振有词,以为自己说得有理,其实只不过彰显了自己的浅薄。大学真正要培养的就是学生体系化思考的能力,同时,让知识形成体系。只有体系化的思考能力和体系化的知识,才真正有深度,才不会形成偏见。

第二,学习和解决问题的能力。在大学除了知识之外,还必须拥有一项能力,即自主更新知识结构的能力,也就是学习能力。大学,就应该是"思想市场"的承载体,是各类观念、知识、理论的承载体。知识不是真理,事实上,从人类历史上可以看得出来,知识一经被提出,就已经过时了,而且是残缺不全、等待更新的,甚至有可能是错的。也就是说,你接收到的任何知识,或许都是已经落伍的。所以,对于大学生来说,除了接受这些知识之外,更重要的能力,在于学习能力。即遇到新问题,如何解决,如何利用现有的知识、前人的经验解决。当你要接受一个新的理论,如何尽快啃下,然后能迅速将其利用到实际操作当中来,这才是更重要的。当你一旦具备了这种快速学习和解决问题的能力之后,你会发现,其实任何领域,做事的道理都是一样。任何一项工作,你都可以快速上手、熟练。

第三,自我教育能力的丧失。自我教育能力,主要是指两个方面:第一个是阅读习惯;第二个是自我行为能力纠正。大学混过去,阅读习惯基本没有。有一本书《读大学,究竟读什么》中有一段话:"很多人觉得自己最厉害,是在高中阶段,什么都懂,什么都学,理科文科都懂,800字文章提笔就来,每天看杂志,看很多哲人的思想著作。每天早上很早起来晨读,每天晚上,关灯之前,都要看半个小时书、背几个单词才会睡觉。这种良好的习惯,大概是从初中就开始养成,花了6年时间。大部分人在大学阶段,不到2年,就把它荒废殆尽。"养成一个好习惯,需要21天,坚持下来,需要好几年,但毁掉它,几个月、半年就够了。什么叫自我行为能力纠正呢？是指你能意识到,你正在做不合适的事情,你知道自己的做法不妥,并试图纠正。但在大学里,这种能力,随着混日子的时间越来越长,基本就没有了。大一,你不会翘课,偶尔迟到,上课玩手机,会有点愧疚,觉得自己做错了。大二,你经常性迟到,并不觉得有什么了不起,"迟到嘛,太正常了";你上课基本不听讲,去了,但眼睛都盯着手机屏幕。大三,你基本不去上课,甚至连床都懒得下,就是待在床上玩手机、玩网游。每一年都比上一年混日子的程度更深。

对于在大学混日子的人来说,混过每一天之后,对错误行为的"阈值"都在降低。从迟到到翘课,甚至到之后不再去上课,最后发展到天天在网吧泡着,学校都不回,并且心中坦然接受,并不觉得有什么不对,自我行为能力基本为 0。大学、学历和能力一样,都至关重要。大学,真的能改变你,你的人生,你的阶层,你的收入,你的见识,你的人脉,等等。所以,别再把大学当混日子的场所了,否则混完出去找工作,只会四处碰壁,最后沦为啃老族。大学是你人生下一步的起点,而不是终点。好好念大学,真的可以改变你很多。加油吧,少年!

(二)青春是用来奋斗的

马克思曾说,青春的光辉,理想的钥匙,生命的意义,乃至人类的生存、发展……全包含在这两个字之中……奋斗!只有奋斗,才能治愈过去的创伤;只有奋斗,才是我们民族的希望和光明所在。1939 年 5 月 30 日,庆贺模范青年大会在延安召开。毛泽东同志在讲话时说:"中国的青年运动有很好的革命传统,这个传统就是'永久奋斗'。我们共产党是继承这个传统的,现在传下来了,以后更要继续传下去。"习近平总书记教导我们说:"人的一生只有一次青春。现在,青春是用来奋斗的;将来,青春是用来回忆的。""青年人应该把学习作为首要任务,作为一种责任、一种精神追求、一种生活方式,树立梦想从学习开始、事业靠本领成就的观念,让勤奋学习成为青春远航的动力,让增长本领成为青春搏击的能量。"

热点解读

2017 年夏天,某单位组织了一次慰问留守儿童的活动。当志愿者们把准备的书本和文具交到孩子们手中时,却意外收到了一张用稚嫩笔迹写下的纸条。纸条上写道:"叔叔,我不喜欢你们带来的东西,我想要一个可以打王者荣耀的手机。或者以后你们给我钱,我们自己买喜欢的东西,你们带来的书和文具,我们不喜欢,谢谢。"该事件也引起了科研工作者们的关注,中科院院士焦念志就是其中之一。他在接受采访时,表达了对网络游戏玩家日益低龄化的趋势深感担忧。

当下,游戏产业的快速发展一方面丰富了我们的生活,另一方面也带来一些新的问题。据中国青少年网络协会第三次网瘾调查研究报告显示,我国城市青少年网民中网瘾青少年约占 14.1%,人数约为 2404.2 万;在城市非网瘾青少年中,约有 12.7%的青少年有网瘾倾向,人数约为 1858.5 万。相关数据显示,2017 年中国游戏用户规模达到 5.83 亿人,过去 5 年,手游用户数从 9000 万增长至 5.54 亿,而青少年成为游戏主力用户之一。近年来,类似因成瘾性电子游戏导致青少年自杀、他杀、自残的案例屡见不鲜。

根据《中国教育报》2008 年 1 月 18 日第 3 版文章《区分两个世界 促进身心健康》的调查,有一半大学生参与了网络游戏,其中有 10%左右的大学生对网络游戏有沉迷倾向(玩通宵或者每次超过 11 小时,每周超过 4 次;玩游戏的花费超过自己日常生活费的 10%,经常有网络物品和账号交易)。50.9%的大学生认为网络游戏是一种目的性的活动,用来消磨时间和缓解现实压力等。学生们遇到问题时,如果身边无人帮忙或无人倾诉,往往寻找另外一种途径排解心中的郁闷,这时,网络游戏成了他们发泄情绪的方式之一。也有一些学生想在游戏中体验成就感和找到自我,觉得在现实中不能达到的,在游戏中可以达到。有将近 1/4 的大学生认为网络游戏是和同学朋友交往的一种方式,有 15.9%的学生认为网游已经成为日常生活的一部分。

正如习近平总书记所说:"学生在高校生活,正处在人生成长的关键时期,就好比小麦的灌浆期。"小麦灌浆期,阳光水分跟不上,就会耽误一季庄稼的收成。如果大学阶段我们一半大学生都把大把的时间浪费在网络游戏上,虚掷光阴,那么今天我们在网络中游戏人生,明天人生就会游戏我们。

人生价值的实现在很大程度上取决于个人主观努力。在2018年6月召开的新时代全国高等学校本科教育工作会议上,教育部部长陈宝生告诫大学生:"大学生的成长成才不是轻轻松松、玩玩游戏就能实现的,青春是用来奋斗的。"陈部长的谆谆教诲对高职生同样适用。

大学生一定要珍惜韶华,勤奋学习,既要多读有字之书,也要多读无字之书,注重人生经验和社会知识的积累,还要注意将所学知识内化于心,形成自己独特的见解。通过各种方式和途径,全面提高自身的综合素质和能力,不断增强实现人生价值的能力和本领,增强青春搏击的能力,承担起新时代赋予我们大学生的责任和使命。

(资料来源:http://news.sina.com.cn/s/2018-06-07/doc-ihcqccip7344982.shtml,http://www.sohu.com/a/236082964_100086914,有改动)

(三)抵制错误的人生观

某贪官的忏悔录《"三观"扭曲坠深渊》中写道:剖析我自身蜕变的原因,首先是自己的世界观、人生观、价值观扭曲了。这"三观"是一名党员干部的"总开关"。总开关出了问题,对客观事物评判的标准就会出现偏差,对自己的行为就会迷失方向,对什么是美,什么是丑,什么事能做,什么事不能做等都变得模糊起来。把过去认为不正常的事认为是正常的事,认为随大流就是顺人意,独善其身则悖常理。这样一来,就使自己的行为脱离出党性原则的轨道。我在履职过程中,由原则性大于灵活性转变到由灵活性大于原则性,由拒收红包礼金到收受再到收受巨额贿赂,由不敢近"女色"到刻意追求,甚至想把失去的"青春"补回来,从而导致生活作风上的腐化,就是"三观"发生扭曲的结果。

(资料来源:《湖南岳阳政法委原书记韩建国忏悔:"三观"扭曲坠深渊》,中国共产党新闻网,http://fanfu.people.com.cn/n1/2016/0422/c64371-28297679.html,有改动)

热点解读

人生观是人们在实践中形成的对于人生目的和意义的根本看法,它决定着人们实践教学的目标、人生道路的方向,也决定着人们行为选择的价值取向和对待生活的态度。错误的人生观主要表现在:

1. 利己主义人生观

利己主义的主要观点有:人不为己,天诛地灭;各人自扫门前雪,莫管他人瓦上霜;宁可我负天下人,不可天下人负我。持以上观点者在现实生活中大有人在。这三种观点虽然说法各异,但都是典型的利己主义人生观。利己主义是个人主义的表现形式之一,以自我为中心,以个人利益作为思想、行为的原则和道德评价的标准。其特征是,从极端的个人目的出发,不择手段地追逐名利、地位和享受。奥斯特洛夫斯基说过:"利己的人最先灭亡,他自己活着,并且为自己而生活,如果他的这个'我'被损坏了,那他就无法生存了。他的面前一片黑暗,只有利己主义和注定的悲哀。"年轻的时候,会觉得放纵是一种快乐,但真正的放纵过后带来的失落和空虚却是要用加倍的放纵也无法填补的。

2. 享乐主义人生观

享乐主义指脱离现实的可能和需要，大肆挥霍金钱，肆意浪费物质和时间，以追求物质上的享受为人生的唯一目的和乐趣。其实质是从人的自然本性出发，把人的生理本能需要的满足看成是人生的最高追求，认为人活着就是要追求个人的物质生活享受。这种观点客观上势必导致物欲泛滥，把人引导到吃、喝、玩、乐的歧途上去，使人忽视精神、理想上的建树，对于人们确定科学的世界观极其有害。这种腐朽的人生观、价值观的滋生，必然带来以权谋私、贪赃枉法、挥霍浪费、腐化堕落等现象的蔓延。

大学生应该正确认识人的本质的社会属性，不要片面夸大和看重感官刺激与享受，把人生追求更多地定位于精神层面，只有这样，才会成为一个合格的社会人，也才能更好地成就自己的美好人生。有这样一个故事也告诉了我们人的精神追求和自我实现的重要性。心理学家付费给一些大学生，对他们的要求就是什么也不能做；他们的基本需要得以满足，但是禁止进行任何工作。在4～8小时后，这些大学生开始感到了沮丧，尽管参与研究的收入非常可观，但他们宁可放弃参与实验而选择那些压力大同时收入也没有这么多的工作。

3. 拜金主义人生观

我们应该牢记金钱不是万能的，金钱能买到房屋，但买不到家；金钱能买到药物，但买不到健康；金钱能买到美食，但买不到食欲；金钱能买到床，但买不到睡眠；金钱能买到珠宝，但买不到美；金钱能买到娱乐，但买不到愉快；金钱能买到书籍，但买不到智慧；金钱能买到谄媚，但买不到尊敬；金钱能买到伙伴，但买不到朋友；金钱能买到权势，但买不到威望。人生一世，还有比金钱更重要的东西需要我们追求，比如个人的人格尊严和自我价值的实现，个人精神需要的满足和灵魂的净化等。

第二节 实践教学设计

2005年教育部在《关于进一步加强高等学校本科教学工作的若干意见》中明确指出："大力加强实践教学，切实提高大学生的实践能力。"思想政治理论课实践教学是思想政治理论课教育教学的一个环节，是思想政治理论课教育教学的重要组成部分。"纸上得来终觉浅，绝知此事要躬行"，什么样的青春是有价值的青春，我们应该确立什么样的人生态度，什么样的人生是有意义的人生？这些问号要化成圆满的句号，需要大学生深入思考，积极投身于火热的实践教学方可内化于心、外化于行。

实践教学一：手机使用时间的比例与危害调查

【实践目的】

（1）通过学生自身实际调查的客观数据显示，让学生深刻感受手机使用时间占用的比例分配直接影响身心和学习的状态，从而明白沉迷手机的危害，科学合理地分配时间，珍惜人生的青春年华，有效地兼顾学习和兴趣爱好的发展，充实大学生活，锻炼和培养学生的自我调适和自我管理能力。

（2）按班级人数划分小组，只需限定小组人数，可以自行组队。锻炼学生的团队协作意识、实事求是的调研精神;调查报告的撰写则可以培养学生的思维逻辑和写作能力。

【实践方案】

(1) 前期准备:征集、讨论、编制调查问卷、印制调查问卷;督促并指导学生活动的分组,要求学生做好分工;确定时间,第一章理论教学结束以后。

(2) 活动方式和流程:每组分发问卷30份;学生在学院范围内开展调查;学生以小组为单位撰写调查报告和制作结果展示PPT。

【教学评价】

(1) 教师对学生参与程度评价(态度、分工、承担责任)。

(2) 教师对调查报告的评价。

(3) 教师对PPT制作和调查结果的评价。

【评分标准】

档 次	评 分 标 准
90～100分	(1) 格式完整(首页有标题名称,小组成员;正文有数据、案例、参考文献); (2) 内容观点正确,条理清晰,逻辑性强(有调查的对象、方式;有对调查统计的分类和分析,有结论;有结合教材理论提出的合理化建议); (3) 能结合材料谈自己的收获和存在的问题,并提出改进措施,字数1500以上
80～89分	(1) 格式完整(首页有标题名称,小组成员;正文); (2) 内容观点正确,条理清晰(有调查的对象、方式;有对调查统计的分类和分析,有结论); (3) 能结合材料谈自己的收获和存在的问题,字数1500以上
70～79分	(1) 格式比较完整(有正文,有小组成员); (2) 内容观点正确(有调查分析和结论); (3) 调查报告有1500字以上
60～69分	按时递交调查报告,观点正确,字数1000字以上
0～59分	观点有原则性错误,抄袭记0分

实践教学二:观看视频《2018年度感动中国人物颁奖盛典》

【实践目的】

一年一度的"感动中国人物"评选是国人的一场精神盛宴,更是"中国人的年度精神史诗"。基于感动之上的教化,直达人内心深处。特别是引导和激励了无数的大学生在人生的关键时期,从"感动中国人物"的事迹上汲取养分和动力,涤荡心灵,不断成长、奋进。在学习本章"科学高尚的人生追求"的内容时,组织学生观看学习《2018年度感动中国人物颁奖盛典》,树立大学生为人民服务的人生观,在服务人民和奉献社会中实现有意义的人生。

【实践方案】

(1) 分组、分班观看视频,学生自主讨论、发言,畅谈观后感。

(2) 任课教师点评、总结,梳理事迹精神和正确的人生观,让学生自觉抵制、摒弃错误的人生观。

(3) 课后学生自拟题目,撰写心得体会。

(4) 优秀作品可推荐在马克思主义学院网站公示。

【教学评价】

教师针对学生的作品给出评价,计入实践课成绩。

【参考资料】

2018年度感动中国人物事迹及颁奖词

钟扬:扎根大地的人民科学家

事迹:钟扬长期致力于生物多样性研究和保护,率领团队在青藏高原为国家种质库收集了数千万颗植物种子。钟扬援藏16年,足迹遍布西藏最偏远、最艰苦的地区,长期的高原工作让他积劳成疾,多次住进医院,但他都没有停下工作。多年来,钟扬为西部少数民族地区的人才培养、学科建设和科学研究作出了重要贡献。2017年9月25日,钟扬在内蒙古工作途中遭遇车祸,不幸逝世。2018年4月,中宣部授予钟扬"时代楷模"称号。

颁奖词:超越海拔六千米抵达植物生长的最高极限。跋涉十六年,把论文写满高原。倒下的时候,双肩包里藏着你的初心、誓言和未了的心愿。你热爱的藏波罗花不求雕梁画栋,只绽放在高山砾石之间。

杜富国:伤情牵动国人心的排雷战士

事迹:2018年10月11日下午,在边境扫雷行动中,面对复杂雷场中的不明爆炸物,杜富国对战友喊出"你退后,让我来",在进一步查明情况时突遇爆炸,英勇负伤,失去双手和双眼,同组战友安然无恙。杜富国的伤情牵动着全国人民的心,人们通过各种形式向他表达慰问。国防部评价说,杜富国同志面对危险、舍己救人,用实际行动书写了新时代革命军人的使命担当。

颁奖词:"你退后,让我来",六个字铁骨铮铮以血肉挡住危险,哪怕自己坠入深渊,无法还给妈妈一个拥抱,无法再见妻子明媚的笑脸,战友们拉着手蹚过雷场,你听,那嘹亮的军歌,是对英雄的礼赞。

吕保民:勇斗歹徒的退伍军人

事迹:2018年9月8日,吕保民在幸福北街菜市场发现一男子持刀抢劫,上前制止,被歹徒连刺五刀,身受重伤。最后在村民们帮助下,歹徒被制服。吕保民其见义勇为的事迹得到广大群众的赞誉。

颁奖词:生在市井,未曾放下心中豪情,曾经军旅岂容凶残闹市横行,于人群中挺立,喝断暴徒的路,聚拢起民间的正气,侠隐于市,见义而勇,勇不在于强悍,而在于无所畏惧。

马旭:分毫积攒,千万捐赠的老人

事迹:2018年,武汉一位退休老人向家乡木兰县教育局捐赠1000万元,引起了广泛的关注。这笔巨款是马旭与丈夫一分一毫几十年积累而来。他们至今生活简朴,住在一个不起眼的小院里。网友纷纷向两位老人致敬、点赞。

颁奖词:少小离家,乡音无改,曾经勇冠巾帼,如今再让世人惊叹,你点滴积蓄,汇成大河灌溉一世的乡愁,你毕生节俭,只为一次奢侈,耐得清贫、守得心灵的高贵。

刘传健:中国民航英雄机长

事迹:2018年5月14日,川航3U8633重庆至拉萨航班执行航班任务时,在万米高空突然发生驾驶舱风挡玻璃爆裂脱落、座舱释压的紧急状况,这是一种极端而罕见的险情。生死关头,刘传健果断应对,带领机组成员临危不乱、正确处置,确保了机上119名旅客生命安全。

颁奖词:仪表失灵,你越发清醒,乘客的心悬得越高,你的责任越重,在万米高空的险情中,如此从容,别问这是怎么做到的,每一个传奇背后,都隐藏着坚守和执着。

其美多吉:雪域邮路上的忠诚信使

事迹:四川省甘孜藏族自治州有一条全程往返1208公里、平均海拔在3500米以上的雪线邮路,来自党中央的声音、四面八方的邮件通过这条邮路送往雪域的各个角落,其美多吉在雪线邮路上工作了29年,行驶里程相当于绕赤道35圈。29年来,他驾驶的邮车从未发生一次责任事故,圆满完成了每一次邮运任务。

颁奖词:三十忠诚风与雪,万里邮路云和月,雪山可以崩塌,真正的汉子不能倒下,雀儿山上流动的绿,生命禁区前行的旗,蜿蜒的邮路是雪山的旋律,坚强的多吉,你唱出高原最深沉的歌。

王继才、王仕花:守岛卫国32年的夫妇

事迹:江苏省连云港市灌云县开山岛位于我国黄海前哨,面积仅有两个足球场大小。1986年,26岁的王继才接受了守岛任务,从此与妻子王仕花以海岛为家,与孤独相伴,在没水没电、植物都难以存活的孤岛上默默坚守,把青春年华全部献给了祖国的海防事业。

颁奖词:浪的执着,礁的顽强,民的本分,兵的责任,岛再小也是国土,家未平要国先安,三十二年驻守,三代人无言付出,两百面旗帜,收藏了太多风雨,涛拍孤岛岸,风颂赤子心。

张渠伟:六年坚守扶贫一线的基层干部

事迹:张渠伟同志自2014年3月担任四川省达州市渠县扶贫和移民工作局局长以来,为渠县143 802名(居四川省第二)贫困人口脱贫、130个贫困村脱贫和整县摘帽贡献了健康、智慧和热血。由于长年熬夜和超负荷工作,张渠伟患上严重的"耳石症"和"青光眼",但他从不惧怕,昼夜战斗在攻坚一线。

颁奖词:扶贫必需精准,不落一人一户,病情迫在眉睫,却一拖再拖,扎下帐篷,扎下了根,签上名字,就立下了军令状,没有硝烟的战场,你负了伤,泥泞的大山,你走出了路,山上的果实熟了,人们的心热了。

张玉滚:担起乡村未来的80后教师

事迹:张玉滚大学毕业后,放弃在城市的工作机会,回到家乡,从一名每月拿30元钱补助、年底再分100斤粮食的民办教师干起,一干就是17年。学校地处偏僻,路没修好时,他靠一根扁担,一挑就是5年,把学生的课本、文具挑进了大山。他是这里的全能教师,手执教鞭能上课,掂起勺子能做饭,握起剪刀能裁缝,打开药箱能治病。由于常年操劳,"80后"的他鬓角斑白、脸上布满皱纹。

颁奖词:扁担窄窄,挑起山乡的未来,板凳宽宽,稳住孩子们的心,前一秒,劈柴生火,下一秒,执鞭上课,艰难斑驳了岁月,风霜刻深了皱纹,有人看到你的沧桑,更多人看到你年轻的心。

程开甲:两弹一星功勋

事迹:1946年8月,程开甲赴英留学。新中国成立后,程开甲放弃了国外优厚条件回到中国,1960年,加入我国核武器研究的队伍,从此消失20余年。从1963年第一次踏进罗布泊到1985年,程开甲一直生活在核试验基地,为开创中国核武器研究和核试验事业,倾注了全部心血和才智。程开甲设计了中国第一个具有创造性和准确性的核试验方案,设计和主持包括首次原子弹、氢弹、导弹核武器、平洞、竖井和增强型原子弹在内的几十次试验。

颁奖词:空投,平洞,竖井,朔风,野地,黄沙,戈壁寒暑成大器,于无声处起惊雷,一片赤诚,一生奉献,一切都和祖国紧紧相连,黄沙百战穿金甲,甲光向日金鳞开。

(资料来源:豆丁网,https://www.docin.com/p-2180758395.html,有改动)

习近平:在纪念五四运动100周年大会上的讲话

今年是五四运动100周年,也是中华人民共和国成立70周年。在这个具有特殊意义的历史时刻,我们在这里隆重集会,缅怀五四先驱崇高的爱国情怀和革命精神,总结党和人民探索实现民族复兴道路的宝贵经验,这对发扬五四精神,激励全党全国各族人民特别是新时代中国青年为全面建成小康社会、加快建设社会主义现代化国家、实现中华民族伟大复兴的中国梦而奋斗,具有十分重大的意义。

五四运动,爆发于民族危难之际,是一场以先进青年知识分子为先锋、广大人民群众参加的彻底反帝反封建的伟大爱国革命运动,是一场中国人民为拯救民族危亡、捍卫民族尊严、凝聚民族力量而掀起的伟大社会革命运动,是一场传播新思想新文化新知识的伟大思想启蒙运动和新文化运动,以磅礴之力鼓动了中国人民和中华民族实现民族复兴的志向和信心。

五四运动前后,我国一批先进知识分子和革命青年,在追求真理中传播新思想新文化,勇于打破封建思想的桎梏,猛烈冲击了几千年来的封建旧礼教、旧道德、旧思想、旧文化。五四运动改变了以往只有觉悟的革命者而缺少觉醒的人民大众的斗争状况,实现了中国人民和中华民族自鸦片战争以来第一次全面觉醒。经过五四运动洗礼,越来越多中国先进分子集合在马克思主义旗帜下,1921年中国共产党宣告正式成立,中国历史掀开了崭新一页。

五四运动以全民族的搏击培育了永久奋斗的伟大传统。早在80年前,毛泽东同志就指出:"中国的青年运动有很好的革命传统,这个传统就是'永久奋斗'。"通过五四运动,中国青年发现了自己的力量,中国人民和中华民族发现了自己的力量。中国人民和中华民族从斗争实践中懂得,中国社会发展,中华民族振兴,中国人民幸福,必须依靠自己的英勇奋斗来实现,没有人会恩赐给我们一个光明的中国。

五四运动以来的100年,是中国青年一代又一代接续奋斗、凯歌前行的100年,是中国青年用青春之我创造青春之中国、青春之民族的100年。

100年来,中国青年满怀对祖国和人民的赤子之心,积极投身党领导的革命、建设、改革伟大事业,为人民战斗、为祖国献身、为幸福生活奋斗,把最美好的青春献给祖国和人民,谱写了一曲又一曲壮丽的青春之歌。

实践充分证明,中国青年是有远大理想抱负的青年! 中国青年是有深厚家国情怀的青年! 中国青年是有伟大创造力的青年! 无论过去、现在还是未来,中国青年始终是实现中华民族伟大复兴的先锋力量!

新时代中国青年运动的主题,新时代中国青年运动的方向,新时代中国青年的使命,就是坚持中国共产党领导,同人民一道,为实现"两个一百年"奋斗目标、实现中华民族伟大复兴的中国梦而奋斗。

青年是整个社会力量中最积极、最有生气的力量,国家的希望在青年,民族的未来在青年。今天,新时代中国青年处在中华民族发展的最好时期,既面临着难得的建功立业的人生际遇,也面临着"天将降大任于斯人"的时代使命。新时代中国青年要继续发扬五四精神,以实现中华民族伟大复兴为己任,不辜负党的期望、人民期待、民族重托,不辜负我们这个伟大时代。

第一,新时代中国青年要树立远大理想。青年的理想信念关乎国家未来。青年理想远大、信念坚定,是一个国家、一个民族无坚不摧的前进动力。青年志存高远,就能激发奋进潜力,青春岁月就不会像无舵之舟漂泊不定。正所谓"立志而圣则圣矣,立志而贤则贤矣"。青年的人生目标会有不同,职业选择也有差异,但只有把自己的小我融入祖国的大我、人民的大我之中,与时代同步伐、与人民共命运,才能更好实现人生价值、升华人生境界。离开了祖国需要、人民利益,任何孤芳自赏都会陷入越走越窄的狭小天地。

新时代中国青年要树立对马克思主义的信仰、对中国特色社会主义的信念、对中华民族伟大复兴中国梦的信心,到人民群众中去,到新时代新天地中去,让理想信念在创业奋斗中升华,让青春在创新创造中闪光!

第二,新时代中国青年要热爱伟大祖国。孙中山先生说,做人最大的事情,"就是要知道怎么样爱国"。一个人不爱国,甚至欺骗祖国、背叛祖国,那在自己的国家、在世界上都是很丢脸的,也是没有立足之地的。对每一个中国人来说,爱国是本分,也是职责,是心之所系、情之所归。对新时代中国青年来说,热爱祖国是立身之本、成才之基。当代中国,爱国主义的本质就是坚持爱国和爱党、爱社会主义高度统一。

新时代中国青年要听党话、跟党走,胸怀忧国忧民之心、爱国爱民之情,不断奉献祖国、奉献人民,以一生的真情投入、一辈子的顽强奋斗来体现爱国主义情怀,让爱国主义的伟大旗帜始终在心中高高飘扬!

第三,新时代中国青年要担当时代责任。时代呼唤担当,民族振兴是青年的责任。鲁迅先生说,青年"所多的是生力,遇见深林,可以辟成平地的,遇见旷野,可以栽种树木的,遇见沙漠,可以开掘井泉的"。在实现中华民族伟大复兴的新征程上,应对重大挑战、抵御重大风险、克服重大阻力、解决重大矛盾,迫切需要迎难而上、挺身而出的担当精神。只要青年都勇挑重担、勇克难关、勇斗风险,中国特色社会主义就能充满活力、充满后劲、充满希望。青年要保持初生牛犊不怕虎、越是艰险越向前的刚健勇毅,勇立时代潮头,争做时代先锋。一切视探索尝试为畏途、一切把负重前行当吃亏、一切"躲进小楼成一统"逃避责任的思想和行为,都是要不得的,都是成不了事的,也是难以真正获得人生快乐的。

新时代中国青年要珍惜这个时代、担负时代使命,在担当中历练,在尽责中成长,让青春在新时代改革开放的广阔天地中绽放,让人生在实现中国梦的奋进追逐中展现出勇敢奔跑的英姿,努力成为德智体美劳全面发展的社会主义建设者和接班人!

第四,新时代中国青年要勇于砥砺奋斗。奋斗是青春最亮丽的底色。"自信人生二百年,会当水击三千里。"民族复兴的使命要靠奋斗来实现,人生理想的风帆要靠奋斗来扬起。没有广大人民特别是一代代青年前赴后继、艰苦卓绝的接续奋斗,就没有中国特色社会主义新时代的今天,更不会有实现中华民族伟大复兴的明天。千百年来,中华民族历经苦难,但没有任何一次苦难能够打垮我们,最后都推动了我们民族精神、意志、力量的一次次升华。今天,我们的生活条件好了,但奋斗精神一点都不能少,中国青年永久奋斗的好传统一点都不能丢。在实现中华民族伟大复兴的新征程上,必然会有艰巨繁重的任务,必然会有艰难险阻甚至惊涛骇浪,特别需要我们发扬艰苦奋斗精神。奋斗不只是响亮的口号,而是要在做好每一件小事、完成每一项任务、履行每一项职责中见精神。奋斗的道路不会一帆风顺,往往荆棘丛生、充满坎坷。强者,总是从挫折中不断奋起、永不气馁。

新时代中国青年要勇做走在时代前列的奋进者、开拓者、奉献者，毫不畏惧面对一切艰难险阻，在劈波斩浪中开拓前进，在披荆斩棘中开辟天地，在攻坚克难中创造业绩，用青春和汗水创造出让世界刮目相看的新奇迹！

第五，新时代中国青年要练就过硬本领。青年是苦练本领、增长才干的黄金时期。"青春虚度无所成，白首衔悲亦何及。"当今时代，知识更新不断加快，社会分工日益细化，新技术新模式新业态层出不穷。这既为青年施展才华、竞展风采提供了广阔舞台，也对青年能力素质提出了新的更高要求。不论是成就自己的人生理想，还是担当时代的神圣使命，青年都要珍惜韶华、不负青春，努力学习掌握科学知识，提高内在素质，锤炼过硬本领，使自己的思维视野、思想观念、认识水平跟上越来越快的时代发展。

新时代中国青年要增强学习紧迫感，如饥似渴、孜孜不倦学习，努力学习马克思主义立场观点方法，努力掌握科学文化知识和专业技能，努力提高人文素养，在学习中增长知识、锤炼品格，在工作中增长才干、练就本领，以真才实学服务人民，以创新创造贡献国家！

第六，新时代中国青年要锤炼品德修为。人无德不立，品德是为人之本。止于至善，是中华民族始终不变的人格追求。我们要建设的社会主义现代化强国，不仅要在物质上强，更要在精神上强。精神上强，才是更持久、更深沉、更有力量的。青年要把正确的道德认知、自觉的道德养成、积极的道德实践紧密结合起来，不断修身立德，打牢道德根基，在人生道路上走得更正、走得更远。面对复杂的世界大变局，要明辨是非、恪守正道，不人云亦云、盲目跟风。面对外部诱惑，要保持定力、严守规矩，用勤劳的双手和诚实的劳动创造美好生活，拒绝投机取巧、远离自作聪明。面对美好岁月，要有饮水思源、懂得回报的感恩之心，感恩党和国家，感恩社会和人民。要在奋斗中摸爬滚打，体察世间冷暖、民众忧乐、现实矛盾，从中找到人生真谛、生命价值、事业方向。

新时代中国青年要自觉树立和践行社会主义核心价值观，善于从中华民族传统美德中汲取道德滋养，从英雄人物和时代楷模的身上感受道德风范，从自身内省中提升道德修为，明大德、守公德、严私德，自觉抵制拜金主义、享乐主义、极端个人主义、历史虚无主义等错误思想，追求更有高度、更有境界、更有品位的人生，让清风正气、蓬勃朝气遍布全社会！

自古英雄出少年。在漫漫历史长河中，人类社会青年英雄辈出，中华民族青年英雄辈出。《共产党宣言》发表时马克思是30岁，恩格斯是28岁。列宁最初参加革命活动时只有17岁。牛顿和莱布尼茨发现微积分时分别是22岁和28岁，达尔文开始环球航行时是22岁，爱因斯坦提出狭义相对论时是26岁。贾谊写出"西汉一代最好的政论"时不到30岁，王勃写下千古名篇《滕王阁序》时才20多岁。在我们党领导人民进行革命、建设、改革的伟大历史进程中更是青年英雄辈出。中共一大召开时毛泽东是28岁，周恩来参加中国共产党时是23岁，邓小平参加旅欧中国少年共产党时是18岁。杨靖宇牺牲时是35岁，赵一曼牺牲时是31岁，江姐牺牲时是29岁，红三十四师师长陈树湘牺牲时是29岁，邱少云牺牲时是26岁，雷锋牺牲时是22岁，黄继光牺牲时是21岁，刘胡兰牺牲时只有15岁。守岛32年的王继才第一次登上开山岛时是26岁，航天报国的嫦娥团队、神舟团队平均年龄是33岁，北斗团队平均年龄是35岁。这样的青年英杰数不胜数！我们要用欣赏和赞许的眼光看待青年的创新创造，积极支持他们在人生中出彩，为青年取得的成就和成绩点赞、喝彩，让青春成为中华民族生气勃发、高歌猛进的持久风景，让青年英雄成为驱动中华民族加速迈向伟大复兴的蓬勃力量！

关心和支持青年是全社会的共同责任。一切党政机关、企业事业单位,人民解放军和武警部队,各人民团体和社会团体,广大城乡基层自治组织,各新经济组织和新社会组织,都要关心青年成长、支持青年发展,给予青年更多机会,更好发挥青年作用。

青年是国家的未来,也是世界的未来。中国梦与世界梦息息相通,中华民族应该对人类社会作出更大贡献。新时代中国青年,要有家国情怀,也要有人类关怀,发扬中华文化崇尚的四海一家、天下为公精神,为实现中华民族伟大复兴而奋斗,为推动共建"一带一路"、推动构建人类命运共同体而努力。

青年朋友们!一代人有一代人的长征,一代人有一代人的担当。建成社会主义现代化强国,实现中华民族伟大复兴,是一场接力跑。我们有决心为青年跑出一个好成绩,也期待现在的青年一代将来跑出更好的成绩。衷心希望新时代中国青年积极拥抱新时代、奋进新时代,让青春在为祖国、为人民、为民族、为人类的奉献中焕发出更加绚丽的光彩!

(资料来源:新华网,http://www.xinhuanet.com//politics/2019-04/30/c_1124440193.htm,节选)

课后练习

1. 试从人的本质角度,论述个人利益与社会利益的辩证关系。
2. 如何理解"年岁有加,并非垂老;理想丢弃,方堕暮年。"
3. 有人说,和平时期不需要我们抛头颅、洒热血,我们没有途径和方式表达自己对祖国和人民的感情与回馈。如何看待这个观点,结合自己的所见所闻加以辨析。

第二章 坚定理想信念

 学习目标

(1) 知识目标:能正确理解理想信念的内涵和特征,明确理想和信念的关系,正确认识理想信念对大学生成长成才的重要意义。能提高对理想信念问题的理论认知,坚定马克思主义科学信仰,正确认识中国特色社会主义共同理想和共产主义远大理想及其关系。能正确看待理想和现实的矛盾,走出思想认识上的误区,树立科学的奋斗目标,将个人理想与国家的前途、民族的命运相结合,契合到实现中华民族伟大复兴的中国梦中,志存高远、脚踏实地、艰苦奋斗,在民族复兴的伟大实践中成就自己的精彩人生。

(2) 能力目标:能认识大学生自身的历史责任和使命,厘清中国特色社会主义发展脉络,培养辩证看待问题的能力。

(3) 素质目标:自觉树立科学的理想信念、培养良好的思想政治素质。

 理论焦点

(1) 理想信念对大学生成长成才的重要意义。
(2) 树立中国特色社会主义共同理想。
(3) 理想与现实的关系。

 难点突破

(1) 坚定马克思主义科学信仰。
(2) 树立中国特色社会主义共同理想。
(3) 共产主义远大理想、中国特色社会主义共同理想与个人理想的关系。
(4) 志存高远与脚踏实地的关系。

思维导图

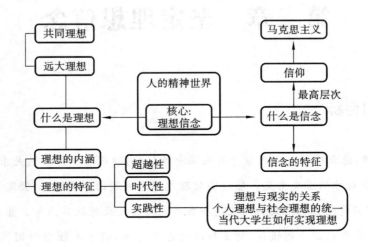

第一节 教材热点面对面

本章主要讲授的是新时代大学生应坚定理想信念,自觉把个人理想追求融入为实现中华民族伟大复兴中国梦的奋斗当中。大一新生正处在原来的奋斗目标已经基本实现、新的目标还未完全确立的关键时期,理想信念教育对于解决学生理想信念不够坚定、学习方向不够明确和学习动力不够充足的问题有着重要的实践意义。《思想道德修养与法律基础(2018年版)》的教学内容遵循了"从思想到行为"的逻辑结构。第一节"理想信念的内涵及重要性"。这一节的教学重点是理想和信念的科学内涵、相互关系以及理想信念对大学生成长成才的作用。教材侧重从理想信念与个体人生关系角度来论述理想信念的意义,但十八大以来党和国家在发展进程中取得的历史性成就充分展现了理想信念更为宏大、震撼的意义,结合新时代的历史方位、历史意义讲好理想信念的意义,有助于让学生深刻领会理想信念的重要性。第二节"崇高的理想信念"。本节的重点是讲清楚科学的理想信念是什么,为什么要树立科学的理想信念。要实现国家的繁荣富强、民族的伟大复兴、人民的美好生活,离不开崇高理想信念的有力支撑。新时代大学生应当确立马克思主义的科学信仰,树立共产主义的远大理想和中国特色社会主义共同理想。第三节"在实现中国梦的实践中放飞青春梦想"讲的是如何实现理想的问题,将理想信念教育落实到青年大学生个体的成长实践中,让大学生在为实现中国特色社会主义共同理想而奋斗的过程中实现个人理想,是自身成长成才的现实需要,也是国家和人民的殷切期盼,从而让理想信念教育可感知、可体验、能行动。

一、理论要点

习近平在党的十九大寄语青年:"青年兴则国家兴,青年强则国家强。青年一代有理想、有本领、有担当,国家就有前途,民族就有希望。中国梦是历史的、现实的,也是未来的;是我们这一代的,更是青年一代的。中华民族伟大复兴的中国梦终将在一代代青年的接力奋斗中变为现实。"追求远大理想、坚定崇高信念,是大学生健康成长、成就事业、开创未来的精神支柱和前进动力,是自身成长成才的现实需要,也是国家和人民的殷切期盼。

(一)什么是理想信念

1. 理想的内涵与特征

"理想"一词,最早来源于希腊语"idea",意即人生的奋斗目标。中国古代,理想称为"志",即志向。"志当存高远",孔子讲"三军可夺帅也,匹夫不可夺志也"。理想是人们在实践中形成的、有实现可能性的、对未来社会和自身发展目标的向往与追求,是人们的世界观、人生观和价值观在奋斗目标上的集中体现。

怎样根据理想的定义,来理解理想的特征?从"理想是人们对未来的追求"来理解理想具有的超越性;从"理想可以通过实践来达成实现可能性"来理解理想具有的实践性;从"理想是对发展情形的未来设想"来理解理想具有的时代性。

2. 信念的内涵与特征

信念是认知、情感和意志的有机统一体,是人们在一定的认识基础上确立的对某种思想或事物坚信不疑并身体力行的心理态度和精神状态。信念也是一种复合体,它以认识为基础,以情感为关键,以意志为保证。信念是人们世界观、权力观和事业观的核心,能够持续稳定地为人们的社会实践活动提供强大的道义支持和精神动力,能够在人们遭受挫折失败的时候及时提供恰如其分的心理安慰和崛起信心。雨果曾说:"什么也不信的人不会有幸福。"没有思考的生命是寡淡平常的,有信念的人生是精彩丰饶的。信念是人类精神生活的一种复杂表现,它是人们在立足社会、适应社会、服务社会的过程中克服困难、鼓舞斗志的巨大力量。在信念的鼓舞下,人们的意志是坚强的,行为是坚决的,而且矢志不渝。

1) 信念具有执着性

信念一旦形成,终生不渝并具有巨大惯性。人的信念一旦形成,就会具有相当的稳定性,而不会轻易改变。因为,人的信念的形成本身,就不是一件轻易的事情,而是在人的长期生活实践中逐步形成的,其中积淀了一个人多年的人生经验,包含了社会环境对他的长期影响。所以,一个人的信念形成以后,不会因为某个个别事件就发生改变。斯大林曾说过,手帕都不是轻易更换的,更何况人的信念呢!当然,信念的稳定性只是相对的,而不是绝对的。一般来说,经过时间和现实变迁的考验,一个人的信念会变得更为合理和坚定。2016 年 6 月 28 日,中央政治局第三十三次集体学习时强调:"要固本培元,把加强思想政治建设摆在首位,引导党员特别是领导干部筑牢信仰之基、补足精神之钙、把稳思想之舵……做到以信念、人格、实干立身。"坚定的信念使得人们具有强大的精神定力,不为利益所动,不为诱惑所扰,不为困难所惧。

2) 信念具有多样性

不同的社会环境、思想观念、利益需求都会形成不同的信念,甚至截然相反的信念;不同的人,由于众多的原因,会形成各不相同的信念。同一个人也会形成不同类型和层次的信念,并由此构成其信念体系。面对信念的多样性,一方面,我们要承认这是正常的现象,不强求信念的一致;另一方面又要看到,在一定的社会中,人们各自的信念有相同之处,从而形成共同的信念,而且同一个人的不同信念之间也往往有内在联系,从而形成信念的体系。一个人所拥有的许多信念的层次是不同的,有的处于最高的层次,有的处于中间层,还有的处于最低层。它们各安其位,形成有序的信念体系。其中,高层次的信念决定着低层次的信念,低层次的信念服从于高层次的信念。在这个信念体系中,正是由于最高层次的信念具有最大的统摄力,我们又往往把最高层次的信念称为"信仰"。

(二)理想信念是精神之"钙"

2012年11月17日,习近平总书记在十八届中共中央政治局第一次集体学习时讲话指出:"理想信念就是共产党人精神上的'钙',没有理想信念,理想信念不坚定,精神上就会'缺钙',就会得'软骨病'。"理想信念是共产党人精神上的"钙",必须以此来练就"金刚不坏之身"。习近平强调,共产党人要有"革命理想高于天"的精神,始终把思想防线筑得牢牢的,始终保持共产党人的蓬勃朝气、昂扬锐气、浩然正气。对于大学生而言,有无理想信念,有什么样的理想信念,决定其人生是高尚充实,还是庸俗空虚。追求远大理想、坚定崇高信念,是大学生健康成长、成就事业、创造生活、开创未来的精神支柱和前进动力。2013年5月4日,习近平同各界优秀青年代表座谈时强调,广大青年一定要坚定理想信念。"功崇惟志,业广惟勤。"理想指引人生方向,信念决定事业成败。没有理想信念,就会导致精神上"缺钙"。中国梦是全国各族人民的共同理想,也是青年一代应该牢固树立的远大理想。中国特色社会主义是我们党带领人民历经千辛万苦找到的实现中国梦的正确道路,也是广大青年应该牢固确立的人生信念。许多大学生进入大学后,虽然明确了专业的方向,但是不懂得如何规划大学生活,不懂得如何去面对新的生活、新的挑战,对未来感到迷茫,甚至迷失了方向,逐渐堕落。正确的理想信念是人生的引路人,树立正确而崇高的理想信念促使大学生不断追求,不断进步成长,不断地为之而奋斗。

(三)为什么要信仰马克思主义

马克思主义深刻揭示了自然界、人类社会和思维发展的普遍规律,是迄今为止最科学、最严密、最有生命力的理论体系,是人类文明史上的思想高峰。马克思主义学说推动了世界社会主义运动风起云涌,是对现实世界影响最广泛、最深刻的学说。没有哪一种理论能达到马克思主义的高度,没有哪一种学说能产生如此大的力量。中国共产党从成立之日起,就把马克思主义写在自己的旗帜上。近一个世纪以来,无论是处于顺境还是逆境,无论遇到什么样的冲击和干扰,受到什么样的否定和诋毁,我们党始终高举马克思主义的大旗,自觉把它作为行动指南,坚定不移、毫不动摇。

列宁指出:"马克思学说具有无限力量,就是因为它正确。"马克思主义是在批判地吸收前人优秀思想成果、总结人类历史经验的基础上创立的科学理论,是人类文明成果的集大成,它深刻揭示了自然界、人类社会和思维发展的普遍规律。马克思主义代表了最广大劳动群众的根本利益。马克思、恩格斯都出身于资产阶级家庭,但他们反对少数人的统治,反对人剥削人的制度。马克思、恩格斯在《共产党宣言》中指出:"过去的一切运动都是少数人的或者为少数人谋利益的运动。无产阶级的运动是绝大多数人的、为绝大多数人谋利益的独立的运动。"马克思主义为我们提供了认识世界和改造世界的科学方法。马克思主义具有鲜明的实践品格,它不满足于"解释世界",而致力于"改变世界"。马克思主义科学预测了未来社会的理想状态,指明了人类社会的发展方向。从人类诞生之日起,特别是进入阶级社会以后,就在苦苦探寻理想的社会状态。马克思、恩格斯在批判旧世界的基础上,对未来社会作了科学设想,揭示了人类走向共产主义的历史必然性。这种没有剥削、没有压迫、人人平等的社会制度,理所当然地成为人类梦寐以求的最美好的社会理想。中国共产党和中国人民之所以选择马克思主义，很重要的原因就是它描绘的社会理想符合人类社会的发展进步方向，与中国传统文化高度契合。

（四）中国特色社会主义是我们的共同理想

中国特色社会主义共同理想是个人理想与社会理想的统一，是阶段性与长远性的统一，代表和反映了中国社会最广大人民群众的根本利益。它对于个人理想具有整合作用，是个人理想的寄托和发育之所。当代中国人对自身生活和发展的若干期望和设想，事实上是以中国经济社会的持续发展为背景的，所以个人理想能否正确定位、能否实现，离不开对中国特色社会主义这一共同理想的把握。

对共产主义远大理想的追求是一个漫长的过程，在这个过程中，有若干个阶段性理想。与远大理想相比，阶段性的理想更为具体，因而它可以成为一定历史时期人们所普遍追求的比较贴近的理想目标。夺取新时代中国特色社会主义伟大胜利，把我国建成富强民主文明和谐美丽的社会主义现代化强国，实现中华民族伟大复兴，是新时代全国各族人民的共同理想。习近平总书记指出，经过长期努力，中国特色社会主义进入了新时代，这是我国发展新的历史方位。坚持和发展中国特色社会主义，总任务是实现社会主义现代化和中华民族伟大复兴，在全面建成小康社会的基础上，分两步走在本世纪中叶建成富强民主文明和谐美丽的社会主义现代化强国。中国特色社会主义事业是一个长期的过程，它并不是到本世纪中叶就结束。在我们达到这一理想目标之后，我们的中国特色社会主义道路还将继续向前延伸，中国特色社会主义事业还将进一步向前推进，我国社会将进入新的发展阶段。到那时，中国特色社会主义共同理想还会增添新的内容。

社会生活中并不是所有的理想都能成为共同理想，有的理想只代表了少数人或个别人的利益和愿望，它只能成为少数人或个别人的追求目标。中国特色社会主义理想之所以能成为共同理想，就是因为它代表和反映了中国社会最广大人民群众的根本利益，为广大人民群众所认同和接受。中国特色社会主义共同理想，是全党和全国各族人民的夙愿与共同追求。

（五）在实现中国梦的实践中放飞青春梦想

人们在确立和追求理想的过程中，会感受到理想与现实的矛盾，从而引起思想上的困惑和情绪上的波动。因此，正确看待理想与现实的关系是十分重要的。

理想与现实是相互矛盾的。第一，理想与现实有对立性。理想不等于现实，现实也不等于理想。理想所需要的对象不是在现实中存在的，它是人们所要争取的未来对象，而与当前的现实对象相对立。第二，理想与现实存在着差异。一方面，理想是真善美的集中体现，而现实中既存在着真善美的东西，也存在着假恶丑现象；另一方面，理想在本质上是对眼前客观现实的不满足，从而谋求改变，是不以人的意志为转移而"走自己的路"。第三，现实属于今天，理想属于明天。理想要成为现实不但要符合客观现实的发展趋势和可能性，还必须依靠人们的实践活动。第四，理想与现实有区别性。理想源于现实又高于现实。如果理想就是现实，反映不出它与现实的矛盾，也反映不出对现实的超越，理想就失去了存在的根据和必要，无法成为人生追求的目标和前进的方向；反之，如果现实就是理想，人们就没有了奋斗目标。

理想与现实是相互统一的。一方面现实中包含着理想的因素，孕育着理想的发展，在一定条件下，现实必定要转化为理想；另一方面，理想中也包含着现实，是现实的升华，既包含着现实中必然发展的因素，又包含着理想转化为现实的条件，在一定的条件下，理想可以转化成未来的现实。脱离现实而谈理想，理想就会成为空想。要把理想变为现实，最根本的途径是靠实践。树立理想、检验理想、完善理想、实现理想都是在实践中进行的。

二、理论热点

（一）以远大理想确立人生航向

随着市场经济的发展以及中国社会的急剧转型，人们的利益诉求不断彰显，现在有的大学生在谈到人生目标时，更多考虑的是自己的收入和职业、社会地位。很多学生是以职业为导向的"功利性读书"，想发财，想当官，成了很多人的理想。有些大学生理想欲望化，注重实际利益，只重眼前，不看长远。有的学生抱着"理想，有利就想；前途，有钱就图"的心态。功利化考虑，表现在入党动机、当班干部动机，不是为了锻炼自己为班级服务，而是希望通过这种途径获得荣誉，当荣誉已经获得，就尸位素餐、占位不干活，或者阳奉阴违、挂冠而去，如此态度，在学生中产生了极其不良的影响，导致各项工作无法顺利开展。

功利性读书使学生的理想和人文精神缺失

穿越岁月，青春不老。习近平总书记在纪念五四运动100周年大会上，深情寄语新时代中国青年，明确提出树立远大理想、热爱伟大祖国、担当时代责任、勇于砥砺奋斗、练就过硬本领、锤炼品德修为六点希望，勉励广大青年不辜负党的期望、人民期待、民族重托，不辜负我们这个伟大时代。

"是什么让一位34岁的年轻人，告别了他的妻子和四岁的女儿、两岁的儿子，隐姓埋名，义无反顾地走进大漠荒烟？"五四运动100周年之际，一个跨时空演绎"两弹元勋"邓稼先和妻子许鹿希故事的节目，让人热泪盈眶，更让人看到理想的力量、使命的召唤。

"新时代中国青年要树立远大理想。"在纪念五四运动100周年大会上，习近平总书记对新时代中国青年提出六点希望，第一点就是树立远大理想。理想，是习近平总书记寄语青年时，一个一以贯之的关键词："要在坚定理想信念上下功夫""追梦需要激情和理想""做到理想坚定，信念执着""把个人的理想追求融入国家和民族的事业中"……要树立理想、坚定理想，正是因为理想是一个"总开关"，有了理想，奋斗才有目标，人生才有航向，青春才有持久向上的力量。

青年的理想信念关乎国家未来。青年兴则国家兴，青年强则国家强，青年有远大理想、坚定信念，一个国家、一个民族才能有无坚不摧的前进动力。1955年8月，第一支青年垦荒队奔赴北大荒，随后来自全国各地的青年来到白山黑水之间，以坚忍不拔、艰苦创业的精神铸就拓荒丰碑；2019年1月，"嫦娥四号"在月球背面留下"中国印记"，人们发现这支团队的平均年龄是33岁，"80后""90后"已经成为航天尖兵。一代代青年人，以朝气与志气，以使命和责任，以理想和信念，为国家发展、民族复兴注入了磅礴的青春力量。

对于个人而言，有没有远大理想，能不能志存高远，也决定着青春的成色与分量。有远大理想、有鸿鹄志向，才能向着这个目标去努力、去奋斗，在人生的航线上少走弯路、不走歧路。水激石则鸣,人激志则宏。世界会为知道去哪里的人让路,而如果没有方向,任何风都可能是逆风。

习近平总书记强调,只有把自己的小我融入祖国的大我、人民的大我之中,与时代同步伐、与人民共命运,才能更好实现人生价值、升华人生境界。国家的发展、时代的进步,是青年成长进步的大舞台。唯有在这个历史的潮流中前进,才能更好地实现自己的人生价值。北大"90后"女生宋玺,剪掉长发穿上戎装,护航亚丁湾;云南"80后"干部李忠凯,奋战在脱贫攻坚主战场,劳累的工作让其"白发苍苍";河北保定学院西部支教群体,奔赴大漠播撒梦想,将青春芳华绽放在祖国最需要的地方……胸怀祖国、胸怀人民,超越小我、融入大我,才能理解工作的意义、事业的价值,也才能收获更丰盈的人生。

理想信念,从来都不是空洞的、抽象的,而应该是具体的、实践的。习近平总书记强调,青年要"到人民群众中去,到新时代新天地中去,让理想信念在创业奋斗中升华,让青春在创新创造中闪光"。抬头看天,离不开低头看路;仰望星空,也需要脚踏实地。打开"全国向上向善好青年"榜单,从帮助见义勇为者照顾家庭,到以劳模精神打造养老护理品牌;从世界技能大赛勇夺冠军,到带领村民走出贫困……这些青年榜样,把对马克思主义的信仰、对中国特色社会主义的信念、对中华民族伟大复兴中国梦的信心,融入日常的一举一动中,融入每一次选择与每一份坚守之中。他们的行动,就是他们理想信念的最好注解。

当每一份青春的力量,都向着民族复兴的梦想汇流之时,就必将成为推动历史的磅礴力量。百年之前的五四运动如此,进入新时代的今天亦然。唯愿每个青年都将目光望向未来、坚定走向明天,唯愿每个青年都向上,助力中国向上、民族向上、世界向上。

(二)如何坚定理想信念

2019 年 3 月 26 日,十九大以来第一个落马的正部级干部,宣传部原副部长、中央网信办原主任鲁炜案在浙江省宁波市中级人民法院公开宣判,其直接或者通过他人非法收受、索取财物 3200 万余元,因受贿罪获刑 14 年,并处罚金 300 万元。鲁炜当庭表示服从判决,不上诉。中共中央宣传部原副部长鲁炜在忏悔书中进行了深刻忏悔:"我在政治上、经济上、工作上、生活上,都犯下了严重的不可饶恕的错误,严重丧失了一名共产党员基本的党性原则和操守底线。我理想信念宗旨蜕变,严重违反六大纪律,'七个有之'条条都犯,自己犯错之多、之深、之恶劣,给党的事业带来巨大伤害,给党的形象抹了黑,辜负了总书记和党中央的信任重托,辜负了组织 30 年的教育培养。我感到了痛,深及肺腑;我充满了愧,无地自容;我无限地悔,肝肠寸断。我诚恳地向组织认错,悔错,改错。"鲁炜身为党的高级干部,理想信念缺失,毫无党性原则,对党中央极端不忠诚,"四个意识"个个皆无,"六大纪律"项项违反,是典型的"两面人",是党的十八大后不收敛、不知止,问题严重集中,群众反映强烈,政治问题与经济问题相互交织的典型,性质十分恶劣、情节特别严重。

有很多的党员干部,刚从事某一项工作或刚走上某一个岗位时,也曾信心满怀,要为地方、为群众做一些有益的事。经过一段时间,或者是遭遇一点挫折,再听几句周边的风言风语,就开始迷茫了、动摇了;或者是取得一点成绩,就开始沾沾自喜,向组织要求提拔升迁了;更有甚者,在从政的过程中,没守牢底线,经不住"糖衣炮弹"攻击,沦为了腐败分子。这样的党员干部,或是丧失了理想信念,或是理想信念不坚定,没有坚持"为中国特色社会主义奋斗"的理想,没有牢记"全心全意为人民服务"的宗旨,忘了自己的"初心",患了精神上的"软骨病"。

理想信念缺失就像"缺钙"

经过40年改革开放,我们的综合国力日益增强,国际地位不断提高,成功跻身世界强国之林。但经济社会快速发展的同时,精神文明建设却在跛足而行,不少人丢失了信仰,淡薄了道德。千年以降支撑着民族精神赖以茁壮根植的土壤日趋稀少,功利主义、拜金主义、享乐主义盛行,群体性事件频发,传统道德伦理被淡忘,社会杂象丛生。

凡此种种,人们或是归结于社会的不平等、贫富差距的拉大,或是归因于信仰的缺失、传统文化的断层。一从物质层面,二从精神层面。物质与精神,犹如手心与手背,既相依存,又相背离,而物质的丰饶愈发衬托出精神的空虚。精神空虚,归根结底就在于理想信念的缺失。

也许在一些人看来,理想信念有些"空洞",比较"虚",其实不然。理想信念就在每一名党员干部的身边,在为群众谋实事、办好事、解难事之中,在为公事勤勤恳恳、加班加点、不遗余力之中。敬畏权力、敬畏人民、敬畏历史,理想信念就会不期而至,如影随形。这就是我们"触手可及"的理想信念。相反,每次的权权交易、权钱交易、权色交易都让理想信念望而却步,避之惟恐不及。

有的领导干部被"围猎",诱惑增多固然是一方面。从根本上讲,是一些党员干部丢掉了理想信念这个"根",忘记了我们党艰辛的成长史,忘记了与人民群众的鱼水关系,忘记了自己的权力来自何处,慢慢脱离了滋养自身成长的"黄土地",最终变成了随风摇摆的"浮萍"。党员干部只有用理想信念武装自己,把好世界观、人生观、价值观这个"总开关",抓住理想信念这个"根",才能在金钱、美色等诱惑面前保持足够定力,不为所动,洁身自好。这样,一些别有用心的"狩猎者"也就只能无功而返。肩扛理想信念的大旗,让党员干部冲出四面"围挡",尽快营造良好的"政治生态",尽快回到人民的怀抱,才能创造出无愧于时代、无愧于历史、无愧于人民的彪炳业绩。

第二节 实践教学设计

实践教学一:研读经典著作坚定理想信念

研读马克思主义经典著作是创新和发展马克思主义理论,使马克思主义中国化、时代化、大众化的前提条件,也是坚定理想信念的精神之钙。习总书记在七一讲话中指出,如果觉得心里不踏实,就去钻研经典著作,《共产党宣言》多看几遍。习近平在全国党校工作会议上的讲话指出,马克思主义就是我们共产党人的"真经","真经"没念好,总想着"西天取经",就要贻误大事!不了解、不熟悉马克思主义基本原理,就不可能真正了解和掌握中国特色社会主义理论体系。20世纪80年代末90年代初,由于东欧剧变、苏联解体,国际共产主义运动进入低潮,"红旗还能打多久"成为许多人心中的疑问,"马克思主义过时论"开始滋生蔓延。在我们的干部队伍中,有些领导干部不重视对马克思主义经典著作的学习,认为时代变了、马克思主义经典著作不管用了,认为马克思主义经典著作纷繁复杂、不解决实际问题,导致了理想信念不牢。毛泽东曾经两次提到,正是在1920年读了陈望道翻译的《共产党宣言》等三本书后,树立起对马克思主义的信仰,成为一名坚定的马克思主义者。经常研读马克思主义经典著作,才能做到老祖宗的经典不能丢、共产主义信仰不动摇,才能坚定不移地走中国特色社会主义道路,不走改旗易帜的邪路。

【实践目的】

把研读马克思主义经典同深入学习习近平总书记系列重要讲话紧密结合,准确把握党的科学理论一脉相承又与时俱进的内在联系,增强对讲话精神的思想认同、理论认同、情感认同,把基础理论与重大现实问题统一起来,增强中国特色社会主义道路自信、理论自信、制度自信、文化自信,从而更加坚定中国特色社会主义的理想信念。

【实践方案】

(1) 学习委员做好准备工作,收集马列主义、毛泽东、习近平著作。
(2) 根据教师指定的阅读书目,给每位学生拟定合理的诵读篇目。
(3) 学习委员配合教师完成任务发放。
(4) 课堂上阐述活动时间以及活动要求。
(5) 按照时间节点上交诵读任务。
(6) 将学生诵读任务推送至学院网站,通过投票形式选出"最佳诵读者"。
(7) 颁奖(课堂上)。

【参考资料】

(1)《共产党宣言》。
(2)《资本论》。
(3)《毛泽东选集》。
(4)《习近平谈治国理政》。

【评分标准】

(1) 普通话(50分):

① 发音(30分):语音准确30分;较准确24分;基本准确18分;最低12分。
② 语速(10分):语速恰当、声音洪亮,表达自然流畅10分;不熟练,每停顿一次扣1分。
③ 节奏(10分):节奏优美,富有感情10分;节奏鲜明,基本有感情8分。

(2) 表达(30分):

① 感情(20分):处理得当20分;处理一般10分。
② 感召力(10分):富有创意,引人入胜10分;有创意,有一定感召力8分。

(3) 形式(20分):有无配乐等创新形式,酌情加分。

实践教学二:理想信念主题活动

作家流沙河在《理想》中描述到:"理想是石,敲出星星之火;理想是火,点燃熄灭的灯;理想是灯,照亮夜行的路;理想是路,引你走向黎明。"崇高的理想是一个人生命的动力,有了它,就等于有了灵魂。

是骏马,就要在崇山峻岭中奔驰;

是蛟龙,就要在惊涛骇浪中翻腾;

是雄鹰,就要在悬崖峭壁上展翅高飞;

是学生,就要争做学习中的佼佼者。

俄国寓言家克雷洛夫说:现实是此岸,理想是彼岸,中间隔着湍急的河流,而行动则是架在川上的桥梁!克雷洛夫运用比喻形象地说明:人生首先要有远大的理想做牵引,可是,更需要的是有力的行动。拥有了远大理想,一切成功不一定便顺理成章,但是只要你用汗水浇灌、用刻苦培养,终究会有开花结果的那一天。

因此,要想实现理想必须付诸行动。

【实践目的】

(1) 通过各种形式来表现学生们的美好理想,使大家懂得树立理想的重要性。

(2) 联系实际,让学生看到自身的不足,明白为实现理想应不怕苦去努力奋斗拼搏的道理。

【实践方案】

(1) 布置教室。

(2) 制作教学课件。

(3) 学生准备朗诵、演讲。

(4) 学生收集理想格言。

(5) 学生表演理想信念相关的小品相声等节目。

(6) 准备歌曲《明天会更好》。

【实践要求】

(1) 选择合适的主持人,要求普通话标准,在学校各方面表现良好的学生。

(2) 提前和主持人沟通,尽量引导学生各抒己见谈理想,对于不同的理想不做简单的肯定或否定,注重结合所学理论知识进行引导。

(3) 要求学生结合学校的生活、自身的现状谈谈怎样才能实现理想。

(4) 针对学生的节目、学生的发言,教师作相应的点评,进一步深化学生对理想信念的认识。

实践教学三:"理想的有无对人生有没有影响"辩论赛

1969年年初,15岁的习近平来到陕西省延川县文安驿公社梁家河村插队落户。直至1975年10月离开,这七年,他同乡亲们一起挑粪拉煤、一起拦河打坝、一起建沼气池、一起吃玉米团子……

习近平在一篇文章中回忆说,15岁来到黄土地时,我迷惘、彷徨;22岁离开黄土地时,我已经有着坚定的人生目标,充满自信。作为一个人民公仆,陕北高原是我的根,因为这里培养出了我不变的信念:要为人民做实事!

早在2013年,习近平总书记同各界优秀青年代表座谈时强调,广大青年一定要坚定理想信念。"功崇惟志,业广惟勤。"理想指引人生方向,信念决定事业成败。没有理想信念,就会导致精神上"缺钙"。中国梦是全国各族人民的共同理想,也是青年一代应该牢固树立的远大理想。

【实践目的】

树立何种人生理想,选择哪种奋斗方向,决定着我们的青春往何处去。站在新时代的起点,需要理想信念的支撑,需要思想的力量导向领航。通过活动让学生意识到,习近平新时代中国特色社会主义思想就是指南针,用它武装头脑、指导实践,必定能够更好地实现价值,收获更有意义的人生。大学生有了坚定的理想信念和强大的思想武器,才能真正前途无量。

【实践方案】

(1) 各班级组建辩论赛代表队。

(2) 辩论赛队伍进行准备,每个队伍进行抽签,决定辩论赛的正反双方。

(3) 举行辩论赛。

【实践要求】

(1) 立论环节:正方一辩立论,阐述本方观点,时间为 3 分钟(提示时间);反方一辩立论,阐述本方观点,时间为 3 分钟(提示时间)。

(2) 驳论环节:反方二辩针对正方立论观点进行反驳,时间为 2 分钟(提示时间);正方二辩针对反方立论观点进行反驳,时间为 2 分钟(提示时间)。

(3) 攻辩环节:攻辩环节提问方只能提问,回答方只能回答,不得反问。

正方三辩提问反方一、二、四辩各一个问题,反方辩手分别应答。每次提问时间不得超过 15 秒,三个问题累计回答时间为 1 分 30 秒。

反方三辩提问正方一、二、四辩各一个问题,正方辩手分别应答。每次提问时间不得超过 15 秒,三个问题累计回答时间为 1 分 30 秒。

攻辩小结:正方一辩进行小结,时间为 1 分 30 秒;反方一辩进行小结,时间为 1 分 30 秒。

(4) 自由辩论环节,每方 4 分钟:首先由正方开始,双方交叉应答。

(5) 结辩环节:反方陈词,时间为 3 分钟(提示时间);正方陈词,时间为 3 分钟(提示时间)。

实践教学四:学习习近平"在纪念五四运动 100 周年大会上的讲话"演讲大赛

【实践目的】

认真学习习近平总书记在纪念五四运动 100 周年大会上的重要讲话精神,领会习近平总书记重要讲话内容实质,以实际行动传承发扬伟大的五四精神。引导青年学生树立远大理想,热爱伟大祖国,担当时代责任,勇于砥砺奋斗,练就过硬本领,锤炼品德修为,让伟大五四精神在新时代拓展新内涵、绽放新活力、放射新光芒。

【实践要求】

(1) 组织学习习近平"在纪念五四运动 100 周年大会上的讲话"。

(2) 演讲能够紧紧围绕纪念五四运动 100 周年大会上的讲话内容。

(3) 具体演讲题目自拟。

(4) 每人演讲时间为 3~5 分钟左右,且使用普通话。

(5) 参赛选手按顺序上台演讲,原则上要求脱稿。

【评分标准】

比赛采用 10 分制,评委现场打分,去掉一个最高分和一个最低分,取平均分保留到小数点后两位。

(1) 演讲内容:紧扣主题、充实生动(2分);语言流畅自然,有感召力(2分);演讲时间不少于 3 分钟、不超过 5 分钟(0.5分)。(共计 4.5 分)

(2) 演讲能力:普通话流利,发音标准,语调准确,表达流畅(2分);脱稿演讲(1分);节奏优美,富有感情,肢体语言使用恰当(1分)。(共计 4 分)

(3) 综合印象:上下场致意、答谢(0.5分);服装得体,自然大方,气质佳(0.5分);观众反映

好(0.5分)。(共计1.5分)

备注:若改为征文活动,大赛主题不变,可将现场演讲形式改成现场优秀征文朗读形式。

实践教学五:"感动中国人物"故事汇

2018年2月18日晚2018年度感动中国人物颁奖盛典在央视播出。他们之中有将生命献给高原的植物学家钟扬,舍己救人的排雷战士杜富国,守岛卫国32年的民兵夫妇王继才、王仕花,两弹一星功勋程开甲,毕生节俭却捐赠千万的退休老人马旭,与歹徒搏斗、见义而为的退伍军人吕保民,生死关头安全降落的英雄机长刘传健,雪域邮路上的守护者其美多吉,坚守扶贫一线的基层干部张渠伟,用扁担挑起山区孩子未来的乡村教师张玉滚。他们都是千千万万普通人中的一员,但却用比常人多一分的坚持、多一分的创造,关键时刻牺牲"小我"成就"大我",给人不一样的感动,让平凡的生命有了厚度和广度。这些可敬可爱的人们,用豪迈壮举标注一个时代的精神高地。"感动中国人物"有一个共同的特质,那就是都具有崇高的社会理想、坚定的道德信念、忠诚的爱国之心和忘我的奉献精神。感动中国人物是时代的典范,闪耀着时代的光辉,传播出无比的力量,激发积极向上的强大动力。每个感动中国人物都有着精彩的故事,要让精彩不断发酵,让精神发扬光大,需要强大的平台进行弘扬。

【实践目的】

"感动中国人物"故事汇活动,旨在引导大家搜集感动中国人物的感人故事,学习感动中国人物无私无畏、爱国奉献、舍己为人、忠诚担当、全心为民的精神,以崇高的理想信念感染青年学生。

【实践方案】

(1)组织观看《2018年度感动中国人物颁奖盛典》。

(2)在课堂上以讲故事的形式,内容以感动中国人物的感人事迹为主,具体故事题目自拟,旨在突出讲述为实现坚定理想信念而付出的艰难实践。

(3)每人参赛时间为5分钟左右。

(4)参赛选手按顺序上台,要求脱稿。

【评分标准】

比赛采用10分制,评委现场打分,去掉一个最高分和一个最低分,取平均分保留到小数点后两位。

(1)故事内容:紧扣主题、充实生动(2分);语言流畅自然,有感召力(2分);讲述时间不少于3分钟、不超过5分钟(0.5分)。(共计4.5分)

(2)讲述能力:普通话流利,发音标准,语调准确,表达流畅(2分);脱稿演讲(1分);节奏优美,富有感情,肢体语言使用恰当(1分)。(共计4分)

(3)综合印象:上下场致意、答谢(0.5分);服装得体,自然大方,气质佳(0.5分);观众反映好(0.5分)。(共计1.5分)

阅读一 理想信念是红军长征创造奇迹的精神支柱

伟大的长征,不仅是中国共产党及其领导的工农红军创造的人间奇迹和中华民族惊天动地的英雄史诗,而且红军指战员在长征中用血与火铸就了伟大的长征精神,给党、国家和人民留下了宝贵的精神财富。

2016年7月,习近平总书记在宁夏固原将台堡参观红军长征三军会师纪念馆时指出,红军长征创造了中外历史的奇迹。革命理想高于天,不怕牺牲、排除万难去争取胜利,面对形形色色的敌人决一死战、克敌制胜,这些都是长征精神的内涵。我们要继承和弘扬好伟大的长征精神。

长征精神,继承和发扬了中华民族的传统美德,是中华民族百折不挠、自强不息的民族精神的最高体现。它集中体现了党和红军的优良传统和作风,是中国共产党人世界观、人生观、价值观的全面展示,是保证我们革命和建设事业从胜利走向胜利的强大精神力量。

"革命理想高于天",即坚定的革命理想信念,既是长征精神的重要组成部分,又是长征精神其他内容赖以形成和发展的基础,是统帅和贯穿长征精神其他内容的灵魂,可以说是长征精神的核心。

一、坚定的理想信念,是红军广大指战员在长征中忠于党,顾全大局,维护党和红军团结的政治基础

长征初期,由于党内"左"倾教条主义领导者的错误战略指导,中央红军仍处于继续被动挨打的境地。在突破国民党军队第四道封锁线的湘江之战时,为了党中央的安全,为了保卫"马背上的共和国",红军广大指战员高举着军旗,高喊着"一切为了苏维埃新中国"的口号,冒着敌人密集的炮火,同国民党军队进行殊死的决战。湘江之战后,中央红军由长征出发时的8.6万人锐减至3万多人。在党和红军面临险境绝路的情况下,红军广大指战员并没有因为革命遭到巨大挫折而失去对党的信任和丧失对革命的信心,而是始终抱定革命事业必胜的信念和随时为党的事业献身的决心,始终保持理想不移,信念不灭,对党的耿耿忠心不变,跟着党英勇地鏖战在长征的万里征途上。

红一、四方面军会师后,党内又出现了张国焘反对北上、坚持南下,分裂党和红军的错误行径。在这种情况下,毛泽东等中央领导同志一面严肃地指出张国焘的严重错误,一面果断地带领党中央机关和红一方面军主力脱离险境。红四方面军广大指战员在朱德、刘伯承等的积极争取下,认清张国焘的错误,坚决拥护党中央北上方针,与红二方面军共同北上,于1936年10月三大主力胜利会师。在如此复杂、险恶的环境下,正是由于全党和全体红军指战员有着共同的革命理想和信念,有党的坚强领导,才能克服张国焘的分裂党和红军的错误,维护了党和红军的团结和统一,胜利地完成了伟大的长征。

二、坚定的理想信念,是红军广大指战员在长征中不怕流血牺牲,浴血奋战,无坚不摧,一往无前,战胜强大敌人的精神动力

在红军长征途中,国民党蒋介石调集上百万军队进行围追堵截,企图置中国共产党和红军于死地。红军处于无根据地作战的困境,面临天上飞机侦察轰炸,地下敌人重兵围追堵截。

在军事斗争失利、敌强我弱的形势下,以毛泽东为代表的中国共产党人和红军指战员并没有被征服、吓倒,他们以坚定的革命理想信念,以非凡的智慧和勇气,运用灵活机动的战略战术,斩关夺隘、抢险飞渡、血战湘江、强渡乌江、四渡赤水河、巧渡金沙江、强渡大渡河、飞夺泸定桥、攻占腊子口、鏖战独树镇、伏击袁家沟口、激战嘉陵江、苦战百丈关、转战乌蒙山,抢渡普渡河,突破了国民党百万军队的围追堵截。

红军纵横驰骋于湘鄂川黔滇等14个省,长驱6.5万里,进行重要战役战斗600次,表现了红军不怕牺牲、无坚不摧、一往无前的革命英雄主义精神,取得了长征的伟大胜利。

长征的胜利是无数红军将士流血牺牲换来的。成千成万的红军将士牺牲在枪林弹雨的长征路上，长眠于皑皑雪山、茫茫草地上，有些还大义凛然、英勇就义于敌人的刑场上，他们用鲜血与生命铸就了伟大的长征精神，他们的英雄事迹永远镌刻在历史的丰碑上。

据统计，长征中牺牲的营以上干部430多名，其中军以上干部就有方志敏、刘畴西、寻淮洲、邓萍、吴焕先、曾中生、钱壮飞、罗南辉等10多名。

在湘江战役中，担任掩护任务的红5军团第34师被阻于湘江东岸，陷入数十倍于己的敌人包围之中。5000多名指战员英勇拼杀，浴血奋战，最后弹尽粮绝，大部壮烈牺牲，血染湘江。师长陈树湘身负重伤，不幸被俘，敌人企图把他送往长沙邀功。途中，陈树湘用手绞断受伤流出体外的肠子，壮烈牺牲，用对党和人民的忠诚，实现了他为共产主义奋斗到底的誓言。

长征路上，一批批战友倒下了，后面的红军指战员掩埋好战友的遗体，擦干身上的血迹，又义无反顾地冲上去。是什么力量在激励、推动他们？是理想与信念的神奇力量在激励他们奋斗、前进，他们凭着永远跟共产党走、甘愿把自己的一切献给革命事业的赤胆忠心，英勇奋战，直至长征的胜利。

三、坚定的理想信念，是红军广大指战员在长征中不畏艰难困苦，征服无数自然险阻和饥寒伤病种种磨难的重要精神支柱

长征途中，红军广大指战员不仅要突破国民党军队重兵的围追堵截，还要征服和战胜来自大自然的各种艰难险阻，经受饥寒伤病的种种磨难。雪山草地，是红军长征中经过的自然环境最为恶劣的地区。雪山大都海拔4000米以上，空气稀薄，人迹罕至，山高谷深，气候变化无常。经过长途跋涉和连续作战的红军指战员虽然疲惫不堪、缺衣少粮，但他们怀着革命必胜的信念，发扬不怕苦不怕死的精神，冒风雪，战严寒，在雪山上艰难地前行。许多战士累倒、冻僵，长眠在雪山上。红军战士刘志海冻死在雪山上，但他临死前还从雪堆里高举起一只手，紧握着党证和向党交纳的最后的党费——一块银元，表现了对党的无限忠诚和对革命的坚定信念。红军指战员就是凭着这种信念和坚忍不拔的毅力，征服了一座又一座的雪山。

红军翻过雪山后进入水草地。草地沼泽密布、河沟交错，稍有不慎就会被泥潭吞没。草地的气候恶劣，雨雪、冰雹来去无常。过草地，没有粮食吃，红军指战员不得不吃野菜、草根，甚至煮皮带充饥。许多红军指战员牺牲在草地上，有的病饿而死，有的是吃野菜中毒身亡，还有的因陷入泥潭而失去生命。仅营以上干部就牺牲了50名，为长征以来牺牲干部之最。

红3军团某部炊事班为保证全连不因饥饿而减员，9个炊事员先后牺牲在草地上。红四方面军一位干部的皮包，是经过党小组讨论后才没被吃掉，得以保存下来。

"风雨浸衣骨更硬，野菜充饥志越坚"。红军指战员以"革命理想高于天"的坚定信念和不畏艰难困苦的革命乐观主义精神，终于征服种种困难，走出了渺无人烟的茫茫水草地。正是由于有这种坚定的理想信念，红军指战员以常人不可想象的勇气和毅力，与大自然进行了一次次人力与天力的较量，并征服了大自然。这种理想信念的力量，正如美国著名作家哈里森·索尔兹伯里所说："人类的精神一旦唤起，其威力是无穷无尽。"

中国工农红军在长征中所表现出来的大无畏的英雄气概和艰苦卓绝的斗争精神，已经突破了时代和国度的界限，成为人类共有的巨大精神财富，引起了全世界人们的称颂。

今天，我们要继承和弘扬好伟大的长征精神，缅怀先烈，不忘初心，传承红色基因，坚定革命理想信念，走新的长征路。在以习近平同志为核心的党中央领导下，坚定不移走中国特色社会主义道路，为夺取全面建成小康社会新胜利、实现"两个一百年"奋斗目标、实现中华民族伟大复

兴的中国梦而努力奋斗!"

(资料来源:人民网-中国共产党新闻网,http://dangshi.people.com.cn/n1/2016/1017/c85037-28783070.html,有改动)

阅读二 习近平品"信仰的味道"

曾经,潜心翻译《共产党宣言》的陈望道,竟蘸着墨汁当成红糖吃掉而浑然不觉,甚至感觉墨比糖还蛮甜。这体现出精神之甘、信仰之甜。刘云山同志在《深入学习掌握习近平总书记系列重要讲话贯穿的马克思主义立场观点方法》一文中透露:习近平总书记"多次讲陈望道翻译《共产党宣言》的故事,讲信仰的味道、信仰的感召、信仰的力量。"

据解放军报评论员伍正华介绍,自己在2012年11月27日《人民日报》第四版发表《信仰的味道》短文。在2016年2月19日召开的党的新闻舆论工作座谈会上,习近平在听取代表发言时说,自己有剪报的习惯,看到《信仰的味道》这篇文章真不错,就剪下来了。据了解,党的十八大以来,习近平先后不下5次提及这篇《信仰的味道》。

信仰的伟大

2010年9月1日,习近平在中央党校2010年秋季学期开学典礼上讲述了老一辈共产党人"伟大信仰"的故事。

他说:"革命战争年代,革命先烈在生死考验面前所以能够赴汤蹈火、视死如归,就是因为他们对崇高的理想信念坚贞不渝、矢志不移。毛主席一家为革命牺牲6位亲人,徐海东大将家族牺牲70多人,贺龙元帅的贺氏宗亲中有名有姓的烈士就有2050人。革命前辈们为什么能够无私无畏地英勇献身?就是为了实现崇高的革命理想,为了坚守崇高的政治信仰,为了在中国彻底推翻黑暗的旧制度,为了实现民族独立和人民解放。我多次读方志敏烈士在狱中写下的《清贫》。那里面表达了老一辈共产党人的爱和憎,回答了什么是真正的穷和富,什么是人生最大的快乐,什么是革命者的伟大信仰,人到底怎样活着才有价值,每次读都受到启示、受到教育、受到鼓舞。"

6位亲人、70多人、2050个烈士,这些沉重的数字,诠释着什么是崇高,展示着什么是信仰,诉说着什么才是共产党人的价值本色。

"志不立,天下无可成之事。"

2016年7月1日,习近平在庆祝中国共产党成立95周年大会上讲了"志不立,天下无可成之事"的故事。

他说:"'志不立,天下无可成之事。'理想信念动摇是最危险的动摇,理想信念滑坡是最危险的滑坡。一个政党的衰落,往往从理想信念的丧失或缺失开始。""95年来,共产主义远大理想激励了一代又一代共产党人英勇奋斗,成千上万的烈士为了这个理想献出了宝贵生命。'砍头不要紧,只要主义真'(注:作者为夏明翰),'敌人只能砍下我们的头颅,决不能动摇我们的信仰'(注:作者为方志敏),这些视死如归、大义凛然的誓言生动表达了共产党人对远大理想的坚贞。"

心中有信仰,脚下有力量

2016年10月21日,习近平在纪念红军长征胜利80周年大会上,讲了"心中有信仰,脚下有力量"的故事。

他说:"长征途中,英雄的红军,血战湘江,四渡赤水,巧渡金沙江,强渡大渡河,飞夺泸定桥,鏖战独树镇,勇克包座,转战乌蒙山,击退上百万穷凶极恶的追兵阻敌,征服空气稀薄的冰山雪岭,穿越渺无人烟的沼泽草地,纵横十余省,长驱二万五千里。""在红一方面军二万五千里的征途上,平均每300米就有一名红军牺牲。长征这条红飘带,是无数红军的鲜血染成的。""长征胜利启示我们:心中有信仰,脚下有力量;没有牢不可破的理想信念,没有崇高理想信念的有力支撑,要取得长征胜利是不可想象的。"

革命理想高于天

习近平总书记系列重要讲话,充满着对共产主义、社会主义的坚定信仰,充满着"革命理想高于天"的豪迈情怀。在十八届中央政治局第一次集体学习时,他就形象地指出:理想信念就是共产党人精神上的"钙",没有理想信念,理想信念不坚定,精神上就会"缺钙",就会得"软骨病"。

他还强调社会主义初级阶段与共产主义并不矛盾,我们党的最高理想还是实现共产主义,胸怀共产主义的崇高理想是共产党人的天经地义,矢志不移贯彻执行党在社会主义初级阶段的基本路线和基本纲领也是共产党人的天经地义,并旗帜鲜明批驳"共产主义渺茫论"、"共产主义过时论",指出一切迷惘迟疑的观点,一切及时行乐的思想,一切贪图私利的行为,一切无所作为的作风,都与共产党人的政治信仰、革命理想、根本宗旨格格不入。

为什么习近平在事关党和国家前途命运的重大问题上有那么强的政治定力?就是因为有坚定的、钢铁般的信仰,这种信仰就是凝聚和团结8900万党员的强大力量。信仰的力量来自哪里?来自真理,来自对马克思主义的执着追求。

(资料来源:党建网,http://dangjian.gmw.cn/2017-06/22/content_24859941.htm)

阅读三　马克思和恩格斯《共产党宣言》(节选)学习导读

《共产党宣言》(以下简称《宣言》)是马克思和恩格斯为世界上第一个无产阶级政党——共产主义者同盟撰写的纲领,是每一个共产党人必读的经典。《宣言》的发表,标志着马克思主义的公开问世和国际共产主义运动的兴起。

一、写作背景

《宣言》写作于1847年年底,发表于1848年2月,是马克思和恩格斯受共产主义者同盟第二次代表大会委托起草的,是马克思主义与国际工人运动相结合的产物。

19世纪上半叶的欧洲,正经历着一场空前的社会变革。资本主义的生产关系逐步巩固,以蒸汽动力革命为基础的工业化迅猛发展,工厂林立,机器轰鸣,火车行驶,轮船远航……这一切令人目不暇接的新景象,标志着人类工业文明的到来。然而,资本主义的发展也给人类带来巨大灾难。在资本主义国家,经济危机频频发生,贫富差距不断扩大,社会矛盾日益突出,无产阶级和广大劳动人民生活艰难困苦。资产阶级为了开辟世界市场,到处建立殖民地,甚至用血与火开路,使民族国家之间的矛盾日益激化。

如何认识和解决这些社会矛盾,成为时代的课题。空想社会主义由此兴盛起来,其代表人物法国的圣西门、傅立叶和英国的欧文,对资本主义的弊病进行了猛烈抨击,对未来社会的图景进行了勾画,但这些美好的理想由于脱离现实,找不到实现的道路和社会力量。新兴的工人阶级也不断发起反对资产阶级的斗争,19世纪30—50年代,先后爆发了法国里昂工人起义、英国工人发动的宪章运动、德国西里西亚纺织工人起义,这些斗争由于缺乏科学理论的指导,都相继失败。时代呼唤科学理论,《宣言》就是适应这一时代呼唤的产物。马克思和恩格斯都出生于有教养的资产阶级知识分子家庭,但他们很早就树立了为全人类幸福而奋斗的信念,并在参加国际工人运动的斗争中逐步确立无产阶级立场,成为无产阶级革命家和思想家。1846年2月,他们在比利时建立了布鲁塞尔共产主义通讯委员会。1847年6月,在他们的帮助下,国际性工人组织"正义者同盟"召开代表大会,改名为"共产主义者同盟"。同年年底,马克思和恩格斯出席了同盟第二次代表大会,并受大会委托起草了一个详尽的理论和实践纲领,这就是《共产党宣言》。

二、内容介绍

《宣言》分正文和序言两个部分。正文分为四章。第一章主要阐述阶级斗争理论和无产阶级的历史地位,深刻阐明了关于阶级社会中阶级斗争的一般原理,阐明了无产阶级的伟大历史使命,科学证明了资产阶级的灭亡和无产阶级的胜利是同样不可避免的客观规律。第二章主要阐述无产阶级政党的纲领,既阐明了无产阶级政党建立的必要性,又阐明了共产党的性质、特点和基本纲领,驳斥了资产阶级攻击共产党人的种种责难,论述了无产阶级革命和无产阶级专政的基本思想。第三章主要批判了当时流行的各种社会主义,包括封建的社会主义、小资产阶级的社会主义、德国"真正的社会主义"、资产阶级改良主义的社会主义、空想社会主义等。第四章主要阐述共产党对其他党派的策略,阐明了共产党人要立足于现实,积极参加和支持当时的革命斗争,包括反对封建专制的民主革命,但不能忘记无产阶级的革命原则和最终目标。

马克思和恩格斯为《宣言》写过七篇序言,分别是:1872年德文版序言、1882年俄文版序言、1883年德文版序言、1888年英文版序言、1890年德文版序言、1892年波兰文版序言和1893年意大利文版序言。其中,前两篇由马克思和恩格斯合写,后五篇由恩格斯撰写。这些序言除了阐发《宣言》的意义,也从不同角度进一步丰富发展了《宣言》的思想。读本节选的是《宣言》正文的前两章以及1872年德文版序言。

节选部分及《宣言》全书内容非常丰富。概括起来,主要有以下几个方面的内容。

1. 关于唯物史观的基本原理

《宣言》作为无产阶级的革命檄文,通篇贯穿着唯物史观的基本原理。正如恩格斯在1883年德文版序言中所指出的那样,《宣言》首要的基本思想就是"每一历史时代的经济生产以及必然由此产生的社会结构,是该时代政治的和精神的历史的基础"(《马克思恩格斯文集》第2卷,人民出版社2009年版,第9页)。这就是说,生产力决定生产关系,经济基础决定政治、精神等上层建筑,这是人类社会运动演变的基本规律。《宣言》告诉人们,人类社会的历史是由低级到高级发展的;在一定条件下,低一级的社会形态必然转变为高一级的社会形态,这是由生产力和生产关系这一社会基本矛盾运动所决定的。人民群众是生产力的创造者,是推动历史前进的根本动力。马克思和恩格斯深刻阐明的唯物史观基本原理,为无产阶级观察社会历史发展提供了科学的世界观和方法论。

2. 关于阶级斗争理论的基本观点

正如1883年序言指出,《宣言》的一个基本思想就是,迄今为止(从原始土地公有制解体以来),"全部历史都是阶级斗争的历史,即社会发展各个阶段上被剥削阶级和剥削阶级之间、被统治阶级和统治阶级之间斗争的历史"(《马克思恩格斯文集》第2卷,人民出版社2009年版,第9页)。奴隶社会主要有奴隶和奴隶主的斗争,封建社会主要有农奴和封建领主的斗争,资本主义社会则主要有无产阶级和资产阶级的斗争。这是因为,社会发展的内部矛盾最终都表现为人与人之间的矛盾,最集中的就是代表新生产力的阶级和代表旧经济政治制度的统治阶级之间的矛盾。矛盾激化到一定程度,必然表现为激烈的阶级斗争,结果是整个社会达到革命改造,新的社会形态代替旧的社会形态,新的阶级矛盾代替旧的阶级矛盾。阶级社会就是在这样的矛盾运动中前进的。只有到了共产主义社会,阶级矛盾和阶级斗争才不复存在。

3. 关于资产阶级和资本主义历史地位的基本观点

《宣言》根据唯物史观,把资产阶级及其社会制度放在特定的历史条件下来考察,认为现代资产阶级是长期发展的产物,是从崩溃着的封建社会内部迅速发展起来的革命力量,"在历史上曾经起过非常革命的作用。"(《马列主义经典著作选编(党员干部读本)》,党建读物出版社2011年版,第23页)"资产阶级在它的不到一百年的阶级统治中所创造的生产力,比过去一切世代创造的全部生产力还要多,还要大。"(《马列主义经典著作选编(党员干部读本)》,党建读物出版社2011年版,第25页)资产阶级把人与人之间的一切社会关系变成了赤裸裸的金钱关系,也就彻底改变了封建时代的道德观念。资产阶级创造了现代世界体系,形成了"农村从属于城市","未开化和半开化的国家从属于文明的国家","农民的民族从属于资产阶级的民族","东方从属于西方"的状况。资产阶级通过开拓殖民地和世界市场,"使一切国家的生产和消费都成为世界性的了","过去那种地方的和民族的自给自足和闭关自守状态,被各民族的各方面的互相往来和各方面的互相依赖所代替了。物质的生产是如此,精神的生产也是如此。"(《马列主义经典著作选编(党员干部读本)》,党建读物出版社2011年版,第24页)于是,人类的"世界历史"代替了地域性的历史。

但资本主义的内在矛盾决定了它必然灭亡和社会主义必然胜利。资本主义的内在矛盾是生产的社会化与生产资料的私人占有之间的矛盾。由于这一矛盾的存在,"这个曾经仿佛用法术创造了如此庞大的生产资料和交换手段的现代资产阶级社会,现在像一个魔法师一样不能再支配自己用法术呼唤出来的魔鬼了。几十年来的工业和商业的历史,只不过是现代生产力反抗现代生产关系、反抗作为资产阶级及其统治的存在条件的所有制关系的历史。"(《马列主义经典著作选编(党员干部读本)》,党建读物出版社2011年版,第26页)这种矛盾的突出表现就是周期性经济危机的出现。在危机期间,一边是生产过剩的瘟疫蔓延,另一边则是工人阶级贫困人口的迅速增长。这表明,"社会所拥有的生产力已经不能再促进资产阶级文明和资产阶级所有制关系的发展;相反,生产力已经强大到这种关系所不能适应的地步,它已经受到这种关系的阻碍;"(《马列主义经典著作选编(党员干部读本)》,党建读物出版社2011年版,第26页)"资产阶级再不能做社会的统治阶级了"。资产阶级不仅挖掉了自己赖以生产和占有产品的社会基础,也造就了它自身的掘墓人——无产阶级。所以,"资产阶级的灭亡和无产阶级的胜利是同样不可避免的。"(《马列主义经典著作选编(党员干部读本)》,党建读物出版社2011年版,第32页)

4. 关于无产阶级革命和无产阶级专政的基本观点

《宣言》指出,无产阶级在反对资产阶级的斗争中具有彻底革命的性质,承担着推翻资本主义制度的历史使命。这是由无产阶级的特点和经济地位决定的。无产阶级处于资本主义社会的最底层,既无生产资料,又无政治权利,因而最富有革命的彻底性。大工业使无产阶级最富有组织性、纪律性和团结精神,在革命斗争中能够联合起来,形成反抗资产阶级的强大力量。无产阶级的历史地位决定了它能够代表一切被剥削被压迫人民的根本利益,能够团结人民为推翻资本主义制度、实现人类解放而斗争。无产阶级和资产阶级的斗争尽管形式多样,但最终必然发展为夺取政权的政治斗争。在阶级社会中,国家政权本质上是"一个阶级用以压迫另一个阶级的有组织的暴力"(《马列主义经典著作选编(党员干部读本)》,党建读物出版社2011年版,第41页)。资产阶级为了维护自己的阶级统治,必然要运用国家的暴力工具来镇压无产阶级和劳动人民的反抗。因此,无产阶级也必然要"用暴力推翻资产阶级而建立自己的统治"(《马列主义经典著作选编（党员干部读本）》，党建读物出版社 2011 年版，第 31 页）。无产阶级的统治是真正的新型民主制度，是为无产阶级和劳动人民服务的，是向共产主义过渡的必要条件。《宣言》指出，"工人革命的第一步就是使无产阶级上升为统治阶级，争得民主。"（《马列主义经典著作选编（党员干部读本）》，党建读物出版社 2011 年版，第 40 页）然后，利用自己的统治，实行生产资料的所有制改造，大力发展生产力，逐步创造消灭阶级和阶级差别的条件，为向共产主义过渡做准备。

5. 关于共产主义新社会建设的基本观点

《宣言》指出，无产阶级革命成功的标志是无产阶级取得政权，此后就进入新社会建设过程，但新社会建设的每一步也都是革命的继续。《宣言》特别强调，无产阶级取得政权以后，必须要改造旧的资产阶级生产关系、建立新的共产主义生产关系，但这是一个过程，不能一下子完成；对资产阶级的所有权和生产关系要实行强制性干涉，采取一系列过渡性措施。当然，这些措施在不同国家会有不同。《宣言》还告诉我们，代替那存在着阶级和阶级对立的旧社会的崭新社会即共产主义社会，将是这样一个联合体，"在那里，每个人的自由发展是一切人的自由发展的条件。"（《马列主义经典著作选编（党员干部读本）》，党建读物出版社 2011 年版，第 41 页）

6. 关于无产阶级政党建设的基本观点

无产阶级要完成历史使命需要组织自己的政党。共产党就是无产阶级在反抗资产阶级的斗争中逐步形成的先进政党。共产党始终代表整个无产阶级的利益，同时代表社会绝大多数人民群众的利益，没有自己特殊的利益。《宣言》指出："过去的一切运动都是少数人的，或者为少数人谋利益的运动。无产阶级的运动是绝大多数人的，为绝大多数人谋利益的独立的运动。"（《马列主义经典著作选编（党员干部读本）》，党建读物出版社 2011 年版，第 31 页）共产党由无产阶级的先进分子所组成，其先进性表现在实践和理论两个方面。在实践上，始终是"各国工人政党中最坚决的、始终起推动作用的部分"（《马列主义经典著作选编（党员干部读本）》，党建读物出版社 2011 年版，第 33 页），是革命运动中坚定的先锋队；在理论上，以科学的思想为指导，"了解无产阶级运动的条件、进程和一般结果。"（《马列主义经典著作选编（党员干部读本）》，党建读物出版社 2011 年版，第 33 页）因此，共产党能够代表整个运动的未来。

共产党有明确的纲领和策略。其最低纲领即最近目的是"使无产阶级形成为阶级，推翻资产阶级的统治，由无产阶级夺取政权"（《马列主义经典著作选编（党员干部读本）》，党建读物出版社 2011 年版，第 33 页）；最高纲领即最终目的是消灭私有制，消灭阶级和阶级差别，实现共产主义。共产党人的策略原则是，既要为工人阶级眼前的利益而斗争，又要着眼于运动的未来；既要支持一切进步运动，包括反对封建专制的斗争和反对资本主义制度的革命运动，又要在革命的联合中坚持独立自主，不能失去原则。

三、理论价值和现实意义

《宣言》是对马克思主义第一次系统的表述。它科学论证了社会主义代替资本主义的历史必然性，系统阐述了科学社会主义的一般原理，明确划清了科学社会主义与其他社会主义流派的界限，奠定了无产阶级政党学说的基础，为全世界无产阶级和劳动群众争取自由解放提供了强大思想武器。《宣言》的发表及其在实践中的运用，实现了人类思想史和社会发展史上的革命，深刻影响了人类历史的发展进程。

《宣言》在世界上产生了巨大而深远的影响。它于 1848 年 2 月首次在伦敦用德文发表。160 多年来，它被翻译成 200 多种语言，出版了数千个版本，成为全世界发行量最大、传播最广的经典著作。由于以它为代表的马克思主义的传播,世界上产生了数量众多的共产党组织,形成了一批社会主义国家,打破了资本主义一统天下的世界格局。《宣言》号召"全世界无产者,联合起来"(《马克思恩格斯文集》第2卷,人民出版社2009年版,第66页),这极大地激励了各国无产阶级和劳动人民为实现共产主义而努力奋斗。《宣言》思想深刻,说理透彻,文风活泼,语言优美,不仅是革命理论经典,也是世界文学经典。

马克思和恩格斯的名字以及《宣言》的一些思想,最早于1899年传入中国。1920年,北京、上海共产主义小组组织了《宣言》的翻译工作,是年8月由陈望道翻译的第一个中文全译本《宣言》在上海出版。这为中国共产党的成立和发展提供了重要的理论基础。毛泽东曾回忆,他是在那一时期首次读到了《宣言》,并在后来读过许多次。许多老一辈无产阶级革命家也是通过学习《宣言》走上革命道路的。尽管今天的时代发生了很大变化,但《宣言》所阐述的基本原理仍然对我们具有重要的指导意义。

《宣言》从唯物史观出发,科学论证了人类社会发展的各个历史阶段和总趋势,深刻阐明了"两个必然",即"资产阶级的灭亡和无产阶级的胜利是同样不可避免的"(《马列主义经典著作选编(党员干部读本)》,党建读物出版社2011年版,第32页)科学论断,为我们正确把握人类社会发展的方向,坚定共产主义的理想信念,提供了坚实的理论依据。160多年来,虽然人类社会发生了巨大深刻的变化,但总的发展趋势没有改变。尽管当代资本主义出现了许多新变化,但其固有矛盾没有也不可能从根本上改变。1997年和2008年的两次国际金融危机,再次证明了马克思揭示的资本主义基本矛盾的深刻性,揭示了资本主义危机的深刻根源和资本主义制度的不合理性。尽管苏东剧变后世界社会主义运动暂时处于低潮,但世界上为追求美好未来的进步力量的斗争并没有停止,特别是近年来随着中国特色社会主义不断取得成功,社会主义日益受到世界各国的关注。学习《宣言》,就要不断加深对人类历史发展趋势的认识,坚定中国特色社会主义共同理想和共产主义信念。同时,必须认识到,实现共产主义是一个非常漫长的历史过程,只有在社会主义社会充分发展和高度发达的基础上才能实现。要立足我国正处于并将长期处于社会主义初级阶段这个实际,脚踏实地地为实现党在现阶段的基本纲领而不懈奋斗。

《宣言》阐述了一系列需要长期坚持的科学社会主义基本原则,包括唯物史观、消灭剥削制度、无产阶级解放和人类解放、共产党的领导以及无产阶级革命胜利后要大力发展生产力等,为我们认识和把握社会主义本质特征,推进社会主义事业指明了方向。新中国成立以来特别是改革开放以来,我们党带领人民,经过长期探索开辟了中国特色社会主义道路。这条道路之所以完全正确、之所以能够引领中国发展进步,关键在于我们党既坚持了科学社会主义的基本原则,又根据我国实际和时代特征赋予其鲜明的中国特色。学习《宣言》,要求我们始终坚持党的基本路线不动摇,做到思想上坚信不疑、行动上坚定不移,决不走封闭僵化的老路,也决不走改旗易帜的邪路,而是坚定不移地走中国特色社会主义道路。

《宣言》第一次系统地提出了马克思主义建党学说,科学阐明了共产党的性质、特点、纲领、策略等,为共产党人形成自己的基本理论、基本纲领和方针政策提供了科学指南。中国共产党是按照马克思主义建党学说建立起来的无产阶级政党。党在领导人民进行长期革命、建设和改革的历程中,始终以马克思主义为指导,同时在不同时期紧密结合中国实际,形成了科学的理论、纲领、路线和方针政策。正如《宣言》所指出的,共产党不仅代表无产阶级的利益,也代表绝大多数人的利益。我们党既是中国工人阶级的先锋队,同时是中国人民和中华民族的先锋队。其先进性不仅表现为理论上的坚定成熟,更表现为实践中的冲锋陷阵。不论在战火纷飞的艰难岁月,还是在改革开放的火热年代,共产党人始终走在时代前列,引领着中华民族向着实现伟大复兴的光明目标不断前进。今天学习《宣言》,必须以党的执政能力建设和先进性建设为主线,着眼于增强为党和人民事业不懈奋斗的使命感和责任感,全面推进思想建设、组织建设、作风建设、制度建设和反腐倡廉建设,进一步提高党的建设科学化水平。

《宣言》强调,资产阶级通过开拓殖民地和世界市场,"使一切国家的生产和消费都成为世界性的了"(《马列主义经典著作选编(党员干部读本)》,党建读物出版社2011年版,第24页),"过去那种地方的和民族的自给自足和闭关自守状态,被各民族的各方面的互相往来和各方面的互相依赖所代替了。物质的生产是如此,精神的生产也是如此。"(《马列主义经典著作选编(党员干部读本)》,党建读物出版社2011年版,第24页)于是,人类的"世界历史"开始了。这一重要论断,科学地预见了经济全球化时代的到来,对于我们今天认识经济全球化及其对人类社会发展的影响仍然具有重要指导意义。当前,经济全球化趋势深入发展,既给我们带来了难得的发展机遇,也带来了严峻的挑战。必须坚持用马克思主义世界观和方法论分析认识经济全球化的发展趋势,努力在深化改革开放中不断加快自身发展。

《宣言》阐述的基本原理是正确的,应当长期坚持。同时,正如《宣言》1872年序言特别强调的,这些原理的实际运用,随时随地都要以当时的历史条件为转移。今天,我们学习《宣言》,就要辩证地、历史地理解和运用其中的原理,坚持从现阶段我国的实际出发,而不能生搬硬套,否则就会犯教条主义错误。只有这样,我们才能正确运用科学社会主义基本原理,并在实践中不断加以丰富和发展,使社会主义始终保持强大生命力。

(资料来源:共产党员网,http://news.12371.cn/2018/05/02/ARTI1525235037063963.shtml)

课后练习

一、单选题

1. ( )是人的精神世界的核心,是人精神上的"钙"。
   A. 思想道德　　　　B. 道德素质　　　　C. 理想信念　　　　D. 人生价值

2. 理想是( )。
   A. 与生活愿望相结合并指向未来的想象
   B. 缺乏客观根据的随心所欲地对未来的想象
   C. 在实践中形成的、有实现可能性的、对未来社会和自身发展目标的向往与追求
   D. 与现实有很大差距,毫无实现可能的种种未来想象

3. 以下关于理想表述错误的是( )。
   A. 理想带有时代的烙印,在阶级社会中,还必然带有特定阶级的烙印
   B. 理想之所以能够成为一种推动人们创造美好生活的巨大力量,就在于它不仅具有现实性,而且具有预见性
   C. 理想是人的主观能动性与社会发展客观趋势的一致性的反映,是人们在正确把握社会历史发展客观规律的基础上形成的,因此理想必然可以实现
   D. 实践产生理想,理想指引实践,理想与实践的相互作用推动着人们立足现实、着眼未来,在奋斗中追求,在追求中奋斗

4. 现阶段我国各族人民建设中国特色社会主义的共同理想和我们党建立共产主义社会的最高理想,属于人生理想中(　　)的内容。

A. 生活理想　　　　B. 职业理想　　　　C. 道德理想　　　　D. 政治理想

5. 理想和现实的统一性表现在(　　)。

A. 理想就是现实

B. 有了坚定的信念,理想就能自动变为现实

C. 现实是理想的基础,理想是现实的未来

D. 理想总是美好的,而现实中既有美好的一面,也有丑陋的一面

6. 以下关于理想、幻想、空想的表述正确的是(　　)。

A. 理想是个人对幻想空想的改进

B. 理想源于实践具有实现可能,幻想和空想是对未来的向往和追求

C. 理想是永恒的,幻想和空想可以随时间的变化而变化

D. 知识渊博的人具有崇高的理想,而空想幻想则源于无知

7. 一般来说,(　　)有盲目和科学之分。盲目的是指对虚幻的世界、不切实际的观念、荒谬的理论等的迷信和狂热崇拜,科学的则来自人们对自然界和人类社会发展规律的正确认识。

A. 理想　　　　B. 信仰　　　　C. 信念　　　　D. 意志

8. 新时代中国特色社会主义思想,明确中国特色社会主义最本质的特征是(　　)。

A. "五位一体"总体布局　　　　　　B. "四个全面"战略布局

C. 人民利益为根本出发点　　　　　　D. 中国共产党的领导

二、多选题

1. 以下选项中,对理想的含义和特征描述正确的是(　　)。

A. 理想是一种精神现象

B. 理想是人们在实践中形成的、有实现可能性的、对未来社会和自身发展目标的向往和追求

C. 理想是人们的世界观、人生观和价值观在奋斗目标上的集中体现

D. 理想源于现实,又超越现实

E. 理想与阶级阶层无关

2. 下列内容中,属于理想特征的是(　　)。

A. 时代性　　　B. 实践性　　　C. 政治性　　　D. 超越性　　　E. 执着性

3. 从理想的内容上划分,理想可以分成(　　)等。

A. 道德理想　　　B. 职业理想　　　C. 人生理想　　　D. 生活理想　　　E. 政治理想

4. 以下关于信念的表述正确的是(　　)。

A. 对美好未来的向往和追求

B. 对客观事物的本质和发展规律的正确反映

C. 认知、情感和意志的有机统一体

D. 人们在一定的认识基础上确立的对某种思想或事物坚信不疑并身体力行的心理态度和精神状态

E. 离开信念这种对奋斗目标的执着向往和追求,理想寸步难行

5. 下列内容中,属于信念特征的是(　　)。

A. 多样性　　　B. 实践性　　　C. 政治性　　　D. 超越性　　　E. 执着性

6. 信念和信仰的关系是（　　）。

A. 信念是信仰的最高表现形式

B. 信仰是信念的最高表现形式

C. 信念和信仰都是人的精神支柱

D. 非科学信念不属于信仰，科学信念属于信仰

E. 信仰属于信念，是信念的一部分

7. 理想信念对人生的重要意义主要体现在（　　）。

A. 昭示奋斗目标　　　　　　B. 提供前进动力　　　　　　C. 提高精神境界

D. 实现人生价值　　　　　　E. 创造社会财富

8. 我们之所以要确立马克思主义的科学信仰，是因为（　　）。

A. 马克思主义体现了科学性和革命性的统一

B. 马克思主义具有鲜明的实践品格

C. 马克思主义具有持久生命力

D. 马克思主义穷尽了世间一切真理

E. 马克思是个名人

9. 对于理想和现实的关系，正确的理解有（　　）。

A. 理想不等同于现实，不是立即可以实现的

B. 在任何条件下，理想都能够转化为现实

C. 现实是理想的基础，理想是由对现实的认识发展而来的

D. 现实是不完善和有缺陷的，理想的生命力表现为对现实的否定

E. 理想可以转化为现实，但这个转化是有条件的，是个艰苦奋斗的过程

10. 以下关于艰苦奋斗的表述正确的有（　　）。

A. 艰苦奋斗是老一辈的事，当代青年不需要艰苦奋斗

B. 一个没有艰苦奋斗精神作支撑的国家，是难以发展进步的

C. 一个没有艰苦奋斗精神作支撑的民族，是难以自立自强的

D. 一个没有艰苦奋斗精神作支撑的政党，它的事业是难以兴旺发达的

E. 艰苦奋斗是实现理想的重要条件

三、判断题

1. 高层次的信念决定低层次的信念，低层次的信念服从高层次的信念。信仰是最高层次的信念。（　　）

2. 信念可以说是最高层次的信仰，可以说，凡是信念，都是信仰。（　　）

3. 中国特色社会主义共同理想，就是在中国共产党领导下，坚持和发展中国特色社会主义，实现中华民族伟大复兴。（　　）

4. 坚持和发展中国特色社会主义，实现中华民族的伟大复兴，是当代中国最大的现实，也是全体中国人民共同的社会理想。（　　）

5. 艰苦奋斗是老一辈的事，当代青年不需要艰苦奋斗。（　　）

6. 新时代坚持和发展中国特色社会主义，总任务是实现社会主义现代化和中华民族伟大复兴，在全面建成小康社会的基础上，分两步走在本世纪中叶建成富强民主文明和谐美丽的社

会主义现代化强国。（   ）

四、简答题

1. 谈谈理想信念对大学生成长成才的重要意义。
2. 结合实际谈谈理想与现实的关系。

五、论述题

1. 谈谈为什么理想信念是精神之"钙"？
2. 如何认识中国特色社会主义共同理想与共产主义远大理想的关系？
3. 结合自身实际，谈谈在实现中华民族伟大复兴进程中大学生肩负的责任。

参考答案

一、单选题

1. C   2. C   3. C   4. D   5. C   6. B   7. B   8. D

二、多选题

1. ABCD   2. AB   3. ABDE   4. CDE   5. AE   6. BCE   7. ABC   8. ABC   9. ACDE   10. BCDE

三、判断题

1. √   2. ×   3. √   4. √   5. ×   6. √

四、简答题

1. 崇高的理想信念能够引导大学生做什么人，崇高的理想信念能够指引大学生走什么路，崇高的理想信念能够指引大学生为什么学。当代大学生要树立崇高理想就必须正确认识社会发展规律，正确认识国家的前途命运，正确认识自己的社会责任，确立在中国共产党领导下走中国特色社会主义道路、为实现中华民族的伟大复兴而奋斗的共同理想和坚定信念。

2. 在追求理想的过程中，常常会感受到理想与现实之间的矛盾，也容易对理想与现实的矛盾产生困惑，这就需要正确认识理想与现实的关系。首先，要辩证看待理想与现实的矛盾；其次，正确认识实现理想的长期性、艰巨性和曲折性；最后，要正确认识艰苦奋斗是实现理想的重要条件。

五、论述题

1. 坚定理想信念，坚守共产党人精神追求，始终是共产党人安身立命的根本。对马克思主义的信仰，对社会主义和共产主义的信念，是共产党人的政治灵魂，是共产党人经受住任何考验的精神支柱。形象地说，理想信念就是共产党人精神上的"钙"，没有理想信念，理想信念不坚定，精神上就会"缺钙"，就会得"软骨病"。现实生活中，一些党员、干部出这样那样的问题，说到底是信仰迷茫、精神迷失。

2. 我们现阶段奋斗纲领就是建设中国特色社会主义，这是现阶段共产党人的理想。这一理想是迈进共产党人最高理想的一个阶段，建设中国特色社会主义是中华民族走向共产主义未来的必由之路。中国特色社会主义共同理想与共产主义远大理想是相辅相成互相渗透目标一致的。我们要把共产主义远大理想同中国特色社会主义共同理想结合起来，积极投身于中国特色社会主义实践。

3. 每一个人的个人前途命运，都是和这个国家的前途命运，和这个民族的前途命运密切相关的。国家好,民族好,大家才会好。我坚信中国共产党的领导下,全面建成小康社会的目标一定能够实现。大学生,作为青年中的佼佼者,具有优势的特殊群体,大学生们必须坚定自己的理想,时刻牢记自己的历史使命,肩负起时代的重任,而且要完成自己的历史使命,大学生社会责任感的强弱将关系到全面建设小康社会的进程,关系到我们能否或在多大程度上肩负起实现中华民族伟大复兴的历史使命。

第三章　弘扬中国精神

学习目标

（1）知识目标：了解重精神是中华民族的优秀传统，掌握中国精神的主要内涵，把握民族精神的优良传统和爱国主义的科学内涵，理解创新创造是中华民族最深沉的民族禀赋，理解共产主义远大理想和中国特色社会主义共同理想之间的关系，掌握做新时代忠诚的爱国者及改革创新实践者的基本途径。

（2）能力目标：能深刻认识到实现中国梦必须弘扬中国精神，主动提升新时代爱国践行的动能，增强新时代创新创业的能力。

（3）素质目标：自觉做一名理性忠诚的爱国主义者，主动培养创新创业的人格素质，能够保持积极进取的精神状态。

理论焦点

（1）中国精神的内涵与传承。
（2）新时代的爱国主义。
（3）改革创新的新时代要求。

难点突破

（1）实现中国梦必须弘扬中国精神。
（2）当代大学生怎样理性爱国。
（3）当代大学生如何做改革创新的生力军。

 **思维导图**

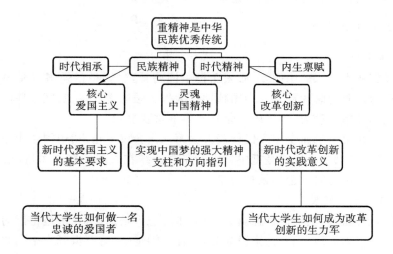

第一节　教材热点面对面

　　《思想道德修养与法律基础(2018年版)》第二章的内容聚焦于弘扬中国精神这一主线,在本章的引言中非常清楚地写着:实现中华民族伟大复兴的中国梦,必须弘扬中国精神。而就什么是中国精神这个问题,在引言中也做了清晰的表述:以爱国主义为核心的民族精神和以改革创新为核心的时代精神。随后本章从三个部分展开论述,第一个部分主要侧重于回答中国精神的内涵,即"中国精神是兴国强国之魂";第二个部分重点阐述爱国主义的价值体现,即"爱国主义及其时代要求";第三个部分则主要回答今天的时代所孕育出来的时代精神,即"让改革创新成为青春远航的动力",同时对当代大学生提出了期望及指明了发展的方向。

一、理论要点

　　关于精神问题,习近平在谈治国理政时着重强调:"人无精神则不立,国无精神则不强。精神是一个民族赖以长久生存的灵魂,唯有精神上达到一定的高度,这个民族才能够在历史洪流中屹立不倒、奋勇向前。"

　　(一)什么是精神

　　在马克思主义哲学看来,精神是高度组织起来的物质,即人脑的产物,是人们在改造世界的社会实践中通过人脑产生的观念,是思想上的成果。人们的社会精神生活即社会意识是人们的社会物质生活即社会存在的反映。但是,精神又具有极大的能动性,换言之,通过改造世界的社会实践教学,精神的东西可以转化为物质的东西。

　　马克思关于精神转化的理论,集中彰显了精神的力量。他有一段名言:批判的武器当然不能代替武器的批判,物质的力量只能用物质的力量来摧毁;但是理论一经掌握群众,也会变成物质力量。理论只要说服人,就能掌握群众;而理论只要彻底,就能说服人。所谓彻底,就是抓住事物的根本。毛泽东指出:"人们的社会存在,决定人们的思想。而代表先进阶级的正确思想,一旦被群众掌握,就会变成改造社会、改造世界的物质力量。"

(二)什么是中国精神

1. 中国精神的内涵

实现中华民族伟大复兴的中国梦,必须弘扬中国精神,这就是以爱国主义为核心的民族精神和以改革创新为核心的时代精神。中国精神作为兴国强国之魂,是实现中华民族伟大复兴不可或缺的精神支撑和精神动力,是中国文化软实力的重要显示。

习近平总书记在第十二届全国人民代表大会第一次会议上指出,中国精神是凝心聚力的兴国之魂、强国之魂。爱国主义始终是把中华民族坚强团结在一起的精神力量,改革创新始终是鞭策我们在改革开放中与时俱进的精神力量。

2. 中国精神的历史发展

在中国古代,中国精神主要体现在重义轻利、重理想人格的塑造、重道德修为和道德教化等方面,并为此留下了"为天地立心,为生民立命,为往圣继绝学,为万世开太平"和"立德、立功、立言"等重要论述。

在中国近代,为了救亡图存,中国精神主要表现在学习、抗争、变法、探索等方面,涌现出了一大批诸如严复、孙中山、陈独秀、李大钊等中华民族的精英人物。

中国共产党诞生以后,中国精神也随着时代历史使命的改变而有了进一步的发展,在马克思主义的指导下,彻底的反帝反封建的革命精神,甘于奉献勇于牺牲的精神成为时代的主流。

3. 中国精神的升华和创新

新中国成立以后,经历了半个多世纪的发展,中国从原来一穷二白的国家逐步成长为世界性的强国。取得如此重大的成就离不开一代又一代中国人的艰苦奋斗,离不开中国共产党的领导,同样也离不开新时代中国精神的激励。在这一时期,中国精神进一步升华,产生了铁人精神、雷锋精神、两弹一星精神、抗洪精神、载人航天精神、北京奥运精神等。正是这些中国精神激发了爱我中华、建我中华、强我中华的爱国热情,中华民族团结一致,克难奋进,创造了人类发展历史上一个又一个奇迹。

4. 如何充分理解中国精神

1)中国精神在哪里

中国精神在哪里?在无数先进的中国人身上,他们是民族的脊梁;也在无数勤劳善良的普通劳动者身上,他们是历史的创造者。中国精神在"有条件要上,没有条件创造条件也要上"的铁人精神里,在"全心全意为人民服务"的雷锋精神中,在"中国人民是不可战胜"的抗洪精神里,在"顽强拼搏,永不放弃"的女排精神里……

中国精神在今天更闪耀世界。当人们热议中国现象、中国速度、中国奇迹时,当人们思考中国模式、中国道路、中国力量时,这其中无不贯穿着中国精神。中国精神是文化的核心和灵魂,它能给自己的国家发展和文明模式带来道义性、合法性和认同感。一个国家如果没有令人振奋的国家精神,就不可能凝聚力量,更谈不上屹立于世界民族之林。中国精神是凝心聚力的兴国之魂、强国之魂,是中华民族伟大复兴不可逆转、不可遏制的最深层的根据。它是中华民族在长期的历史发展中逐步形成、巩固、丰富和发展的共同精神,是中华民族赖以生存和发展的精神支撑,是中华民族的优秀品格与时代特征相结合的产物。

2) 中国精神的历史传承

中华民族崇尚精神的优秀传统,首先表现在对物质生活与精神生活相互关系的独到理解上。重视并崇尚精神生活,是中国古代思想家们的主流观点。虽然诸子百家思想有异,但重精神生活,始终是各家思想价值的共同点。

中华民族崇尚精神的优秀传统,也表现在中国古人对理想的不懈追求上。理想是激励个体的精神内驱力,是凝聚社会整体的精神力量。矢志不渝地坚守理想,是中国古人崇尚精神的典型体现。儒道法墨,无不有自己的价值目标和理想人格追求。

中华民族崇尚精神的优秀传统,亦表现在对道德修养和道德教化的重视上。古代思想家们不仅对道德修养和道德教化理论进行了系统论述,而且提出了修身养性的具体方法以及家箴家训、乡规民约等教化方式。表明中华民族自古以来对人的精神世界的高度关注。

中华民族崇尚精神的优秀传统,还表现为对理想人格的推崇。出现在中国历史上的诸种理想人格,虽时代不同、类型有别,但其共同点是关注人的精神品格。如古代儒家的"君子"人格、道家的"真人"理想,近代哲学家冯友兰先生提出人的"四重境界"等。

中国共产党是中华民族重精神优秀传统的忠实继承者和坚定弘扬者。在革命、建设、改革各个历史时期,中国共产党都强调要处理好物质和精神的关系,重视发挥人的精神的能动作用,重视优秀精神文化的自觉传承和创新,中华民族重精神的优秀传统,在中国共产党人这里进一步发扬光大。

习近平强调,民族复兴不仅表现为经济腾飞,更要有中国精神的振奋和彰显,只有物质文明建设和精神文明建设都搞好,国家物质力量和精神力量都增强,全国各族人民物质生活和精神生活都改善,中国特色社会主义事业才能顺利向前推进。

3) 中国精神的内容构成及其内在辩证关系

中国精神,既包括民族国家在长期历史发展中所凝结而成的民族精神,也包括民族国家基于不同时代境遇和发展状况所形成的时代精神。前者是绵延不绝的文化血脉,后者是发展创新的时代反映,二者相互联系、相互作用,共同构成了中国精神的核心内容。中华民族在五千多年的历史发展中形成了具有中国风格、中国气派的中国精神:以爱国主义为核心的民族精神和以改革创新为核心的时代精神。这是中国人民在长期的社会实践中形成的,能够发出正能量的各种优秀品德、价值的总和。北京猿人钻木取火的智慧,神农氏遍尝百草的坚韧,尧舜禅让的谦和,文景之治的和谐,贞观长歌的励精图治,康乾盛世的雍容大度,戊戌变法的图强之志,驱逐列强的浩然正气,抗击日寇的同仇敌忾,创建新中国的浴血奋战,改革开放的勇气与胆魄……历史长河中的一首首浩歌,无不光耀着伟大的中国精神。中国精神是中国道路、中国模式的精神内涵,体现着社会主义核心价值观。有了中国精神,就有了国家和民族发展的凝结剂和推进器。中国精神是中华民族优秀传统与时代精神的有机结合,代表着中国各民族的形象,彰显着中国人的精神风貌。认定中国精神,就有了超越自我、走向辉煌的强大精神力量。

(三) 实现中国梦必须弘扬中国精神

一个人不能没有精神,一个民族不能没有信仰,一个国家不能没有梦想。实现中华民族伟大复兴,是中华民族近代以来最伟大的梦想。实现中国梦必须走中国道路,必须弘扬中国精神,必须凝聚中国力量。爱国主义始终是把中华民族坚强团结在一起的精神力量,改革创新始终是鞭策我们在改革开放中与时俱进的精神力量。全国各族人民一定要弘扬伟大的民族精神和时代精神,不断增强团结一心的精神纽带、自强不息的精神动力,永远朝气蓬勃迈向未来。

凝聚中国力量的精神纽带。推进民族复兴的时代伟业,我们必须有万众一心、众志成城的强大精神凝聚力。人民群众是历史发展和社会进步的主体力量。坚持和发展中国特色社会主义、实现中华民族伟大复兴,最根本的力量在人民,最强大的力量在团结凝聚起来的人民。弘扬中国精神,对于维系中华民族的生存与发展、维护国家统一和民族团结发挥着重要作用。

激发创新创造的精神动力。当前,我们正在从事的中国特色社会主义事业是一项前无古人的创造性事业,中国精神作为兴国强国之魂的价值和意义更为凸显。推进新时代的伟大事业,必须有创新创造、向上向前的强大精神奋发力,勇于变革、勇于创新、永不僵化、永不停滞,使全体人民始终保持昂扬向上的精神状态,为实现中国梦注入强大的精神力量。

推进复兴伟业的精神定力。只有自觉弘扬中国精神,增强民族自尊心和自信心,坚定不移走自己的路,才能使全体人民在实现复兴伟业的征途中拥有坚如磐石的精神和信仰力量,不为困难吓倒,不为诱惑所动,不为干扰迷惑,保持战略定力,坚定不移把我们的事业不断推向前进,直至达到光辉的彼岸。

鲁迅说过"唯有民魂是值得宝贵的,唯有他发扬起来,中国才有真进步"。在实现中国梦的新征程中,大力弘扬伟大的民族精神和时代精神,让凝心聚力的兴国之魂、强国之魂融入现代化进程,我们就一定能朝气蓬勃地迈向未来,不断开创中国特色社会主义新局面。

中国精神使中国跑出"加速度"。中国的高铁事业在过去 10 年间突飞猛进地发展,高铁建设频频刷新世界纪录,取得了举世瞩目的成就。中国高铁从无到有,从追赶到超越,从引进消化吸收再创新到系统集成创新,再到完全自主创新,已经练就成世界铁路科技的集大成者。从东部走向西部,从"四纵四横"到"八纵八横",从国内走向海外,中国高铁的大发展开启了人类交通史的新纪元。中国高铁取得的这些成就,离不开每一个高铁人的默默奉献和付出,离不开在世界难题面前不低头,在困难面前不退缩的伟大的中国精神。

中国精神使中国制造奔向中国创造。中国 FAST 望远镜是目前世界第一大单口径射电望远镜,随着 FAST 望远镜的使用,标志着我国在探索太空奥秘方面走在了世界前列。北斗是中国自主建设的卫星导航定位系统,这也标志着北斗导航系统将打破 GPS 垄断。还有出口英国的中国核电、禁止出口的"天鲸号"造岛神器、"墨子号"量子通信卫星等,所有这些成就的取得,都离不开一代代科技人的默默付出,这些只是中国精神体现的一个缩影,在各行各业中仍然有数不清的人们在为了中国的不断强大发展而努力奋斗。

中国精神使人民获得更多幸福感。2020 年全面建成小康社会,是我们党向人民、向历史作出的庄严承诺,不论是"两个一百年"目标还是阶段性目标,都彰显出我们坚持走共同富裕道路,追求造福人民的全面发展。今天我们正在进行的脱贫攻坚战,正是要让人民获得更多的幸福感。

(四)爱国主义

1. 爱国主义的基本内涵

爱国主义体现了人们对自己祖国的深厚感情,揭示了个人对祖国的依存关系,是人们对自己家园以及民族和文化的归属感、认同感、尊严感与荣誉感的统一。它是中华民族精神的核心。爱国主义,本质上是荣誉感和责任感的统一。

(1) 爱祖国的大好河山。领土完整涉及国家的重大核心利益,每一个爱国者都会把"保我国土""爱我家乡""维护祖国领土的完整和统一"作为自己的神圣使命和义不容辞的责任。

(2) 爱自己的骨肉同胞。爱自己的骨肉同胞就是爱人民群众。对人民群众感情的深浅程度,是检验一个人对祖国忠诚程度的试金石。爱自己的骨肉同胞,最主要的是培养对人民群众的深厚感情,坚持以人民为中心的立场,始终紧紧地同人民群众站在一起。

(3) 爱祖国的灿烂文化。爱祖国的灿烂文化,就是要认真学习和真正了解祖国的历史,在充分理解和尊重的基础上,积极推动祖国优良历史文化传统的传承和发展。

(4) 爱自己的国家。爱自己的国家,拥护国家的基本制度,遵守国家的宪法法律,维护国家安全和统一,捍卫国家的利益,为国家繁荣发展贡献自己的力量,是爱国主义的基本要求。

2. 新时代爱国主义的基本要求

新时代的爱国主义,既承接了中华民族的爱国主义优良传统,又体现了鲜明的时代特征,内涵更加丰富。新时代的爱国主义基本要求如下。

(1) 坚持爱国主义和社会主义相统一。这是中国历史发展的必然结果。社会主义制度的建立,为中国的繁荣发展提供了可靠的保障。中国的历史和现实充分证明,中国共产党是高举爱国主义旗帜并躬身实践的光辉典范,是中国特色社会主义事业的坚强领导核心。坚定拥护中国共产党的领导,是中华民族走向复兴、中国特色社会主义事业走向成功的必然要求,也是新时代爱国主义的必然要求。

(2) 维护祖国统一和民族团结。在新的时代条件下,弘扬爱国主义精神,必须把维护祖国统一和民族团结作为重要着力点和落脚点。维护和推进祖国统一,是中华民族走向伟大复兴的题中之义。要从中华民族整体利益的高度把握两岸关系大局,增进对两岸命运共同体的认知,不断拓宽两岸关系和平发展的道路;要自觉维护全国各族人民大团结的政治局面,筑牢国家统一、民族团结、社会稳定的铜墙铁壁。

(3) 尊重和传承中华民族历史和文化。对祖国悠久历史、深厚文化的理解和接受,是爱国主义情感培育和发展的重要条件。中华优秀传统文化是中华民族的精神命脉,其中蕴涵着中华民族世世代代形成和积累的思想营养和实践智慧,是中华民族得以延续的文化基因,也是我们在世界文化激荡中站稳脚跟的根基。我们必须尊重和传承中华民族历史和文化,以时代精神激活中华优秀传统文化的生命力,推进中华优秀传统文化创造性转化和创新性发展,在传承与创新中树立和坚持正确的历史观、民族观、国家观、文化观,增强做中国人的骨气和底气。

(4) 坚持立足民族又面向世界。坚持新时代的爱国主义,要求我们正确处理好立足民族与面向世界的辩证统一关系,把弘扬爱国主义精神与扩大对外开放结合起来。弘扬新时代的爱国主义,必须坚持立足民族,维护国家发展主体性。弘扬新时代的爱国主义,必须面向世界,构建人类命运共同体。

3. 当代大学生做忠诚的爱国者的途径

(1) 维护和推进祖国统一。第一,坚持一个中国原则。一个中国原则是两岸关系的政治基础。体现一个中国原则的"九二共识"明确界定了两岸关系的根本性质,是确保两岸关系和平发展的关键。第二,推进两岸交流合作。在两岸关系大局稳定的基础上,两岸各领域交流合作有着广阔空间。第三,促进两岸同胞团结奋斗。两岸双方应秉持"两岸一家亲"的理念,顺势而为、齐心协力、心心相印、守望相助,巩固和扩大两岸关系发展成果。第四,反对"台独"分裂图谋。"台独"分裂势力及其分裂活动仍然是对两岸关系的现实威胁,必须继续反对和遏制任何形式的

"台独"分裂主张和活动,不能有任何妥协。

(2) 促进民族团结。处理好民族问题、促进民族团结,是关系祖国统一和边疆巩固的大事,是关系民族团结和社会稳定的大事,是关系国家长治久安和中华民族繁荣昌盛的大事。深化对党的民族理论和民族政策的认识,认清"藏独"和"疆独"等各种分裂主义势力的险恶用心和反动本质,筑牢各族人民共同维护祖国统一、维护民族团结、维护社会稳定的钢铁长城。

(3) 增强国家安全意识。首先,确立总体国家安全观。国家安全是指一个国家不受内部和外部的威胁、破坏而保持稳定有序的状态。确立总体国家安全观,必须既重视外部安全,又重视内部安全;既重视国土安全,又重视国民安全;既重视传统安全,又重视非传统安全;既重视发展问题,又重视安全问题。其次,增强国防意识。强大的国防是国家生存与发展的安全保障。大学生必须具有很强的国防观念和忧患意识,自觉接受国防和军事方面的教育训练,关心国防、了解国防、热爱国防、投身国防,积极履行国防义务,成为既能建设祖国、又能保卫祖国的优秀人才。最后,履行维护国家安全的义务。大学生应自觉遵守国家安全法律,履行维护国家安全的法律义务:依照法律服兵役和参加民兵组织的义务,保守国家秘密的义务,为国防建设和国家安全工作提供便利条件或其他协助的义务,在国家安全机关调查了解有关危害国家安全的情况时如实提供有关证据、情况的义务,及时报告危害国家安全行为的义务,不得非法持有、使用专用间谍器材的义务,不得非法持有国家秘密文件、资料和其他物品的义务等。对每一项责任和义务,每个大学生都应当勇于担当,尽职尽责。

(五) 改革创新

1. 改革创新是新时代的发展要求

在当代中国,社会发展离不开改革创新,改革创新是社会发展的核心动力,坚持改革创新是新时代科学发展的迫切要求。

(1) 创新始终是推动人类社会发展的第一动力。从某种意义上说,创新决定着世界政治经济力量对比的变化,也决定着各国各民族的前途命运,特别是近代以来,大国崛起与国际力量格局的变迁,无不昭示这个规律。如1894年登上经济实力世界第一的美国,一百多年以来维系其霸主地位的,就是持续吸引创新人才,提供创新条件,鼓励全面创新发展。

(2) 创新能力是当今国际竞争新优势的集中体现。"在激烈的国际竞争中,惟创新者进,惟创新者强,惟创新者胜。"面对科技创新和产业革命新趋势,世界主要国家都在积极调整应对,努力寻找创新的突破口,抢占发展先机,纷纷出台新的创新战略,加大投入,加强人才、专利、标准等战略性创新资源的争夺,创新战略竞争在综合国力竞争中的地位日益重要。

(3) 改革创新是我国赢得未来的必然要求。必须把创新作为引领发展的第一动力,把人才作为支撑发展的第一资源,把创新摆在国家发展全局的核心位置,把创新驱动发展战略作为国家重大战略,不断推进理论创新、制度创新、科技创新、文化创新等各方面创新。通过全面深化改革,加快转变经济发展方式,推进经济结构战略性调整,为我国经济社会发展提供前所未有的强劲动力,真正实现2020年建设创新型国家的愿景蓝图。

2. 当代大学生要做改革创新生力军

(1) 树立改革创新的自觉意识。第一,增强改革创新的责任感。大学生要不断增强以改革创新推动社会进步,在改革创新中奉献服务社会、实现人生价值的崇高责任感和使命感,以时不我待、只争朝夕的紧迫感投身改革创新的实践中。第二,树立敢于突破陈规的意识。敢于大胆突破陈规甚至常规,敢于大胆探索尝试,善于观察发现、思考批判,不唯书、不唯上,只唯实,这是大学生在学习与实践中创新创造的重要前提。第三,树立大胆探索未知领域的信心。青年应是常为新、敢创造的,理当锐意创新创造,不等待、不观望、不懈怠,善于解放思想,务求实际,勇做改革创新的生力军。

(2) 增强改革创新的能力本领。第一,积极夯实创新基础。大学生作为改革创新的生力军,应从扎实系统的专业知识学习起步和入手,而不能好高骛远,空谈改革,坐论创新。当今世界诸多创业创新成功范例,都指向主人公扎实精湛的专业功底。第二,主动培养创新思维。大学生在专业学习与社会实践中,应自觉培养创新型思维,勤于思考,善于发现,勇于创新,勤于读书并不拘泥于书本知识,乐于实践并不局限于校园活动,不唯书、不唯上、只唯实,不自封、不守旧、敢创新。第三,勇于投身创新实践。当代大学生既置身于全球新一轮科技革命和产业变革兴起的历史机遇期,又置身于我国迈向现代化强国的历史新征程,本身也具有强烈的内生发展需求和成长需要,应当在全面深化改革的伟大实践中,深刻体悟改革创新精神,增强改革创新的意识,锤炼改革创新的意志,增强改革创新的能力本领,不畏难、不踟蹰,勇做改革创新的实践者和生力军,在新时代创新创造的广阔天地之中实现自己的人生价值。

二、理论热点

(一) 科学没有国界,科学家应有家国境界

随着科学技术的发展,国家的竞争逐渐演变成科技的竞争。自 2018 年 6 月以来,美国对中国的打压愈演愈烈,从"中兴事件"到"华为事件",从贸易战到科技战,这种打压已经由局部向全面扩展。其原因就是中国的发展和强大已经让美国感到了威胁,已经让美国在全球的霸权地位受到了挑战。为了扼制中国的发展,继续保持自己在全球的优势地位,美国一点点撕掉所谓"民主""自由""公平""契约"的遮羞布,不惜赤膊上阵,从各个层面封锁围堵中国,尤其是 2019 年 5 月出台的"实体清单"和新颁布的签证审查制度,更是让我们明白核心技术不能受制于人的道理。科学技术没有国界,但如果我们不能够掌握这些先进的科学技术,没有自己的科学家,那么这些科学技术将会成为我们国家走向强大的巨大障碍。

载人航天精神

2003 年,"长征二号 F"运载火箭第一次成功发射载人飞船,实现了中华民族千年飞天梦想,中国成为世界上第三个将宇航员送入太空的国家。2011 年,"长征二号 F"运载火箭分别把"天宫一号"和"神舟八号"送入太空,入轨精度堪称完美,我国载人航天工程首次交会对接任务取得圆满成功,中国航天再次被放到了聚光灯下。胡锦涛同志号召:"在全面建设小康社会、加快推进社会主义现代化的征程上,我们一定要在全社会大力弘扬载人航天精神,增强全民族的自信心和自豪感,凝聚全民族的智慧和力量,紧紧抓住发展机遇,积极应对各种挑战,战胜前进道路上的艰难险阻,不断开创中国特色社会主义事业的新局面。"

在学习中,许多同志会思考这样一些问题:载人航天精神有什么普遍意义?在中国航天高

端人才中出现的优秀党员、优秀的领导干部说明了什么？载人航天精神的时代意义是什么？等等。认真思考和研讨这些问题，对于深入持久地弘扬载人航天精神是非常必要的、有益的。

考察一种精神的时代意义，离不开这种精神出现的时代背景

从国际上来看，世界正向多极化的方向演进，和平与发展成为当代世界的主流。但是，和平并不是风平浪静的和平，发展也不是互不相干的发展，国与国之间以经济实力和科技实力为基础的竞争、较量和角逐将是长期的、激烈的。要使我们中华民族在世界经济与科技的马拉松比赛中急起直追，跻身前列，一要有正确的路线、方针、政策，二要有大批忠诚地为党为国为民奋斗和奉献的民族脊梁。中国航天人正是这种符合时代需要的我们党的领导骨干的优秀代表。

从国内来说，我们所处的时代可以用三句话来表述：处在建立了人民民主专政的社会主义新中国的历史新纪元；处在实行改革开放的历史新时期；处在发展社会主义市场经济的历史新阶段。新纪元、新时期、新阶段，三个"新"字，意味着三个转折。"两弹一星精神""铁人精神"是实现第一个转折以后出现的先进典型，他们的模范事迹，激励和鼓舞了整整一代共产党员、领导干部以至广大人民群众，至今仍然是人们学习的光辉榜样。而载人航天精神则是实现第二个、第三个转折以后形成的又一种具有时代意义的精神。

载人航天精神昭示了一条"自主创新"的路子

创新是一个民族进步的灵魂，是国家兴旺发达的不竭动力。科技创新能力是一个国家科技事业发展的决定性因素，是国家竞争力的核心，是强国富民的重要基础，是国家安全的重要保证。胡锦涛总书记在全国科学技术大会上强调，走中国特色自主创新道路，核心就是要坚持自主创新、重点跨越、支撑发展、引领未来的指导方针。

中国运载火箭技术是在研制导弹的基础上发展起来的，它与生俱来就具有自主创新的优良基因。中国运载火箭技术研究院（系中国航天科技集团有限公司第一研究院，以下简称"一院"）在自行设计、自主研制目标的牵引下，依靠航天人锲而不舍地探索和攻关，瞄准世界航天科技先进技术，不断追赶世界先进水平，取得了令国人骄傲、令世人瞩目的伟大成就。在遵循"三步棋"预研模式的基础上，一院将其发展为"生产一代、研制一代、预研一代、探索一代"的新模式，更加突出了自主创新在航天技术发展中的重要地位。在这一发展模式主导下，长征运载火箭系列型谱逐步形成。运载火箭实现了从常规推进到低温推进，从串联到串联加捆绑，从一箭单星到一箭多星，从近地轨道、太阳同步轨道、地球同步轨道到地月转移轨道，从发射卫星载荷到发射载人飞船技术跨越发展，具备了发射低、中、高不同轨道、不同类型卫星的能力，并在国际商业卫星发射服务市场上占据了一席之地，成为我国为数不多、具有自主知识产权和较强国际竞争力的航天高科技产品。

从东方红一号卫星高歌云霄，到神舟载人飞船遨游星河，再到"嫦娥奔月""天宫神八"交会对接，一院用了40年的时间，解决了若干项火箭技术难题，实现了运载火箭技术的跨越式发展。2010年，一院历史性地完成了自主研制的运载火箭的百次发射，这一年中国航天发射次数与美国并列位居世界第二，中国航天发射技术进入世界先进水平。中国航天正是着力于自主创新，以异他国而自立于世界，以异他时而自立于当代，从这一点来看，载人航天精神又具有普遍性和借鉴意义。

载人航天精神高扬了一面"中国特色社会主义市场经济"的旗帜

在实现第二个、第三个转折以后，我们的党和国家进入新的历史时期、新的历史阶段。新的历史时期最鲜明的特点，是改革开放。新的历史阶段的重要标志，是确立了建立社会主义市场经济体制的目标。从解放生产力、扫除发展生产力的障碍这个意义来说,从政策的重新选择、体制的重新构建这个转变的深刻性和广泛性来说,从由此而引起的社会生活和人们观念变化的深刻性和广泛性来说,改革开放和建立中国特色社会主义市场经济体制无疑是一场新的革命。

从以"电风扇、衣架、烟草机械"为代表的第一批产品投入市场,到现在以"先进能源、特种车及汽车零部件、新材料及应用、卫星应用及电子工程、航天特种技术应用"五大板块为代表的航天技术应用产业跨越式发展,一院民用产业走过了30年的历程,经济规模突破百亿。作为我国航天事业的发祥地,如果说引领中国航天事业发展是一院的使命,那么加快航天技术应用产业发展更是一院义不容辞的责任。

一院利用液体火箭发动机研发过程中取得的燃烧热能、特种泵阀、自动控制等尖端技术储备基础上,闯入粉煤加压气化的民用领域,研制出具有自主知识产权、达到国际领先水平的航天煤气化技术,打破了国外技术的长期垄断,对行业产生了重大深远的影响;依托专用车生产基地,针对不同细分市场,形成了重型矿用自卸车、油田专用车、环卫专用车、矿用防爆指挥车等十多个系列几十种产品;依托上市公司平台,以风机设备研发和制造为重点,适度投资开发风场项目为补充,发展航天风电产业。目前正与荷兰EWT公司合作,引进900 kW直驱风机,并通过合作及自主组织研发,研制出具有航天自主知识产权并代表国际先进水平的2 MW和1.5 MW直驱风机,已实现并网发电。

从"计划经济为主、市场经济为辅"到"有计划的商品经济",从民品产业是"有益补充"到"重要组成部分",三十而立,一院民用产业的目标得以最终确立,并不断完善和发展。在这场革命中,一院始终坚定不移地站在改革开放的前列,站在建立社会主义市场经济体制的前列,积极发挥历史的主动性和创造性,为发展社会主义社会的生产力,增强社会主义国家的综合国力作出自己最大的贡献。

载人航天精神熔铸了一面"国家利益高于一切"的镜子

一院牢固地树立并始终不渝地实践了共产党员的世界观、人生观和价值观。以"国家利益高于一切"的核心价值观对待耕天之路上所遇到的一切问题。

在惊雷乍起的荒漠,在"神舟"冲天的戈壁,至今还隐藏着许许多多不为人所知的人生故事。仅在酒泉卫星发射中心的烈士陵园,就长眠着500多名年轻的生命,他们的平均年龄只有24岁。在一次重大的火箭发射试验中,在点火按钮按下的关键时刻,火箭突然发生了故障,燃料泄漏,危及产品、设备和人员安全。在这紧急时刻,我院共产党员魏文举同志参加了排故抢险战斗,和其他突击队员一起,钻进火箭的尾舱,拆除发生故障的脉冲压力传感器,险情最终被排除,发射取得圆满成功,但魏文举同志却因在排故抢险过程中吸入过多推进剂散发出的毒气,中毒过深,壮烈牺牲,年仅54岁。其实,在那次排故抢险中,他不是负责监修的组员,完全有理由推掉这工作;他也不是突击队的第一队队员,完全可以等待第一队撤出之后再上去。可是,作为一名共产党员,凭着对航天事业的热爱,他既没有推辞、后退,也没有等待、观望,更没有分分内、分外,面临着危险和死亡的考验,在为国争光的信心和斗志的鼓舞下,他没有恐惧,没有杂念,而是争先恐后,两次第一个冲上去,最终牺牲在战斗岗位上,以自己的实际行动为"国家利益高于一切"作了最好的诠释。

载人航天精神奏响了一支"共产主义精神"的曲子

中共中央、国务院和中央军委在北京举行大会,隆重庆祝神舟六号载人航天飞行圆满成功时,胡锦涛总书记在会上发表重要讲话,将"特别能吃苦、特别能战斗、特别能攻关、特别能奉献"

的载人航天精神高度概括为:热爱祖国、为国争光的坚定信念;勇于登攀、敢于超越的进取意识;科学求实、严肃认真的工作作风;同舟共济、团结协作的大局观念和淡泊名利、默默奉献的崇高品质。

由此可见,载人航天精神,实质上就是共产主义精神。这种精神是不是"超越时代"呢?不是的。毛泽东同志早在新民主主义革命时期就说过:新民主主义革命应该以共产主义思想为指导,必须扩大共产主义思想的宣传;同时,应该把对于共产主义思想体系和社会制度的宣传,同对于新民主主义的行动纲领的实践区别开来;而对于共产党员来说,则应该以共产主义作为观察问题、研究问题、处理工作的理论和方法,在新民主主义革命中作到最有远见、最富有牺牲精神,发挥先锋作用和模范作用。实践证明,毛泽东同志提出的这个原则十分精辟。

同样,我们今天从事建设中国特色社会主义的伟大事业,也必须贯彻这个指导原则。正如邓小平同志特别强调的"我们干的是社会主义事业,最终目的是实现共产主义。这一点,我希望宣传方面任何时候都不要忽略"。这样做,不但不会妨碍改革开放和现代化建设各项政策的推行,相反会为之创造有利的条件,提供强大动力,中国航天取得的成绩和模范事迹已经无可辩驳地证明了这一点。

过去常说:"共产党员是特殊材料制成的。"至于是什么样的"特殊材料",回答往往比较简单。现在分析一下构成载人航天精神世界的"特殊材料",我们可以看到,其中的主体是建设有中国特色的社会主义理论和科学发展观的重要思想,是钱学森、焦裕禄、孔繁森等英雄模范的高大形象,同时也有中国传统文化中的精华,有岳飞、文天祥等古代先贤的壮举豪言。

党的十七届六中全会指出,文化是民族的血脉,是人民的精神家园。在我国五千多年文明发展历程中,各族人民紧密团结、自强不息,共同创造出源远流长、博大精深的中华文化,为中华民族发展壮大提供了强大的精神力量,为人类文明进步作出了不可磨灭的重大贡献。中国航天人以自己的实际行动为此作出了富有启示性的贡献,载人航天精神为共产党员和领导干部昭示了一条正确的人生之路。

(资料来源:共产党员网,http://news.12371.cn/2014/09/28/ARTI1411885521587723.shtml,有改动)

(二)延安精神的新时代传承

为加强对当代大学生进行中国革命文化教育,帮助其深刻领会延安精神的内涵,主动承担新时代中国特色社会主义现代化建设的历史重任,高校掀起了延安实践学习的热潮。

热点解读

延安精神是值得永远弘扬的革命精神
——学习习近平总书记关于弘扬延安精神的重要论述

党的十八大以来,习近平总书记就什么是延安精神、为什么要弘扬延安精神、怎样弘扬延安精神等问题,发表了一系列重要论述,为在新的历史条件下弘扬延安精神进一步指明了方向。深入学习习近平总书记关于弘扬延安精神的重要论述,是学习习近平总书记系列重要讲话的组成部分,对于深刻理解和全面把握习近平新时代中国特色社会主义思想,贯彻落实党的十九大

精神,为实现中华民族伟大复兴的中国梦提供强大精神动力,具有重要意义。

"延安精神是我们党的性质和宗旨的集中体现"

延安精神内容丰富、内涵深刻、源远流长。它既是5000多年中华优秀传统文化的继承和发扬,又是红船精神、井冈山精神、长征精神的发展和升华。正如习近平总书记所说:"延安精神是中华民族优良传统的继承和发展,是我们党的性质和宗旨的集中体现。"从根本上说,延安精神就是中国共产党人的精神。

坚定理想信念,是延安精神的灵魂,是中国共产党人矢志不渝的毕生追求。中国共产党从诞生之日起,就把实现社会主义和共产主义作为自己的政治理想和精神追求。回望延安时期,为什么在物质匮乏、条件艰苦的环境下,却朝气蓬勃、激情燃烧、充满生机,成为成千上万有志之士景仰、向往和奔赴的精神高地?因为那里有崇高的理想、坚定的信念、真理的光辉、民族的希望。习近平总书记指出:"理想信念是一个国家、民族和政党团结奋斗的精神旗帜,坚定理想信念,坚守共产党人精神追求,始终是共产党人立身安命的根本。"他还说:"英雄模范之所以赴汤蹈火、舍生忘死,之所以任劳任怨、鞠躬尽瘁,之所以能够洁身自好、光明磊落,最根本的就是他们对理想信念有执着追求和坚守,他们选定了主义,站定了队伍,就终身为此不懈奋斗。"我们今天弘扬延安精神,向英雄模范人物学习,就是要把坚定理想信念作为立德修身的首选,做到对共产主义远大理想虔诚而执着,对中国特色社会主义共同理想至信而深厚,不忘初心,奋斗终身。

坚持实事求是,是延安精神的精髓,是中国共产党人克敌制胜的思想武器。延安时期,我们党坚持真理,修正错误,开展整风运动,使解放思想、实事求是成为全党的思想路线和行动自觉,推动了马克思主义中国化的第一次飞跃,确立了毛泽东思想在全党的指导地位。经验和教训反复证明,什么时候坚持解放思想、实事求是的思想路线,革命就取得胜利,建设就取得成就;反之,就会犯错误,革命受挫折,事业受损失。习近平总书记指出:"实事求是,是马克思主义的根本观点,是中国共产党人认识世界、改造世界的根本要求,是我们党的基本思想方法、工作方法、领导方法。"他在回忆梁家河下乡岁月时说,陕北七年,最大的一个收获就是懂得了什么叫实际,什么叫实事求是,什么叫群众。党的十八大以来,党中央带领全党和全国人民攻坚克难、砥砺前行,解决了许多长期想解决而没解决的难题,办成了许多过去想办而没办成的大事,靠的就是一切从实际出发,实事求是,与时俱进,坚持问题导向和实践观点,不断对马克思主义中国化的时代课题作出新回答,开辟新境界,结出新成果,形成了习近平新时代中国特色社会主义思想。

坚守人民至上,是延安精神的核心,是中国共产党人立党为公的根本宗旨。延安时期,毛泽东同志发表了《为人民服务》的著名演讲,开宗明义地指出:"我们这个队伍完全是为着解放人民的,是彻底地为人民的利益工作的。"党的七大,把全心全意为人民服务写入党章。延安出现了"只见公仆不见官",干群团结如一人的生动局面,为抗日战争、解放战争的彻底胜利打下了坚实的群众基础。党的十八大以来,以习近平同志为核心的党中央,继承和发扬了延安时期的革命精神和优良传统,始终把人民利益摆在至高无上的位置,作为一切工作的出发点和落脚点。习近平总书记明确指出:"人民对美好生活的向往,就是我们奋斗的目标。"五年来,他深入基层,深入实际,进山寨,走边陲,看老区,入民宅,访贫问苦,体察民情,时刻把群众的冷暖记在心上。他说,他最关注的工作之一就是贫困人口脱贫。正是在他的关注和力推下,一场脱贫攻坚战在神州大地全面打响,其攻坚力度之大,规模之广,影响之深,前所未有。他反复强调,要让改革发展成果更多更公平惠及全体人民,中南海要始终直通人民群众,等等。这些都充分体现了人民领袖对人民群众的深厚感情和中国共产党人的公仆意识、宗旨意识。

保持艰苦奋斗,是延安精神的特质,是中国共产党人永不变色的政治根本。延安时期,我们党领导根据地军民在极其艰苦的条件下,用双手和锄头开展了"自己动手、丰衣足食"的大生产运动,克服了一个又一个困难;用小米加步枪打败了强大的敌人,取得了一个又一个胜利;根本原因是延安的党员干部形成了自力更生、艰苦奋斗的工作作风,保持了积极向上的精神状态和坚韧不拔的政治本色。习近平总书记指出:"自力更生、艰苦奋斗是我们共产党人的品质,是我们立党立国的根本,也是党员、干部立身立业的根本。"今天,我们的生活水平、工作条件、物质基础、发展能力与延安时期相比,已经发生了翻天覆地的变化。越是在这样的情况下,自力更生的意志不能移,移了就会忘本;艰苦奋斗的作风不能丢,丢了就会变质。为什么一段时间,"四风"盛行,党风不正,群众意见很大,一个重要原因就是一些党员干部忘记了过去,丢掉了传统,有的经不起"四个考验",走向了邪路,甚至成为人民的罪人。我们要牢记习近平总书记的告诫:"走得再远,走到再辉煌的未来,也不能忘记走过的过去。"

"全面从严治党要继续从延安精神中吸取力量"

在弘扬延安精神的伟大意义上,习近平总书记说:"伟大的延安精神教育和滋养了几代中国共产党人,始终是凝聚人心、战胜困难、开拓前进的强大精神力量。""弘扬延安精神,对于推进中国特色社会主义事业、实现中华民族伟大复兴具有重要意义。"他强调:"全面从严治党要继续从延安精神中汲取力量。"

从延安精神中汲取信仰的力量。"黄河之滨,集合着一群中华民族优秀的子孙。人类解放,救国的责任,全靠我们自己来担承。"这首抗日军政大学校歌,生动形象地表达了延安时期中国共产党领导的人民军队为实现人类解放的崇高理想而英勇奋斗的担当精神。这种精神所产生的力量,被美国记者斯诺称之为一种"东方魔力"。陈嘉庚访问延安后,得出的结论是:"中国的希望在延安"。梁漱溟"考察"延安的答案是,共产党的"根本"没有变。他们所说的"魔力"、"希望"、"根本",就是信仰的力量。习近平总书记多次强调,理想信念是共产党人精神上的"钙",没有理想信念,理想信念不坚定,精神上就会"缺钙",就会得"软骨病"。全面从严治党,从延安精神中汲取信仰的力量,就要如党的十九大报告所指出的:"要把坚定理想信念作为党的思想建设的首要任务,教育引导全党牢记党的宗旨,挺起共产党人的精神脊梁,解决好世界观、人生观、价值观这个'总开关'问题,自觉做共产主义远大理想和中国特色社会主义共同理想的坚定信仰者和忠实实践者。"

从延安精神中汲取党性的力量。中国共产党自建党起就十分重视向党员进行党性教育。1941年7月1日中央政治局通过了《关于增强党性的决定》,要求在全党开展反对"分散主义"、"独立主义"、"个人主义"的斗争,加强纪律教育,用自我批评的武器、加强学习的方法来改造自己、坚定党性。延安整风就是中国共产党人党性教育的成功范例。通过整风,解决了一些党员从思想上入党的问题,锻造出一支"铁一般信仰、铁一般信念、铁一般纪律、铁一般担当"的党员干部队伍,形成了一股坚不可摧、勇往直前的党性力量。习近平总书记指出:"党性是立身、立业、立言、立法的基石,而党性不可能随着党龄的增加而自然增强,也不可能随着职务的升迁而自然增强,必须在严格的党内生活锻炼中不断增强。"严肃认真的党内政治生活,是坚持党的性质和宗旨,保持先进性和纯洁性的重要法宝,是解决党内矛盾和问题的"金钥匙",是广大党员、干部锻炼党性的"大熔炉",是纯洁党风的"净化器"。党的十九大报告要求:全党同志特别是高级干部要加强党性锻炼,不断提高政治觉悟和政治能力,把对党忠诚、为党分忧、为党尽职、为民造福作为根本政治担当,永葆共产党人的政治本色。

从延安精神中汲取理论的力量。我们党之所以能够经历考验磨难无往而不胜,关键在于不断进行实践创新和理论创新,善于把马克思主义基本原理同中国实际相结合,不断推进马克思主义中国化。延安时期是中国共产党实现创新发展的重要历史阶段,正是在把马克思主义基本原理同中国革命实践相结合的过程中,在同教条主义、经验主义等错误倾向进行斗争中,形成了毛泽东思想,实现了马克思主义中国化的第一次飞跃。马克思说,"理论一经掌握群众,也会变成物质力量"。正是在毛泽东思想的引导下,我们党取得了一个又一个的伟大胜利。党的十一届三中全会以后,以邓小平为代表的中国共产党人,把握时代特征,立足基本国情,作出了改革开放等一系列重大决策,形成了中国特色社会主义理论体系,实现了马克思主义中国化的第二次飞跃。党的十八大以来,以习近平总书记为代表的中国共产党人,进行着新时代的理论创新和实践创新,提出了一系列治国理政的新理念新思想新战略,创立了习近平新时代中国特色社会主义思想。这是马克思主义中国化的最新成果,是中国特色社会主义理论体系的重要组成部分,是全党全国人民为实现中华民族伟大复兴而奋斗的行动指南、精神支柱和力量源泉。我们一定要认真学习、深刻领会、坚决贯彻、全面落实、长期坚持并不断发展。

从延安精神中汲取作风的力量。作风问题,关系党的形象,关系人心的向背,关系党的生死存亡。党的作风正,人民的心气顺,党和人民就能同甘共苦。延安整风后,我们党形成了理论联系实际、密切联系群众、批评与自我批评的三大作风,被毛泽东同志称之为这是共产党区别于其他政党的显著标志。历经峥嵘岁月,共产党密切联系群众、艰苦奋斗的"延安作风",最终打败了国民党脱离人民群众、奢靡腐败的"西安作风"。习近平总书记在指导党的群众路线教育实践活动时明确指出,这次教育实践活动借鉴延安整风经验,用"照镜子、正衣冠、洗洗澡、治治病"的方法,集中解决形式主义、官僚主义、享乐主义和奢靡之风。他说,我们党作为马克思主义执政党,不但要有强大的真理力量,而且要有强大的人格力量;真理力量集中体现为我们党的正确理论,人格力量集中体现为我们党的优良作风。党的十八大以来,党中央出台八项规定,开展群众路线教育实践活动、"三严三实"专题教育、"两学一做"学习教育等,大力推进反腐倡廉,使"四风"得以遏制,党的优良作风得以恢复和发扬。但是,正如习近平总书记所说:作风建设永远在路上,永远没有休止符,必须要在抓常、抓细、抓长上下功夫。党的十九大报告再次提出,全党一定要保持艰苦奋斗、戒骄戒躁的作风,以时不我待、只争朝夕的精神,奋力走好新时代的长征路。我们要认真贯彻党的十九大精神,继承和发扬延安精神,高举中国特色社会主义伟大旗帜,锐意进取,埋头苦干,为实现党的十九大提出的各项任务而努力奋斗。

(资料来源:《中华魂》,2018年第4期)

(三)五四精神的当代价值

2019年4月30日,习近平总书记在纪念五四运动100周年的大会上发表了重要讲话,在讲话中他对新时代的青年提出了六个方面的期望和要求:第一,新时代中国青年要树立远大理想。青年的理想信念关乎国家未来。青年理想远大、信念坚定,是一个国家、一个民族无坚不摧的前进动力。青年志存高远,就能激发奋进潜力,青春岁月就不会像无舵之舟漂泊不定。正所谓"立志而圣则圣矣,立志而贤则贤矣"。青年的人生目标会有不同,职业选择也有差异,但只有把自己的小我融入祖国的大我、人民的大我之中,与时代同步伐、与人民共命运,才能更好实现人生价值、升华人生境界。离开了祖国需要、人民利益,任何孤芳自赏都会陷入越走越窄的狭小天地。新时代中国青年要树立对马克思主义的信仰、对中国特色社会主义的信念、对中华民族伟大复兴中国梦的信心,到人民群众中去,到新时代新天地中去,让理想信念在创业奋斗中升华,让青春在创新创造中闪光!第二,新时代中国青年要热爱伟大祖国。孙中山先生说,做人最大的事情,"就是要知道怎么样爱国"。一个人不爱国,甚至欺骗祖国、背叛祖国,那在自己的国家、在世界上都是很丢脸的,也是没有立足之地的。对每一个中国人来说,爱国是本分,也是职责,是心之所系、情之所归。对新时代中国青年来说,热爱祖国是立身之本、成才之基。当代中国,爱国主义的本质就是坚持爱国和爱党、爱社会主义高度统一。新时代中国青年要听党话、跟党走,胸怀忧国忧民之心、爱国爱民之情,不断奉献祖国、奉献人民,以一生的真情投入、一辈子的顽强奋斗来体现爱国主义情怀,让爱国主义的伟大旗帜始终在心中高高飘扬!第三,新时代中国青年要担当时代责任。时代呼唤担当,民族振兴是青年的责任。鲁迅先生说,青年"所多的是生力,遇见深林,可以辟成平地的,遇见旷野,可以栽种树木的,遇见沙漠,可以开掘井泉的"。在实现中华民族伟大复兴的新征程上,应对重大挑战、抵御重大风险、克服重大阻力、解决重大矛盾,迫切需要迎难而上、挺身而出的担当精神。只要青年都勇挑重担、勇克难关、勇斗风险,中国特色社会主义就能充满活力、充满后劲、充满希望。青年要保持初生牛犊不怕虎、越是艰险越向前的刚健勇毅,勇立时代潮头,争做时代先锋。一切视探索尝试为畏途、一切把负重前行当吃亏、一切"躲进小楼成一统"逃避责任的思想和行为,都是要不得的,都是成不了事的,也是难以真正获得人生快乐的。新时代中国青年要珍惜这个时代、担负时代使命,在担当中历练,在尽责中成长,让青春在新时代改革开放的广阔天地中绽放,让人生在实现中国梦的奋进追逐中展现出勇敢奔跑的英姿,努力成为德智体美劳全面发展的社会主义建设者和接班人!第四,新时代中国青年要勇于砥砺奋斗。奋斗是青春最亮丽的底色。"自信人生二百年,会当水击三千里。"民族复兴的使命要靠奋斗来实现,人生理想的风帆要靠奋斗来扬起。没有广大人民特别是一代代青年前赴后继、艰苦卓绝的接续奋斗,就没有中国特色社会主义新时代的今天,更不会有实现中华民族伟大复兴的明天。千百年来,中华民族历经苦难,但没有任何一次苦难能够打垮我们,最后都推动了我们民族精神、意志、力量的一次次升华。今天,我们的生活条件好了,但奋斗精神一点都不能少,中国青年永久奋斗的好传统一点都不能丢。在实现中华民族伟大复兴的新征程上,必然会有艰巨繁重的任务,必然会有艰难险阻甚至惊涛骇浪,特别需要我们发扬艰苦奋斗精神。奋斗不只是响亮的口号,而是要在做好每一件小事、完成每一项任务、履行每一项职责中见精神。奋斗的道路不会一帆风顺,往往荆棘丛生、充满坎坷。强者,总是从挫折中不断奋起、永不气馁。新时代中国青年要勇做走在时代前列的奋进者、开拓者、奉献者,毫不畏惧面对一切艰难险阻,在劈波斩浪中开拓前进,在披荆斩棘中开辟天地,在攻坚克难中创造业绩,用青春和汗水创造出让世界刮目相看的新奇迹!第五,新时代中国青年要练就过硬本领。青年是苦练本领、增长才干的黄金时期。"青春虚度无所成,白首衔悲亦何及。"当今时代,知识更新不断加快,社会分工日益细化,新技术新模式新业态层出不穷。这既为青年施展才华、竞展风采提供了广阔舞台,也对青年能力素质提出了新的更高要求。不论是成就自己的人生理想,还是担当时代的神圣使命,青年都要珍惜韶华、不负青春,努力学习掌握科学知识,提高内在素质,锤炼过硬本领,使自己的思维视野、思想观念、认识水平跟上越来越快的时代发展。新时代中国青年要增强学习紧迫感,如饥似渴、孜孜不倦学习,努力学习马克思主义立场观点方法,努力掌握科学文化知识和专业技能,努力提高人文素养,在学习中增长知识、锤炼品格,在工作中增长才干、练就本领,以真才实学服务人民,以创新创造贡献国家!第六,新时代中国青年要锤炼品德修为。人无德不立,品德是为人之本。止于至善,是中华民族始终不变的人格追求。我们要建设的社会主义现代化强国,不仅要在物质上强,更要在精神上强。精神上强,才是更持久、更深沉、更有力量的。青年要把正确的道德认知、自觉的道德养成、积极的道德实践紧密结合起来,不断修身立德,打牢道德根基,在人生道路上走得更正、走得更远。面对复杂的世界大变局,要明辨是非、恪守正道,不人云亦云、盲目跟风。面对外部诱惑,要保持定力、严守规矩,用勤劳的双手和诚实的劳动创造美好生活,拒绝投机取巧、远离自作聪明。面对美好岁月,要有饮水思源、懂得回报的感恩之心,感恩党和国家,感恩社会和人民。要在奋斗中摸爬滚打,体察世间冷暖、民众忧乐、现实矛盾,从中找到人生真谛、生命价值、事业方向。

新时代新青年:用青春行动点赞中国梦

"五四"青年大都在20岁左右,即使是他们的老师也不过30岁左右,风华正茂,群星灿烂,正像毛泽东所说,"恰同学少年,风华正茂","指点江山,激扬文字,粪土当年万户侯"。青年兴则中国兴,青年强则中国强。现在,"五四"已成为历史,但五四精神还在传承,我们当代大学生,作为新时代的新青年应该怎样弘扬五四精神铸就中国梦呢?

第一,当代大学生要有理想、有志向,但要把个人梦和中国梦统一起来。我们纪念"五四"、发扬"五四",就是追中国梦、圆中国梦,实现中华民族的伟大复兴。中国到了"五四",出现了新气象,迸发出了新活力,这种新气象、新活力来自有理想、有目标、有志向、有抱负。青年就应该这样,要有梦想,要有理想,要想做事,要敢于做事,要朝气蓬勃。有人说,年轻的时候是做梦的年代。青年有理想、有梦想是正常的。"五四"就是一个做梦的时代,五四青年都有"天下兴亡、匹夫有责"的责任感,都有挽救民族危亡为己任的使命感。

五四青年的理想、志向是大理想、大志向,个人的理想是和民族的命运、国家的前途连在一起的。继承五四传统,发扬五四精神,就要在民族的命运中来谈个人的进步。1993年9月16日,邓小平对弟弟邓垦讲:"国家发展了,我当一个富裕国家的公民就行了。"这句话平平淡淡,却是大胸怀、大境界、大理想,把国家和个人、事业和个人的关系说得很透彻。毛泽东的"待到山花烂漫时,她在丛中笑"的诗句,也表达了这种关系和境界。习近平同志讲中国梦和个人梦的关系,讲的也是这种关系和定位。因此,我们说,个人梦和中国梦就像是风筝和风的关系。风越大,风筝才能飞得越高。如果民族复兴的天风浩荡,个人进步的风筝就能飞得高、飞得远。

第二,当代大学生的理想与志向要以主义的信仰为内核。人要有大理想、大抱负、大志向,这个大理想、大抱负、大志向的"大",表现在三个方面:一是与中国梦连在一起;二是小我变大我,青年要相信自己,但更要依靠人民。民主不仅是个人的自由,更是人民的地位和力量;三是要有主义、要有信仰。

我们现在纪念"五四",首先是要讲主义,要讲信仰。讲理想,要坚信当代中国马克思主义,坚定不移走中国特色社会主义道路,要把个人梦同中国梦紧密结合起来,在为实现中国梦的奋斗中创造人生的辉煌。

第三,当代大学生要实践,要立足于中国这片土地、这个实际,不断探索、求索、思索,不断开辟中华民族伟大复兴的新境界。追梦、圆梦要实践、实干。理想、梦想不仅在将来,更在脚下、在当下、在现实。马克思、恩格斯在《德意志意识形态》中说过一句名言:"我们所称为共产主义的是那种消灭现存状况的现实的运动。"所以,空谈误国,实干兴邦,只有实干才能梦想成真。

要实践就有挑战、有困难,实现个人梦、中国梦,有困难,有压力。有人说,对未来的想象依赖于现实的苦难,二者是泉与涌的关系:苦难有多深,喷涌就多高。当代青年在投身伟大事业、实现美好梦想时,也要经得起挫折和失败,扛住压力,战胜挑战。

正如习近平同志在纪念五四运动中所提到的:新时代的青年要自觉树立和践行社会主义核心价值观,善于从中华民族传统美德中汲取道德滋养,从英雄人物和时代楷模的身上感受道德风范,从自身内省中提升道德修为,明大德,守公德,严私德,自觉抵制拜金主义、享乐主义、极端个人主义、历史虚无主义等错误思想,追求更有高度,更有境界,更有品位的人生,让清风正气、蓬勃朝气遍布全社会。

(资料来源:姚亚平《五四精神的时代特征和中国梦的现实实践》,江西日报,2013年5月4日第3版,有改动)

第二节 实践教学设计

爱国主义的实践教学包括两大类,即课内实践教学和课外实践教学。在课内实践教学中,可采用主题讨论、影视欣赏、主题演讲、红色故事评读等多种形式。在课外实践教学中,可以采取组织参观革命纪念馆、烈士陵园、红色革命圣地,以及组织"三下乡"等方式开展,把爱国主义教育变得更加鲜活生动,更加具有感染力和吸引力。

改革创新主题的实践教育,可以让学生结合中国今天所取得的一系列的伟大成就进行课堂分组讨论、即兴主题演讲、经典案例分析、经典影视赏析等形式,也可以采取对身边创业先进人物的访谈、组织学生进行创新社会实践等形式开展。

实践教学一:牢记历史 珍爱和平

爱国主义教育是常谈常新的育人主题,也是大学生思想政治教育研究的重要内容。专业的爱国主义实践教学,应该贯彻"大思政"理念,主动融入学校育人体系,才能真正发挥全员、全方位、全过程育人之实效,理直气壮地唱响爱国主义教育的主旋律,进一步夯实爱国主义教育的时效性和实效性。现以"国家公祭日"爱国主义教育实践主题为范例。

【实践目的】

为深入学习贯彻党的十九大精神和全国全省高校思想政治工作会议精神,落实习近平总书记对建设教育强国、实现高等教育内涵式发展的深刻阐述,结合"国家公祭日"学生爱国运动,引导青年学子肩负起社会责任和历史责任,以青春奋进的姿态迎接新时代的到来。

【实践方案】

"牢记历史、珍爱和平"。通过"国家公祭日"主题教育系列引导学生牢记历史,以史为鉴,把个人的学习生活同祖国的繁荣富强紧密结合起来,把个人的命运同国家的命运结合起来,让学生真正明白居安思危的意义。

(1)全体起立,默哀。伴随着上课铃响,老师快步走上讲台,告诉学生们今天是12月13日,是国家公祭日,然后由班长喊:"起立! 向南京死难同胞默哀!"所有学生起立,默哀三分钟。默哀结束后,由班长发出"默哀结束,请坐!"的口令。

(2)播放南京大屠杀的影像资料。老师提前把影像资料存入电脑,在学生坐下后开始播放。

(3)讲解南京大屠杀的影像资料。结合影像资料讲解南京大屠杀发生的经过及日本侵华所犯下的罪行。

(4)分析日本发动侵华战争的原因,引导学生把个人的命运同国家的命运结合起来。设置问题,由学生分组讨论并派代表发言。问题包括:日本为什么要发动侵华战争?日本军队为什么能够在中国长驱直入?中国怎么会由一个世界强国变成一个任人宰割的弱小国家?国家赢弱会带来什么样的后果?作为时代青年我们为国家的强盛应该做点什么?为什么要牢记这段历史?通过对这些问题的讨论与回答,激发学生的爱国热情,引导学生把个人的命运同国家的命运紧密结合在一起。

实践教学二:对于书本上的知识是遵循还是质疑?

【实践目的】

创新的精神离不开创新的思维,创新的思维需要突破陈规,敢于质疑。什么是质疑?如何质疑?为什么要质疑?什么样的质疑才是正确的质疑?在实践教学中可以通过辩论赛的方式,让学生通过思想的碰撞和思维的质辩,去了解创新的真正内涵和创新的方式方法。

【实践要求】

(1)立论环节:正方一辩立论,阐述本方观点,时间为3分钟(提示时间);反方一辩立论,阐述本方观点,时间为3分钟(提示时间)。

(2)驳论环节:反方二辩针对正方立论观点进行反驳,时间为2分钟(提示时间);正方二辩针对反方立论观点进行反驳,时间为2分钟(提示时间)。

(3)攻辩环节:攻辩环节提问方只能问,回答方只能回答,不得反问。

正方三辩提问反方一、二、四辩各一个问题,反方辩手分别应答。每次提问时间不得超过15秒,三个问题累计回答时间为1分30秒。

反方三辩提问正方一、二、四辩各一个问题,正方辩手分别应答。每次提问时间不得超过15秒,三个问题累计回答时间为1分30秒。

攻辩小结:正方一辩进行小结,时间为1分30秒;反方一辩进行小结,时间为1分30秒。

(4)自由辩论环节,每方4分钟:首先由正方先开始,双方交叉应答。

(5)结辩环节:反方陈词,时间为3分钟(提示时间);正方陈词,时间为3分钟(提示时间)。

延伸阅读

阅读一　主题·本质·特征——学习习近平总书记关于爱国主义的重要论述

关于爱国主义,习近平总书记在许多场合作过论述,特别是在2015年12月30日主持中共中央政治局第二十九次集体学习时的讲话中,对爱国主义作了全面阐述。纵观习近平总书记关于爱国主义的重要论述,主要有三个重点:一是中华民族的爱国主义传统,二是当代中国爱国主义,三是青少年的爱国主义教育。其中,当代中国爱国主义处在承前启后位置上,既是中华民族爱国主义传统的当代延续,又是对全国人民特别是青少年进行爱国主义教育的核心内容。

习近平总书记关于爱国主义的重要论述，对我们正确把握当代中国爱国主义的内涵和要求，在新的历史条件下弘扬爱国主义精神，具有重要的指导意义。

实现中华民族伟大复兴的中国梦，是当代中国爱国主义的鲜明主题

中华民族具有悠久的历史和灿烂的文化，曾长期走在世界的前列。但近代以来，由于封建社会的衰落和封建统治者的腐朽，特别是西方列强船坚炮利的入侵，中华民族落伍了、衰弱了，甚至沦落到亡国灭种的最危险境地。从那时以来，救亡图存、振兴中华，始终是每一个中国人最强烈的愿望。2012年11月29日，习近平总书记在参观《复兴之路》展览时，首次提出并阐述了"中国梦"的概念。他指出："中国梦的本质是国家富强、民族振兴、人民幸福。"这个梦想，把国家的追求、民族的向往、人民的期盼融为一体，表达了每一个中华儿女的共同愿景。"中国梦"这一鲜明有力而贴近生活的提法，迅速引发亿万中国人民的强烈共鸣，得到中华儿女的广泛认同，成为当代中国人奋力追求的共同目标。

习近平总书记将"中国梦"与当代中国爱国主义联系起来，明确指出，"实现中华民族伟大复兴的中国梦，是当代中国爱国主义的鲜明主题。"这为我们准确把握当代中国爱国主义提供了重要遵循。当代中国爱国主义，既与古代、近代、现代的爱国主义一脉相承，又有因新的时代背景和社会条件而形成的鲜明特色。把握这些特色，是当代中国人弘扬和践行爱国主义精神的重要前提。找到当代中国爱国主义的鲜明主题，为我们准确把握当代中国爱国主义的丰富内涵起到重要作用。

实现中华民族的伟大复兴是一代又一代中国人的梦想，也是一个长期追求和接续奋斗的过程。与在革命中拼搏和在建设中探索的先辈们相比，奋进在改革开放大潮中的我们是更加幸运的，因为我们处在离实现中华民族复兴的伟大梦想最近的地方。习近平总书记指出，"现在，我们比历史上任何时期都更接近中华民族伟大复兴的目标，比历史上任何时期都更有信心、有能力实现这个目标。"确实如此，民族复兴的百年梦想将在我们手中变为现实，我们将见证这个历史时刻。因此，实现这一梦想，就成为当代中国人最庄严的使命，成为当代中国爱国主义最鲜明的主题。

坚持爱国和爱党、爱社会主义相统一，是当代中国爱国主义的本质体现

习近平总书记指出，"祖国的命运和党的命运、社会主义的命运是密不可分的。只有坚持爱国和爱党、爱社会主义相统一，爱国主义才是鲜活的、真实的，这是当代中国爱国主义精神最重要的体现。今天我们讲爱国主义，这个道理要经常讲、反复讲。"在当代中国，爱国是与爱党和爱社会主义联系在一起的，具有不可分割的统一性。

爱国与爱党、爱社会主义相统一是历史地形成的。具体地说，是在近代以来中华民族救亡图存、奋发图强的进程中逐步形成起来并得到确立的。为了使中华民族摆脱被欺凌受屈辱的处境，无数仁人志士奋起抗争，但一次次失败了。中国共产党成立后，团结带领广大人民群众前仆后继、顽强奋斗，取得了人民革命的胜利，建立了人民当家做主的新中国，为中华民族的伟大复兴奠定了坚实基础。新中国成立后，党领导人民进行了社会主义改造，开展了社会主义建设，开辟和推进了社会主义改革，把贫穷落后的旧中国变成日益繁荣富强的新中国，中华民族伟大复兴展现出前所未有的光明前景。在这个历史过程中，党、国家和社会主义紧密结合在一起，形成一个命运的共同体，并在中国特色社会主义事业中得到集中体现。

坚持爱国情怀、创新精神、世界眼光相结合，是当代中国爱国主义的突出特征

改革开放是当代中国的突出特征，这一特征使得当代中国的爱国主义具有鲜明的时代特征和现实感。改革开放包括两个方面,即改革与开放。前者体现的是一种改革创新的观念和意识,后者体现的是一种对外开放的眼光和胸怀。

习近平总书记强调:"实现中国梦必须走中国道路、弘扬中国精神、凝聚中国力量。"中国精神就是以爱国主义为核心的民族精神和以改革创新为核心的时代精神。习近平总书记强调指出:"要大力弘扬伟大爱国主义精神,大力弘扬以改革创新为核心的时代精神,为实现中华民族伟大复兴的中国梦提供共同精神支柱和强大精神动力。"改革创新是改革开放事业的重要特征,是鲜明的时代精神,是当代中国爱国主义的应有之义。在综合国力竞争日益激烈的全球化时代,没有改革创新的观念和意识,中华民族就不能自立于世界民族之林,爱国就将成为一句空话。

当今的世界是开放的世界,经济全球化的深入发展,已经把各国紧密地联系起来。当今的中国也必须是开放的中国,当代中国爱国主义必须具有世界眼光和博大胸怀。习近平总书记指出:弘扬爱国主义精神,必须坚持立足民族又面向世界。中国的命运与世界的命运紧密相关。我们要把弘扬爱国主义精神与扩大对外开放结合进来,尊重各国的历史特点、文化传统,尊重各国人民选择的发展道路,善于从不同文明中寻求智慧、汲取营养,增强中华文明生机活力。我们要积极倡导求同存异、交流互鉴,促进不同国度、不同文明相互借鉴、共同进步,共同推动人类文明发展进步。这就告诉我们:当代中国爱国主义是具有世界眼光和国际胸襟的爱国主义,它与狭隘的民族主义毫无共同之处。

坚持知国之理、爱国之情、报国之行相贯通是当代中国爱国主义的具体要求

从理论上讲,爱国主义作为一种"主义",具有一定抽象性,是对社会生活中千千万万爱国现象的高度概括,具有自身的理论完整性和学理支撑。但爱国主义不是抽象的,它必然要落实到每个具体的人身上,体现在每个爱国者的认知、情感和意志行为中。

爱国首先表现为一种感情,爱国主义教育首先要涵养和增强人们的爱国之情。这种情感的产生具有一定的自发性。人们往往是从爱家乡,爱家乡的父老乡亲开始,逐步扩大到爱整个国家。尽管自发的爱国之情非常珍贵,但不应只停留在这一阶段,而要达到成熟的自觉,把深厚的感情建立在深刻的认识基础上。习近平总书记在《知之深爱之切》一文中,谈到自己的故乡之情时指出:"要热爱自己的家乡,首先要了解家乡。深厚的感情必须以深刻的认识做基础。唯有对家乡知之甚深,才能爱之愈切。"对家乡是如此,对整个国家更是如此。因此,爱国与知国联系在一起,爱国主义感情要建立在对国家的深刻认识基础之上,实现爱国之情与知国之理相贯通。

爱国既不能只停留在认识上,也不能只停留在感情上,必须转化为行动的意志和实践的过程。习近平总书记指出,在广大青少年中开展深入、持久、生动的爱国主义宣传教育,让爱国主义精神在广大青少年心中牢牢扎根,让广大青少年培养爱国之情、砥砺强国之志、实践报国之行。

爱国主义从自发情感转化为自觉行为,离不开爱国主义教育的引导和涵育。习近平总书记指出,弘扬爱国主义精神,必须把爱国主义教育作为永恒主题。要把爱国主义教育贯穿国民教育和精神文明建设全过程,做到以理服人、以文化人、以情感人,生动传播爱国主义精神,唱响爱国主义主旋律,让爱国主义成为每一个中国人的坚定信念和精神依靠。

(资料来源:刘建军《主题·本质·特征——学习习近平总书记关于爱国主义的重要论述》,光明日报,2016年5月19日第16版)

阅读二　习近平：科技创新、制度创新要两个轮子一起转

科技创新、科学普及是实现创新发展的两翼，要把科学普及放在与科技创新同等重要的位置。没有全民科学素质普遍提高，就难以建立起宏大的高素质创新大军，难以实现科技成果快速转化。希望广大科技工作者以提高全民科学素质为己任，把普及科学知识、弘扬科学精神、传播科学思想、倡导科学方法作为义不容辞的责任，在全社会推动形成讲科学、爱科学、学科学、用科学的良好氛围，使蕴藏在亿万人民中间的创新智慧充分释放、创新力量充分涌流。

——《为建设世界科技强国而奋斗》(2016年5月30日)，人民出版社单行本，第18页

一切科技创新活动都是人做出来的。我国要建设世界科技强国，关键是要建设一支规模宏大、结构合理、素质优良的创新人才队伍，激发各类人才创新活力和潜力。要极大调动和充分尊重广大科技人员的创造精神，激励他们争当创新的推动者和实践者，使谋划创新、推动创新、落实创新成为自觉行动。

——《为建设世界科技强国而奋斗》(2016年5月30日)，人民出版社单行本，第16页

创新是一个系统工程，创新链、产业链、资金链、政策链相互交织、相互支撑，改革只在一个环节或几个环节搞是不够的，必须全面部署，并坚定不移推进。科技创新、制度创新要协同发挥作用，两个轮子一起转。

——《为建设世界科技强国而奋斗》(2016年5月30日)，人民出版社单行本，第13~14页

什么是核心技术？我看，可以从三个方面把握。一是基础技术、通用技术。二是非对称技术、"杀手锏"技术。三是前沿技术、颠覆性技术。在这些领域，我们同国外处在同一条起跑线上，如果能够超前部署、集中攻关，很有可能实现从跟跑并跑到并跑领跑的转变。

——《在网络安全和信息化工作座谈会上的讲话》(2016年4月19日)，人民出版社单行本，第11页

核心技术要取得突破，就要有决心、恒心、重心。有决心，就是要树立顽强拼搏、刻苦攻关的志气，坚定不移实施创新驱动发展战略，把更多人力物力财力投向核心技术研发，集合精锐力量，作出战略性安排。有恒心，就是要制定信息领域核心技术设备发展战略纲要，制定路线图、时间表、任务书，明确近期、中期、远期目标，遵循技术规律，分梯次、分门类、分阶段推进，咬定青山不放松。有重心，就是要立足我国国情，面向世界科技前沿，面向国家重大需求，面向国民经济主战场，紧紧围绕攀登战略制高点，强化重要领域和关键环节任务部署，把方向搞清楚，把重点搞清楚。否则，花了很多钱、投入了很多资源，最后南辕北辙，是难以取得成效的。

——《在网络安全和信息化工作座谈会上的讲话》(2016年4月19日)，人民出版社单行本，第10~11页

要继续深化科研院所改革，总的是要遵循规律、强化激励、合理分工、分类改革。对承担国家基础研究、前沿技术研究、社会公益技术研究的科研院所，要以增强原始创新能力为目标，尊重科学、技术、工程各自运行规律，扩大院所自主权，扩大个人科研选题选择权。对已经转制的科研院所，要以增强共性技术研发能力为目标，进一步实行精细化的分类改革，实行一院一策、一所一策，有些要以公益为主、市场为辅，形成产业技术研发集团；有些要进一步市场化，实现混合所有制，建立产业技术联盟；有些要考虑回归公益，改组成国家重点实验室，承担国家任务。

——《在中央财经领导小组第七次会议上的讲话》(2014年8月18日)

全面深化改革，要围绕使企业成为创新主体、加快推进产学研深度融合来谋划和推进。要

建立完善的产权保护制度,创造平等竞争的良好环境,鼓励企业加大科技研发投入,加大对创新型小微企业支持力度。要消除价格、利率、汇率等经济杠杆的扭曲,强化风险投资机制,发展资本市场,增强劳动力市场灵活性,形成有利于创新发展的财税、金融体制。在国有企业改革中,要考虑组建国有资本运营公司或投资公司,设立国有资本风险投资基金,用于支持创新型企业包括小微企业。要加快军民融合式发展步伐,发挥军民各自优势,全面提高企业核心竞争力。

——《在中央财经领导小组第七次会议上的讲话》(2014年8月18日)

科学发现是有规律的,要容忍在科学问题上的"异端学说"。不要以出成果的名义干涉科学家的研究,不要动辄用行政化的"参公管理"约束科学家。很多科学研究要着眼长远,不能急功近利,欲速则不达,还可能引发学术不端。有的科研人员戏言,现在"不是在开会,就是在开会的路上"。组织科学家们参加国家重大专项、计划、基金项目是必要的,但不要用这些东西把科学家捆死了。

——《在中央财经领导小组第七次会议上的讲话》(2014年8月18日)

用好人才,首先要用好科学家。我记得当年拿破仑就格外重视科学家,在遭到敌人猛烈攻击时,他首先想到的是保护科学家,因为他明白科技就是战斗力。科技创新,需要基础研究引领和支撑。要想让科学家多出成果,必须给他们创造条件。在基础研究领域,也包括一些应用科技领域,要尊重科学研究灵感瞬间性、方式随意性、路径不确定性的特点,允许科学家自由畅想、大胆假设、认真求证。

——《在中央财经领导小组第七次会议上的讲话》(2014年8月18日)

我们要全面研判世界科技创新和产业变革大势,既要重视不掉队问题,也要从国情出发确定跟进和突破策略,按照主动跟进、精心选择、有所为有所不为的方针,明确我国科技创新主攻方向和突破口。对看准的方向,要超前规划布局,加大投入力度,着力攻克一批关键核心技术,加速赶超甚至引领步伐。同时,要研究后发国家赶超发达国家的经验教训,保持战略清醒,避免盲目性,不能人云亦云,也不能亦步亦趋。我们在科技方面应该有非对称性"杀手锏",不能完全是发达国家搞什么我们就搞什么。

——《在中央财经领导小组第七次会议上的讲话》(2014年8月18日)

牢牢把握集聚人才大举措。"功以才成,业由才广。"人才是创新的第一资源。没有人才优势,就不可能有创新优势、科技优势、产业优势。培养集聚人才,要有识才的眼光、用才的胆识、容才的雅量、聚才的良方,健全集聚人才、发挥人才作用的体制机制,创造人尽其才的政策环境。要发挥好现有人才作用,同时揽四方之才,择天下英才而用之。要加强科研院所和高等院校创新条件建设,完善知识产权运用和保护机制,激发科研人员创新活力,让各类人才的创新智慧竞相迸发。

——《在上海考察时的讲话》(2014年5月23日、24日)

人才资源是第一资源,也是创新活动中最为活跃、最为积极的因素。要把科技创新搞上去,就必须建设一支规模宏大、结构合理、素质优良的创新人才队伍。我国一方面科技人才总量不少,另一方面又面临人才结构性不足的突出矛盾,特别是在重大科研项目、重大工程、重点学科等领域领军人才严重不足。解决这个矛盾,关键是要改革和完善人才发展机制。一是要用好用活人才,建立更为灵活的人才管理机制,完善评价这个指挥棒,打通人才流动、使用、发挥作用中的体制机制障碍,统筹加强高层次创新人才、青年科技人才、实用技术人才等方面人才队伍建设,最大限度支持和帮助科技人员创新创业。"千军易得,一将难求。"要大力造就世界水平的科学家、科技领军人才、卓越工程师、高水平创新团队。二是要深化教育改革,推进素质教育,创新教育方法,提高人才培养质量,努力形成有利于创新人才成长的育人环境。三是要积极引进海外优秀人才,制定更加积极的国际人才引进计划,吸引更多海外创新人才到我国工作。

——《在十八届中央政治局第九次集体学习时的讲话》(2013年9月30日)

实施创新驱动发展战略,不能"脚踩西瓜皮,滑到哪儿算哪儿",要抓好顶层设计和任务落实。顶层设计要有世界眼光,找准世界科技发展趋势,找准我国科技发展现状和应走的路径,把发展需要和现实能力、长远目标和近期工作统筹起来考虑,有所为有所不为,提出切合实际的发展方向、目标、工作重点。

——《在十八届中央政治局第九次集体学习时的讲话》(2013年9月30日)

历次产业革命都有一些共同特点:一是有新的科学理论作基础,二是有相应的新生产工具出现,三是形成大量新的投资热点和就业岗位,四是经济结构和发展方式发生重大调整并形成新的规模化经济效益,五是社会生产生活方式有新的重要变革。这些要素,目前都在加快积累和成熟中。即将出现的新一轮科技革命和产业变革与我国加快转变经济发展方式形成历史性交汇,为我们实施创新驱动发展战略提供了难得的重大机遇。

——《在十八届中央政治局第九次集体学习时的讲话》(2013年9月30日)

(资料来源:人民网-中国共产党新闻网,http://cpc.people.com.cn/xuexi/n1/2019/0201/c385476-30605179.html)

课后练习

一、单选题

1.中华民族精神的核心是( )。
 A.改革　　　　　B.创新　　　　　C.艰苦朴素　　　　D.爱国主义

2."一个高尚的人,一个纯粹的人,一个有道德的人,一个脱离了低级趣味的人,一个有益于人民的人。"这一段话是对以下哪位人物的评价( )。
 A.雷锋　　　　　B.张思德　　　　C.白求恩　　　　　D.刘胡兰

3.一部中华民族的发展史,就是一部中华儿女的( )。
 A.压迫史　　　　B.解放史　　　　C.探索史　　　　　D.爱国奋斗史

4.夸父追日体现了( )精神。
 A.创造　　　　　B.奋斗　　　　　C.团结　　　　　　D.梦想

5."当代愚公"是对以下哪位人物的敬称( )。
 A.徐立平　　　　B.黄大发　　　　C.南仁东　　　　　D.曲建武

6.人类社会发展的第一动力是( )。
 A.科技　　　　　B.革命　　　　　C.生产力　　　　　D.创新

7."铁肩担道义,妙手著文章"的作者是( )。
 A.毛泽东　　　　B.李大钊　　　　C.周恩来　　　　　D.梁启超

8."苟日新,又日新,日日新"体现的是( )精神。
 A.爱国　　　　　B.求真　　　　　C.理想　　　　　　D.创新

9.一个国家和民族得以延续的精神基因是( )。

A. 语言   B. 文化   C. 爱国   D. 血缘

10."为天地立心,为生民立命,为往圣继绝学,为万世开太平。"体现了以下哪一种优秀传统( )。

A. 对物质和精神生活关系的理解   B. 对理想的追求
C. 对道德教化的重视   D. 对理想人格的推崇

二、多选题

1. 以下论述中体现对理想人格的推崇的是( )。
A. 君子   B. 以义制利
C. 兼相爱   D. 知之者不如好之者

2. 民族精神是以下哪些因素的总和( )。
A. 价值取向   B. 思维方式
C. 道德规范   D. 精神气质

3. 中华民族精神包括( )。
A. 创造精神   B. 奋斗精神
C. 团结精神   D. 梦想精神

4. 以下哪些精神体现出了时代精神( )。
A. 女排精神   B. 载人航天精神
C. 奋斗精神   D. 奥运精神

5. 改革创新精神体现为( )。
A. 突破陈规   B. 墨守成规
C. 大胆探索   D. 敢于创造

6. 中国精神的时代价值包括( )。
A. 凝聚中国力量   B. 激发创新动力
C. 复兴伟业定力   D. 促进统一合力

7. 爱国主义的内涵包括( )。
A. 爱大好河山   B. 爱骨肉同胞
C. 爱灿烂文化   D. 爱自己的国家

8. 做一名忠诚的爱国者需要( )。
A. 维护祖国统一   B. 坚持一个中国
C. 推进两岸交流   D. 反对"台独"图谋

9. 树立改革创新的自觉意识要求( )。
A. 增强改革创新的责任感   B. 树立敢于突破陈规的意识
C. 树立大胆探索未知领域的信心   D. 培养创新思维

10 总体国家安全观包括( )。
A. 外部安全   B. 国土安全
C. 国民安全   D. 非传统安全

三、简答题

"科学没有国界,但科学家有国界。"请结合所学知识谈一下你对这句话的理解。

参考答案

一、单选题
1. B 2. C 3. D 4. D 5. B 6. D 7. B 8. D 9. B 10. B

二、多选题
1. AD 2. ABCD 3. ABCD 4. ABD 5. ACD
6. ABC 7. ABCD 8. ABCD 9. ABC 10. ABCD

三、简答题
略。

第四章 践行社会主义核心价值观

学习目标

(1) 知识目标:掌握社会主义核心价值观的基本内容,了解社会主义核心价值观和社会主义核心价值体系之间的关系,认识培育和践行社会主义核心价值观的重要意义,认真领会大学生坚定核心价值观自信的原因,学会如何成为社会主义核心价值观的积极践行者。

(2) 能力目标:明确正确的价值追求,运用社会主义核心价值观内容,引导学生树立坚定的价值观自信,进而自觉培育和践行社会主义核心价值观。

(3) 素质目标:扣好人生的第一粒扣子,切实做到勤学、修德、明辨、笃实,坚守价值观主阵地,成为社会主义核心价值观的积极践行者。

理论焦点

(1) 社会主义核心价值观的基本内容。
(2) 培育和践行社会主义核心价值观的重大意义。
(3) 社会主义核心价值观的丰富内涵及其历史底蕴、现实基础和道义力量。

难点突破

(1) 坚定核心价值观自信的原因。
(2) 如何做社会主义核心价值观的积极践行者。

思维导图

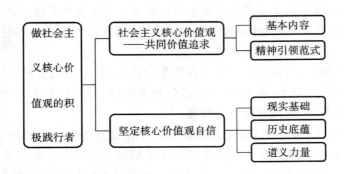

第一节　教材热点面对面

《思想道德修养与法律基础（2018年版）》的第四章包括三节内容：第一节"全体人民共同的价值追求"，主要阐述社会主义核心价值观的基本内容以及社会主义核心价值观是当代中国发展进步的精神指引。这一节教学重点强调24字社会主义核心价值观的内在含义，帮助学生从三个层面掌握社会主义核心价值观的核心内容。同时，让学生明确培育和践行社会主义核心价值观对实现中华民族伟大复兴的中国梦有重大意义。第二节"坚定价值观自信"，主要从历史底蕴、现实基础和道义力量阐述我们坚定核心价值观自信的重要依据。第三节"做社会主义核心价值观践行者"，主要阐明青年大学生在实践中积极培育和践行社会主义核心价值观。建议教师在讲授中重点强调培育和践行社会主义核心价值观对于中国梦的实现，对于两个一百年奋斗目标的完成，引导大学生扣好人生的第一粒扣子有重大意义，加深学生对社会主义核心价值观的认识和理解，做到勤学、修德、明辨、笃实。

一、理论要点

（一）社会主义核心价值观的发展历程

1. 新民主主义革命时期核心价值观的发展

"社会主义"作为我国新民主主义革命的目标，它的价值观念和理想追求始终贯穿新民主主义革命的全过程，是我国新民主主义革命时期培育和践行核心价值观的主要内容。

第一，马克思主义及其中国化理论体系是新民主主义时期培育核心价值观的指导思想和理论基石。我们党经过对"什么是马克思主义、怎样坚持马克思主义"的长期艰辛探索，最终确立了马克思主义的指导地位。

第二，"全心全意为人民服务"是中国共产党始终遵循的宗旨，是新民主主义革命时期核心价值观的根本内容和精神动力。毛泽东同志1944年9月8日在张思德同志追悼会上说："我们的共产党和共产党所领导的队伍，是为着解放人民的，是彻底地为人民的利益工作的。""为人民服务"的根本宗旨和价值取向，体现了社会主义道德的根本要求，为整个新民主主义革命提供了强大的精神动力。

第三，建立社会主义是新民主主义革命的目标和核心价值观的实践主题。中国共产党领导中国人民进行新民主主义革命，就是为了推翻帝国主义、官僚资本主义和封建主义的"三座大山"，最终走向社会主义，建立人民共和国。

第四，"建立一个独立、自由、民主、统一和富强的新中国"是新民主主义的革命纲领。毛泽东提出了"建立一个独立、自由、民主、统一和富强的新中国"的新民主主义纲领，指出了近代中国所面临的两大历史任务，价值目标十分明确。

第五，重视社会主义、共产主义思想道德教育。抗日战争时期，毛泽东写下了《纪念白求恩》《为人民服务》等光辉著作，号召全体共产党员要不断加强共产主义道德修养；在党的七届二中全会上，我们党提出了要继续保持谦虚谨慎、不骄不躁的优良传统和艰苦奋斗的优良作风，始终牢记全心全意为人民服务的宗旨。

2. 社会主义建设时期核心价值观的发展

中华人民共和国的建立,标志着我们党胜利地完成了国家独立、民族解放的伟大历史任务。之后,我们党开始了从新民主主义革命向社会主义建设的伟大历史转变。社会主义基本政治制度、基本经济制度的确立和以马克思主义为指导思想的社会主义意识形态的确立,为社会主义核心价值体系建设奠定了政治前提、物质基础和文化条件。

第一,马克思主义、毛泽东思想得到广泛深入的传播。新民主主义革命的胜利,证明了马克思主义、毛泽东思想是指引中华民族走向国家独立和民族解放的科学理论武器。

第二,提出建设"四个现代化"的社会主义强国的宏伟战略目标。面对旧中国一穷二白的状况,走向繁荣富强成为共产党进行国家建设的最主要目标,在社会主义工业化基础上,我们党于1964年12月提出了建设"四个现代化"的社会主义强国的宏伟战略目标,全党全国各族人民自力更生,为这个宏伟战略目标而团结奋斗。

第三,广泛开展以爱国主义、社会主义、集体主义和为人民服务等为主要内容的社会主义思想道德建设。在社会主义建设时期,涌现出了以钱学森、邓稼先、雷锋、焦裕禄等为代表的一批社会主义道德先进典型,他们身上所体现出来的伟大创造精神、伟大奋斗精神、伟大团结精神、伟大梦想精神,成为中华民族不可或缺的精神支撑和精神动力,在全国形成了爱祖国、爱人民、爱劳动、爱科学、爱社会主义等良好的社会风貌。

第四,培育以爱国主义为核心的民族精神和以改革开放为核心的时代精神。从新中国建立至改革开放前,我们党带领全国人民展开了全面建设社会主义的伟大实践,建立了比较完整的工业体系和国民经济体系,培育了雷锋精神、"两弹一星"精神、铁人精神、红旗渠精神等民族精神和时代精神的典范。

3. 改革开放新时期核心价值观的发展

改革开放以来,我国社会主义意识形态建设不断进行新的探索,提出了从建设社会主义核心价值体系到以"三个倡导"为内容,积极培育和践行社会主义核心价值观的重要论断和战略任务。

1978年12月,党的十一届三中全会重新恢复和确立了实事求是的思想路线,坚持把马克思主义与改革开放和我国社会主义建设伟大实践相结合,科学继承了毛泽东思想,创立了邓小平理论、"三个代表"重要思想、科学发展观等马克思主义中国化最新成果,马克思主义在意识形态领域的指导地位不断巩固。

2006年3月,第十届全国人民政治协商会议上提出"八荣八耻"社会主义荣辱观,既继承和发展了我们党关于社会主义思想道德建设褒荣贬耻、我国古代的"知耻"文化传统,又赋予了新的时代内涵,深化了我们党对社会主义道德建设规律的认识和发展。

2006年10月,党的十六届六中全会第一次明确提出了"建设社会主义核心价值体系"的重大命题和战略任务,明确提出了社会主义核心价值体系的内容,并指出社会主义核心价值观是社会主义核心价值体系的内核。

2007年10月,党的十七大进一步指出了"社会主义核心价值体系是社会主义意识形态的本质体现"。

2011年10月,党的十七届六中全会强调,社会主义核心价值体系是"兴国之魂",建设社会主义核心价值体系是推动文化大发展大繁荣的根本任务。提炼和概括出简明扼要、便于传播和践行的社会主义核心价值观,对于建设社会主义核心价值体系具有重要意义。

2012年11月,党的十八大报告提出要加强社会主义核心价值体系建设。要深入开展社会主义核心价值体系学习教育,用社会主义核心价值体系引领社会思潮、凝聚社会共识。推进马克思主义中国化、时代化、大众化,坚持不懈用中国特色社会主义理论体系武装全党、教育人民。广泛开展理想信念教育,把广大人民团结凝聚在中国特色社会主义伟大旗帜之下。大力弘扬民族精神和时代精神,深入开展爱国主义、集体主义、社会主义教育。提出三个倡导:倡导富强、民主、文明、和谐,倡导自由、平等、公正、法治,倡导爱国、敬业、诚信、友善,积极培育社会主义核心价值观。

2013年12月,中共中央办公厅印发《关于培育和践行社会主义核心价值观的意见》,明确提出以"三个倡导"为基本内容的社会主义核心价值观,与中国特色社会主义发展要求相契合,与中华优秀传统文化和人类文明优秀成果相承接,是我们党凝聚全党全社会价值共识作出的重要论断。

2017年10月18日,习近平同志在十九大报告中指出,要培育和践行社会主义核心价值观。要以培养担当民族复兴大任的时代新人为着眼点,强化教育引导、实践养成、制度保障,发挥社会主义核心价值观对国民教育、精神文明创建、精神文化产品创作生产传播的引领作用,把社会主义核心价值观融入社会发展各方面,转化为人们的情感认同和行为习惯。

2018年3月11日,第十三届全国人民代表大会第一次会议通过《中华人民共和国宪法修正案》,将"国家提倡爱祖国、爱人民、爱劳动、爱科学、爱社会主义的公德"修改为"国家倡导社会主义核心价值观,提倡爱祖国、爱人民、爱劳动、爱科学、爱社会主义的公德",进一步突出了社会主义核心价值观的重大意义,成为当代中国发展进步的精神指引。

(二)社会主义核心价值观的基本内容

1. 国家层面:富强、民主、文明、和谐

富强、民主、文明、和谐,坚持和发展中国特色社会主义,实现中华民族伟大复兴的中国梦,凝结着中华民族和中国人民对富强、民主、文明、和谐的价值追求。这个价值追求从经济发展、政治文明、文化繁荣、社会进步等方面,回答了我们要建设一个什么样的国家这个重大问题,是从国家层面对社会主义核心价值观基本理念的凝练,在社会主义核心价值观中居于最高层次,对其他层次的价值理念具有统领作用。

2. 社会层面:自由、平等、公正、法治

中国特色社会主义进入新时代,我国社会主要矛盾已经转化为人民日益增长的美好生活需要和不平衡不充分的发展之间的矛盾。在思想、文化、利益多元多样多变的时代,社会对"共识"的需要显得尤为迫切。自由、平等、公正、法治是对美好社会的生动表述,它回答了我们要建设一个什么样的社会的重大问题,从社会层面对社会主义核心价值观基本理念的凝练,与实现国家治理体系和治理能力现代化的要求相契合,揭示了社会主义社会发展的价值取向。

3. 公民层面:爱国、敬业、诚信、友善

爱国、敬业、诚信、友善是公民的基本道德规范,是从公民层面对社会主义核心价值观基本理念的凝练。这一价值追求从社会公德、职业道德、家庭美德、个人品德等方面,回答了我们要培育什么样的公民的重大问题。它覆盖社会道德生活的各个领域,是公民必须恪守的基本道德准则,也是评价公民道德行为选择的基本价值标准。

(三)培育和践行社会主义核心价值观的重大意义

1. 坚持和发展中国特色社会主义的价值遵循

党的十八大以来,我们党高度重视并注重从顶层设计上推进社会主义核心价值观融入社会发展各方面。习近平总书记指出,人类社会发展的历史表明,对一个民族、一个国家来说,最持久、最深层的力量是全社会共同认可的核心价值观。核心价值观承载着一个民族、一个国家的精神追求,体现着一个社会评判是非曲直的价值标准。构建具有强大感召力的核心价值观,关系社会和谐稳定,关系国家长治久安。

2. 提高文化软实力的迫切要求

价值观是文化的内核,社会主义核心价值观是文化软实力的关键,没有社会主义核心价值观,文化建设就失去了魂,没有了方向和引领。我们要牢牢把握社会主义核心价值观这个关键,大力弘扬具有中国风格中国气派的优秀文化,不断增强中华文化的民族性、包容性和时代性,增强中华文化的穿透力、吸引力和感染力,使中华文化更加多姿多彩,使中华文化不断发扬光大。

3. 增进社会团结和谐的最大公约数

党的十八大提出的以"三个倡导"为基本内容的社会主义核心价值观,就是13亿多中国人价值观的"最大公约数",是凝聚和引领人们团结奋进的一面精神旗帜。只有人人都成为积极活跃的建设主体,社会主义核心价值观才能获得最富营养的培育沃土。

(四)坚定价值观自信

1. 价值观自信的内涵

我们爱我们的民族,这是我们自信心的源泉。自信可以指对自己能力的肯定和相信,也可以指一种坚定的信念或信仰,是人们在长期的实践过程中形成对未来美好价值预期实现的一种信念。

价值观自信,是指价值主体对自身价值追求的坚定信心和信仰。价值观自信有两个方面的含义,一是指一个国家或民族对自身价值追求的准确把握和坚定的追求,二是指人们对社会主导价值的高度认同和自觉践行,两者相互影响,本质上是一致的。

价值观自信是道路自信、理论自信、制度自信、文化自信的有力支撑,是坚持和发展中国特色社会主义的底气底蕴所在。价值观自信可以从几个方面来理解:一是对自身价值观的肯定;二是在实践基础上形成的价值信心;三是在实现中国梦进程中的价值信仰;四是脚踏实地,在实践中形成攻坚克难、持之以恒的实践信念。

2. 坚定核心价值观自信的原因

历史底蕴。习近平总书记说:"牢固的核心价值观,都有其固有的根本。"在漫长的历史进程中,中国人民依靠自己的勤劳、勇敢、智慧,开创了各民族和睦共处的美好家园,培育了历久弥新的优秀文化。中华民族几千年的传统文化为社会主义核心价值观的确立和发展提供了深厚的文化基础,社会主义核心价值观是社会主义先进文化的升华和创新。

现实基础。我们所要坚守的社会主义核心价值观必须有适应它的现实基础。概括来说,就是当今时代的中华民族所进行的人类历史上最为宏伟独特的中国特色社会主义建设实践。中国特色社会主义建设也以无可辩驳的成功事实展示着社会主义核心价值观的生机活力,是对社会主义核心价值观正确性和可信性的检验。

道义力量。社会主义核心价值观以其先进性、人民性和真实性,反映着我国社会主义基本制度的本质要求,渗透于经济、政治、文化、社会、生态建设的各个方面,具有强大的道义力量。社会主义核心价值观体现了最广大人民的根本利益,反映了最广大人民的价值诉求,引导着最广大人民为实现美好社会理想而奋斗。人民当家作主的社会主义制度,为社会主义核心价值观的真正实现奠定了根本的制度前提和制度保障,使得自由、民主、公正、法治等价值观"不是装饰品,不是用来做摆设的,而是要用来解决人民要解决的问题的",成为真切、具体、广泛的现实。

（五）做社会主义核心价值观的积极践行者

历史和现实都告诉我们,青年一代有理想、有担当,国家就有前途,民族就有希望,实现我们的发展目标就有源源不断的强大力量。引导青少年肩负历史使命,不负时代重托,在全社会培育和弘扬社会主义核心价值观,青年大学生要始终走在时代的前列,成为社会主义核心价值观的坚定信仰者、积极传播者、模范践行者。人生的扣子从一开始就要扣好。要勤于学习、敏于求知,注重把所学知识内化于心,形成自己的见解,既要专攻博览,又要关心国家、关心人民、关心世界,学会担当社会责任;要立意高远,又要立足平实,要立志报效祖国、服务人民,同时,还得从做好小事、管好小节开始起步;要学会思考、善于分析、正确抉择,做到稳重自持、从容自信、坚定自励;要把艰苦环境作为磨炼自己的机遇,把小事当作大事干,一步一个脚印往前走。

二、理论热点

（一）深刻理解社会主义核心价值观的内涵和意义

习近平在十九大报告中提出,要培育和践行社会主义核心价值观。要以培养担当民族复兴大任的时代新人为着眼点,强化教育引导、实践养成、制度保障,发挥社会主义核心价值观对国民教育、精神文明创建、精神文化产品创作生产传播的引领作用,把社会主义核心价值观融入社会发展各方面,转化为人们的情感认同和行为习惯。坚持全民行动、干部带头,从家庭做起,从娃娃抓起。深入挖掘中华优秀传统文化蕴含的思想观念、人文精神、道德规范,结合时代要求继承创新,让中华文化展现出永久魅力和时代风采。

社会主义核心价值观为何是核心

马克思主义哲学告诉我们,价值观影响甚至决定着人们的认识活动和实践活动。因为,人的一切实践和认识活动都永恒地具有两个方面的内容指向和目的:一方面是弄清世界的本来面目,把握世界的发展规律,知道人能够怎样改造世界,为人的活动提供"物"的尺度,目的是追求知识、科学和真理;另一方面是弄清世界与人的生存和发展的关系,掌握人的需要和诉求,从而知道应该怎样改造世界,为人的活动提供"人"的尺度,目的是满足人的需要、实现人的诉求。这就是说,人的活动过程实际上是实践活动、认识活动、价值活动三者的统一。其中,实践活动的直接结果是改造世界,认识活动的直接结果是获得真理,价值活动的直接结果是满足人的需要。所以,价值活动贯穿人的认识活动和实践活动的全过程,甚至一定意义上成为人们认识活动和实践活动的内在动力源泉。

任何一个社会的价值观体系都是由多样性多元性的价值观念构成的有机体。社会主义核心价值观之所以是"核心",可以从五个维度来把握:其一,在内容上,核心价值观能够正确把握社会发展的一般规律,顺应社会占主导地位的经济基础的发展趋势,反映广大人民的共同需要和利益诉求,吸取人类所创造的一切优秀价值观念成果,具有中华民族特色的理论化系统化的价值体系;其二,在主体上,核心价值观是对社会各类主体的需要和诉求进行抽象和概括而形成的,具有"最大公约数"的特点;其三,在地位上,核心价值观能够决定一个社会价值观念的性质、结构和总体特征,成为文化软实力的核心;其四,在作用上,核心价值观能够规范和引导其他价值观,保持社会价值观结构体的稳定性,从而为经济社会的稳定和谐发展提供精神动力;其五,在表现形式上,有倡导主体、理论体系、制度安排等,也就具有稳定性、持久性、系统性的特点。

党的十八大提出"倡导富强、民主、文明、和谐,倡导自由、平等、公正、法治,倡导爱国、敬业、诚信、友善"的价值观,把涉及国家、社会和公民的价值要求融为一体。创造性地回答了我们要建设什么样的国家、构建什么样的社会、培育什么样的公民的重大理论和实践问题,为我们确立了科学合理的价值理想和价值追求。

(资料来源:阮青《积极培育和弘扬社会主义核心价值观》,载《学习时报》,2017年7月10日第A1版,节选)

(二)社会主义核心价值观就在我们身边

热点解读

新华社北京2月20日电:中央宣传部20日向全社会发布北京榜样优秀群体的先进事迹,授予他们"时代楷模"称号。

为深入推进社会主义核心价值观建设,自2014年以来,北京市持续开展北京榜样学习宣传活动,推出了一大批立得住、叫得响、传得开的榜样人物。北京榜样优秀群体,就是这些人物中事迹厚重、影响较大的50位年榜荣誉获得者。他们有的勇攀科技高峰,致力关键核心技术自主创新,在重大科技领域实现原创性突破;有的扎根城乡基层,服务一方百姓,办了许多暖民心、解民忧的好事实事;有的身残志坚,以永不言弃的精神拼搏奋斗,在人生的赛场上取得了骄人成绩;有的见义勇为,危急时刻挺身而出,用大无畏的行动保护了国家和他人生命财产安全;有的热心社会公益,积极参加岗位学雷锋和志愿服务,用爱和奉献帮助了群众、温暖了京城。这些源自基层、植根平凡、充满正能量的榜样人物,用实际行动深刻诠释了习近平总书记提出的首都市民"热情开朗、大气开放、积极向上、乐于助人"的优秀品质,生动展示了社会主义核心价值观建设的实际成效。

(资料来源:新华社,http://www.xinhuanet.com/2019-02/20/c_1124139161.htm,节选)

(三)社会主义核心价值观的历史传承

从古至今,中华民族都强调大德,就是国家的德、社会的德。习近平总书记说:"牢固的核心价值观,都有其固有的根本。"社会主义核心价值观是当代中国精神的集中体现,凝结着全体人民共同的价值追求。它有着深刻的历史内涵,我们必须重视社会主义核心价值观的历史传承。

社会主义核心价值观是一种"德"

首先,社会主义核心价值观有着深厚的中华优秀传统文化底蕴和基因。中华文化博大精深,道德价值源远流长,德作为一种核心价值观元素,是国家、民族文化自觉的必然结果,深深根植于我国优秀传统文化之中,表达了国家、社会和个人最本质的价值诉求,体现了我们社会评判是非的价值标准。中国传统文化里具有崇尚思想道德的历史传统。道家倡导的"至人无己、神人无功、圣人无名",墨家强调的"兼爱",儒家追求的"仁者爱人""己所不欲,勿施于人"等等,无不体现出中华传统文化在立身处世方面强调"贵在有德",在与人交往方面强调"以德待人"。因此,将社会主义核心价值观明确为一种"德",无疑承接了中华民族道德至上的价值取向与文化精神。这不仅巩固了社会主义核心价值观的传统文化根基,实现了核心价值观与传统文化互通与共融,有助于求取核心价值观的"最大公约数",还有利于弘扬中华优秀文化,守护中华民族共有的精神家园。

其次,社会主义核心价值观是马克思主义中国化的具体价值体现。党的十八大以来,以习近平同志为核心的党中央大力"倡导富强、民主、文明、和谐,倡导自由、平等、公正、法治,倡导爱国、敬业、诚信、友善"的社会主义核心价值观,从而实现了社会主义核心价值观的理论集合与创新。可以说,社会主义核心价值观是在中国特色社会主义实践中形成和发展起来的核心价值目标和价值理念,是马克思主义中国化的一种具体价值体现。改革开放是社会主义核心价值观最直接的实践基础。在改革开放过程中,我们党不断探索和回答什么是社会主义、怎样建设社会主义,建设什么样的党、怎样建设党,实现什么样的发展、怎样发展等重大问题,不断汲取人民群众的创造性经验,不断赋予社会主义核心价值观以新的时代内涵和实践要求。中国特色社会主义道路自信、理论自信、制度自信、文化自信,无不体现了社会主义核心价值观的科学内涵和本质要求。

最后,社会主义核心价值观是当代中国精神的集中体现,凝结着全体人民共同的价值追求。习近平总书记在党的十九大报告中指出,社会主义核心价值观是当代中国精神的集中体现,凝结着全体人民共同的价值追求。他还强调,要把社会主义核心价值观融入社会发展各方面,转化为人们的情感认同和行为习惯。社会主义核心价值观涵盖国家、社会与个人三个层面,集中表达了社会主义核心价值体系的主要内容。推动社会主义核心价值观落地生根,既要理解掌握其科学内涵和精神实质,也要精准把握其践行要求,处理好知与行的关系,让全体人民将其内化于心、外化于行。一方面,推动社会主义核心价值观入脑入心,从娃娃抓起、从家庭做起,把培育和弘扬社会主义核心价值观融入社会发展和社会治理各方面、全过程。另一方面,推动社会主义核心价值观进企业、进农村、进机关、进校园、进社区、进军营、进网站,让人民群众真正认识到培育和弘扬社会主义核心价值观是每一个公民的自觉行动,不断扩大中华文化影响力。

(资料来源:求是网,http://www.qstheory.cn/wp/2018-10/12/c_1123546181.htm,节选)

第二节　实践教学设计

实践教学一：谈谈我的价值观

【实践目的】

让学生分组思考并讨论自己的价值观,每组派代表分享自己的价值观,在此基础上,列举出适合全体同学共同追寻的价值观,进而引发共鸣,理解社会主义核心价值观的历史性、现实性和人民性。

【实践方案】

(1) 课前班级各小组针对讨论主题准备2~3分钟发言提纲。

(2) 各小组按顺序上台逐一陈述观点,并将小组推崇的1~2个价值观写在黑板上。

(3) 各小组发言完毕后,将黑板上同学们自己提炼的价值观与社会主义核心价值观进行比对,教师进行点评总结。

实践教学二：问卷调查

【实践目的】

各班学生分组通过挑选调研题目、设计调查问卷、分析问卷数据、撰写调查报告等一系列环节,运用统计的基础知识,设计一套符合在校大学生填写的调查问卷,加深自身对社会主义核心价值观的思考与理解,加强青年学生对于核心价值观自信的有效方法和路径的探索。

【实践方案】

(1) 选题。班级各小组根据活动主题选定调研题目。建议各小组从12个核心价值观中挑选一个开展调研,尽量避免重复。教师要讲授问卷调查的基本知识和技巧。

(2) 各小组课后设计问卷,一周后上交问卷,教师提出修改意见。

(3) 问卷定稿后由各组自行做好发放和回收工作,并开始撰写调查报告。

(4) 约2~3周后各组在课上通过PPT等形式逐一汇报调查情况及结论,教师分别予以评价和指导。

【评分标准】

问卷设计:25分;

调查报告:40分;

课堂汇报:20分;

各组员参与度与配合度:15分。

实践教学三："寻找身边的榜样"故事分享

【实践目的】

学生通过对榜样或者感动中国十大人物典型的学习,挖掘和讲述身边培育和践行社会主义核心价值观的典型事迹,让每一位学生从自己熟悉的榜样身上找到学习的亮点,结合习近平总书记对青年的寄予和希望,让学生深刻认识到社会主义核心价值观的现实意义,把奋斗的青春和国家的繁荣富强紧密联系起来,鼓励青年大学生做社会主义核心价值观的坚定信仰者、积极传播者、模范践行者。

【实践方案】

(1) 寻找的榜样故事,符合榜样典型特点,内容健康向上,能够紧紧围绕主题。

(2) 具体故事题目可根据所寻榜样自拟。

(3) 每人讲故事时间5分钟左右,使用普通话,生动活泼。

(4) 课前提前按班级分小组,各小组推选一名学生上台讲故事。

(5) 通过故事分享,让大家产生共鸣,自觉向身边的榜样学习。

阅读一 培育和弘扬社会主义核心价值观 增强意识形态主导权话语权

党的十九大报告从国家、民族高度强调党对意识形态工作的领导权,指出必须坚持马克思主义,牢固树立共产主义远大理想和中国特色社会主义共同理想,培育和践行社会主义核心价值观,不断增强意识形态领域主导权和话语权。社会主义核心价值观是意识形态的本质体现,党的十八大提出积极培育和践行社会主义核心价值观以来,社会主义核心价值观落地生根,从国家层面凝聚了精神力量、社会层面厘定了规则秩序、个人层面涵养了公民德性,树立了我国良好大国形象,引领了社会舆论潮流,应对了外来价值观挑战,显著增强了我国意识形态的主导权、话语权。

塑造和树立良好大国形象,提升了意识形态主导权话语权

一直以来,国际上一些别有用心者,过度渲染中国的不文明形态,肆意歪曲、丑化,甚至妖魔化中国形象,给中国造成了一定负面影响。从整个国际社会来看,是对社会主义国家的刻意抹黑,影响了我国在意识形态领域的话语权和主导引领权。而以社会主义核心价值观为灵魂的塑形工程,成为巩固意识形态阵地的重要方面。核心价值观是一国主导的价值立场、价值主张、价值原则和价值遵循,关系到一国在国际社会发出什么声音,表达什么立场和主张,展现什么样的国家形象。我国的社会主义核心价值观,向世界传达了我们国家所坚守的价值立场、价值主张、价值原则和价值遵循。通过社会主义核心价值观,告诉世界中国是什么样的国家、什么样的社会、拥有什么样的公民。以社会主义核心价值观为载体,向世界展示了一个富强、民主、文明、和谐,自由、平等、公正、法治,爱国、敬业、诚信、友善的现代化国度和文明程度普遍提高的现代化社会和现代化公民,塑造和树立了良好的大国形象。总之,社会主义核心价值观用最简洁的语言介绍和说明中国,有利于增进国际社会对中国的认识和理解,扩大中华文化影响,展示社会主义中国的良好形象;有利于逐步打破西方的话语垄断、舆论垄断,增强社会主义意识形态的竞争力;有利于与他国达成价值共识,赢得主动权,掌握话语权。

应对外来价值观竞争和挑战,赢得了意识形态主导权话语权

约瑟夫·奈曾指出,倘若用武力征服一个国家,还不算彻底的征服,如果用文化和价值观念征服了一个国家,才是彻底的征服。冷战结束后,美国调整对外战略,进行文化输出、文化渗透,没有硝烟的战争在国际战场早已打响。有学者指出,美国的流行音乐、电影、电视、快餐如同四路大军,带着向外输出文化价值观的使命冲向世界的众多角落。而中国,也不可避免地成为以美国为首的西方国家进行文化输出、价值观渗透的重要目标。面对多元文化、多样化的价值观，有些人一度产生了醉心于西方的文化心态，尤其是20世纪90年代以来，西方借助其传媒优势展开价值观攻势，给我国带来了价值上的冲突和混乱，多元文化价值观冲突成为我国意识形态领域亟须应对的问题。

当今，以价值观为核心的意识形态领域已经成为继政治、经济、军事等领域之外，高调宣扬各种"主义"、充分较量各种"思潮"、集中呈现各种"观点"的大舞台、主战场。"中国威胁论""中国崩溃论""中国修正论""中国问题论"等各种论调层出不穷，拜物主义、自由主义、民族主义等各种社会思潮此起彼伏，历史虚无主义、民粹主义等各种主义兴风作浪，凡此种种，目标就是从价值观的层面否定中国特色社会主义，宣扬西方资本主义价值观。面对咄咄逼人的西方话语，以及国内价值观的混乱，加快构建社会主义主流价值观，增强我国意识形态的主导权、话语权迫在眉睫。

社会主义核心价值观的培育和践行十分重要，它对于引领多样化的社会思潮，凝聚价值共识，发挥着积极作用；对于纠正西方自由主义、享乐主义、拜金主义等负面价值清单发挥着积极作用；对于塑造中国在世界舞台上的形象意义重大。社会主义核心价值观的培育和弘扬，客观上回击了西方的价值观挑战，也彰显了中国的价值立场、价值主张、价值原则和价值遵循，赢得了意识形态的主导权、话语权。

引领国内外舆论潮流，扩大了意识形态主导权话语权

当今世界，文化越来越成为综合国力竞争的重要因素、经济社会发展的重要支撑，文化软实力越来越成为争夺发展制高点、道义制高点的关键所在。而文化的力量，归根到底来自凝结其中的核心价值观的影响力和感召力。文化软实力的竞争，本质上是不同文化所代表的核心价值观的竞争。国家间的意识形态较量，呈现为国际舆论场的较量。

中国已经实现由站起来、富起来到强起来的历史性飞跃。作为第二大经济实体，我国的硬实力有目共睹，但与经济硬实力相匹配的软实力建设与其他大国间依然存在差距。作为软实力灵魂的价值观构建，是软实力的建设的强大精神动力。培育和践行社会主义核心价值观，是中国特色社会主义的"铸魂工程"，习近平总书记称之为"凝魂聚气、强基固本的基础工程"。这项基础工程，可以从价值层面上深入回答社会主义的本质特征，为社会长远、稳定发展提供根本价值遵循，为制度设计、决策部署、法律制定提供最终价值依托。在国际形势风云变幻、世界社会主义发展需要积极亮剑的时代关口，鲜明提出培育和践行社会主义核心价值观，有利于更好地回应人们的思想疑虑和困惑。在国际社会经济发展形势动荡多变，人类面临共同的环境问题、发展问题之际，向世界传达中国的价值观，为世界发展提供中国的价值方案，从而不断扩大中国的国家话语权。

（资料来源：光明网，http://theory.gmw.cn/2018-02/21/content_27746598.htm，有改动）

阅读二　安徽好人馆：培育社会主义核心价值观的鲜活课堂

安徽好人馆是全国第一所百姓好人馆，也是全国唯一一所省级好人馆，记录着安徽各地的好人。展厅分为崇德向善、见贤思齐、春风化雨三个主题，全面展示安徽省好人的崇高品德，生动诠释了身边好人的精神，传递了温暖人心的力量，是培育和践行社会主义核心价值观的鲜活课堂。如今，"学习好人、弘扬好人、尊重好人、支持好人"的氛围已蔚然成风，在江淮大地，"安徽好人"已经成为一道最靓丽的风景，"好人安徽"也已成为培育和践行社会主义核心价值观一个最响亮的品牌。

2014年3月27日,安徽好人馆正式开馆,周二至周日期间免费向社会开放,日均参访人数达400人次。展陈面积1200平方米,设有崇德向善、见贤思齐、春风化雨三个部分,以图片、实物、视频、互动等多种形式,直观生动展现安徽省级机关13个部门、18个省辖市(县)的好人事迹、全省各地各系统选树典型的成功经验和全社会关爱礼遇模范的有益做法,把片段性、一次性的好人宣传变成系统性、长久性的形象展示,唱响"中国好人安徽多"的最强音,使社会主义核心价值观真正鲜活起来了,深刻诠释了爱国、敬业、诚信、友善的价值准则,体现了安徽培育和践行社会主义核心价值观的生动实践。

截至2018年8月底,中国好人榜上榜好人12 000名,安徽1236人获此殊荣(2人授予"时代楷模"称号),安徽占全国总人数的1/10,连续10年居全国第一。2014年,安徽好人馆被安徽省委确定为全省党的群众路线教育实践活动基地和公民思想道德建设基地。2015年,被安徽省委、省政府增补为第四届安徽省爱国主义教育基地。2016年,入选全国"宣传工作创新百例"。

党的十九大报告指出:"社会主义核心价值观是当代中国精神的集中体现,凝结着全体人民共同的价值追求。要以培养担当民族复兴大任的时代新人为着眼点,强化教育引导、实践养成、制度保障,发挥社会主义核心价值观对国民教育、精神文明创建、精神文化产品创作生产传播的引领作用,把社会主义核心价值观融入社会发展各方面,转化为人们的情感认同和行为习惯。坚持全民行动、干部带头,从家庭做起,从娃娃抓起。深入挖掘中华优秀传统文化蕴含的思想观念、人文精神、道德规范,结合时代要求继承创新,让中华文化展现出永久魅力和时代风采。"安徽好人馆,对于创新培育和践行社会主义核心价值观带来许多有益启示与思考。

既要让人"感动",又要让人"行动"

培育和践行社会主义核心价值观,培育是基础,关键在践行。好人馆有图有像,有声有色,有点有面,有静有动,立体化、全景式展示带来的是全方位体验,让好人的精神产生了连锁反应。许多参观者自己看完再带家人看、大人看完再带孩子看,领导看完再带部属看,真正起到人人受教育、次次受感动的教育引导作用。大家被好人馆里的好人深厚的公仆情怀感动着,坚强的党性观念感动着,强烈的责任意识感动着,执着的奉献精神感动着。但是,培育和践行社会主义核心价值观,仅有感动是远远不够的。要把"感动一阵子"变成"感动一辈子",将"一人"受感动变成"一群人"受触动,把今天感动的"泪水"化作今后工作的"汗水"。要把人民群众的灵魂来净化自身,面对名利得失、进退去留、利益诱惑甚至风险考验,保持高尚的情操、宽广的胸怀和舍己为人的品格精神。要确立正确的是非、荣辱观,让感动化作行动,以行动回应感动,从我做起,从现在做起,立足本职工作岗位,牢记初心,不忘使命,敬业奉献,努力向好人靠拢。

既要让人"认知",又要让人"认同"

培育和践行社会主义核心价值观,认知是前提,关键在认同。培育和践行社会主义核心价值观,是在人的头脑里加强教育引导,难就难在既要让人"认知",又要让人"认同",让好人走进群众的心坎,春风化雨、润物无声,这既是考验,又是挑战。安徽好人馆把众多好人聚于一馆,每个人总能在好人馆里找到自己的参照系,给观众带来巨大的心灵认知上的震撼,从而更加认同向上向善的核心价值主流。从感性"认知"到理性"认同",从全社会看,还任重道远。一方面,要有奉献的浓厚氛围。在这方面,安徽各地进行了积极探索。现在,省有好人馆总馆,市有好人馆分馆,县区有好人广场,乡镇有身边好人榜,村居有好人之家,形成了横向到边、纵向到底的阵地体系,全省崇德向善社会氛围日益浓厚。让好人进党校,作为干部培训的规定课程,组织学员参观好人馆、听好人作报告、与好人现场沟通交流,确保党校培训出来的都是好干部。让好人跟随戏剧"下乡",以好人为素材,编创戏剧、广播剧和电影,让更多城乡群众享受好人精神上的丰富,让好人馆里的好人"流动"起来。另一方面,要创新传播方式。要积极跟上网络时代步伐,建设"互联网+好人馆",充分运用现代互联网技术,全力打造全景全息的3D网上好人馆,让广大网民足不出户就能立体生动地感受身边好人的先进事迹和崇高品质。好人推荐、好人评审、好人发布、好人档案等日常工作,要与媒体实现端口对接,真正实现好人推荐社会化、好人评审公开化、好人发布全媒化、好人管理动态化,让广大网民既是身边好人的学习者、践行者,也是身边好人的推荐者、传播者,形成网上网下相得益彰、相映生辉的格局。

既要"立得起来",又要"沉得下去"

培育和践行社会主义核心价值观,既要"立得起来",又要"沉得下去"。"立得起来"的好人,可以引导群众紧紧跟着好人走;"沉得下去"推广好人,便可推动形成学习好人、争当模范的良好风尚。新时代,随着主要矛盾的变化,人民群众对提高全社会道德水准的期待、对真善美的呼唤有着真切的愿望和更高的标准。各级党政军民学机关要勇立新时代潮头,把握新思想,掌握新动态,做到全神贯注,与经济工作一同研究部署、一同组织实施、一同督查考核,像增强硬实力一样增强软实力。要作为系统工程,做到整体推进,解决区域、城乡和网上网下发展不平衡、不充分的问题。要保持抓铁有痕的力度和一抓到底的韧劲,做到全方位管控,防止出现"领导热、群众冷""上面热、下面冷"的倾向。要以"好人好自己"的理念,以解决问题为工作导向,瞄着问题去,追着问题走,把化解矛盾、破解难题作为第一要务,在攻克难题堡垒中,培育好人,推介好人,争做好人。要关心好人,多为好人排忧解难,通过制度完善、政策倾斜使好人的工作环境、生活环境不断优化,要大力推广"人人赞扬好人。"的现象。

(资料来源:宣讲家网,http://www.71.cn/2018/0930/1019665.shtml,有改动)

阅读三　系好人生"第一粒扣子"

【强军思想引领新征程】

"虽然没有拿到名次,但我已超越了自我,实现从'书生'到合格战斗员的转变……"2018年,武警部队优秀"四会"政治教员比武结束,比武场上仅有的几名上等兵之一、来自武警安徽总队的选手董旭东对记者说,他不会放慢向前冲的脚步。

自从2017年9月,中共中央总书记、国家主席、中央军委主席习近平给包括他在内的8名南开大学新入伍大学生回信后,心中涌动着一种力量让他从不懈怠。董旭东感叹,自己何其幸运,在兵之初就得到统帅的寄语,帮助他擦亮航标、校正方向!

其实,幸运的何止是他!习主席一直关心关爱着青年官兵的成长成才,多次强调指出,"青年一代是党和军队的未来和希望"。习主席的殷殷话语,字字情深,勾画出新时代革命军人的形象,激励和感召着青年官兵系好人生"第一粒扣子",在军营书写绚烂无悔的青春篇章。

"把热血挥洒在实现强军梦的伟大实践之中"

"把爱国之心化为报国之行""把热血挥洒在实现强军梦的伟大实践之中,在军队这个大舞台上施展才华,在军营这个大熔炉里淬炼成钢"……时隔一年多,董旭东依然忘不了接到习主席回信那一刻的激动心情。

"半个月,才半个月哎!我们根本没想到习主席能回信,而且那么快!我想这不仅是对我们

8个人的激励,更是对全国千千万万青年学子和基层官兵的巨大鼓舞!"

"青春是用来奋斗的""让青春之花绽放在祖国最需要的地方""一个人的理想志愿只有同国家的前途、民族的命运相结合才有价值"……回忆习主席一句句青春寄语,董旭东觉得自己携笔从戎的目标更加清晰:"习主席的话让我们明确了'为谁当兵、为谁打仗'的问题,有了理想信念的主心骨、成就事业的顶梁柱!"

这封饱含深情的回信犹如一声春雷,在全国大学师生中、在座座军营中,引起了对理想追求的热议,激发了建功军营、绽放青春的壮志豪情。广大官兵认真学习习主席的回信,纷纷表示要把青春梦想融入强军梦,在战位上扛起如山使命,以实际行动立起新时代革命军人的好样子。

又是一个收获季节。如今,董旭东获评"优秀士兵教育骨干",他的同学们也传来捷报:李业广已成为同期新兵里第一个放"单飞"的机务兵;蔚晨阳军事成绩名列前茅,赴京参加了陆军第一次团员代表会议;胡一帆执勤理论考核每次都是第一,参加了战区的新条令知识竞赛……

2018年"五四"青年节,阿斯哈尔·努尔太向中队党支部递交了入党申请书。阿斯哈尔在哈萨克语中意为"高峰",妈妈听说习主席回信的事后,告诉阿斯哈尔·努尔太:"每个人心中都应有座神圣的高山。人生最大的意义,就是朝着心中目标奋勇前进。"

淬炼才能成钢。8个学子在各个火热的军营中快速成长,不断发起人生的精彩"突击"。他们,期待着也随时准备着,用自己的坚持和突破,向习主席汇报。

"让增长本领成为青春搏击的能量"

"习主席勉励我们要珍惜锻炼自己、报效祖国的平台,不断升华人生理想,提高岗位技能,扎扎实实做好本职工作,为实现强军目标建功立业。"每当中部战区某通信团女兵李帅给战友们讲起习主席视察连队时的情景,大家都能从中感受到统帅的深情嘱托,汲取奋进的力量。

"我们心里牢记着习主席的话,扎扎实实做好本职工作。"李帅介绍,为练就通信保障硬功,这些年女兵们除了练就"脑耳口手"四功,精确背记上千个代号以外,还不断学习新知识、钻研新技术、掌握新本领。她们编写话务智能装备训练教材,研发新装备训练软件,自主进行技术升级,为升级后的"电话网智能支撑平台"赋予了更多服务功能。李帅个人也荣立了三等功。

青年时光正是青春焕发、风采动人的好时候,李帅清晰记得当年"五四"青年节,习主席同各界优秀青年代表座谈时的讲话:"让勤奋学习成为青春远航的动力,让增长本领成为青春搏击的能量。"

"幸福都是奋斗出来的。"时任指导员王方已成长为营教导员,连续两届当选为全国人大代表。她告诉记者,连队官兵先后完成纪念抗战胜利70周年阅兵、庆祝建军90周年阅兵等大项通信保障任务,获得"全军红旗团支部""全军优秀基层党组织"等多项荣誉。官兵们正像习主席叮嘱的那样,"用勤劳的双手、一流的业绩成就属于自己的人生精彩"!

2017年3月12日下午,习主席出席十二届全国人大五次会议解放军代表团全体会议后,亲切接见了部分来自基层一线的军队人大代表。王方向习主席汇报:"我们连有的同志留在部队在本职岗位上苦练技能,有的同志实现了考学提干的梦想,大家都把个人的青春梦想融入到了中国梦强军梦之中。"

"和平时期,决不能把兵带娇气了"

2013年11月28日,原济南军区兵种训练基地,刚入伍不久的大学生新兵马洪坡正在进行60度攀岩课目训练。突然听到指挥员吹哨叫停,向首长报告。当马洪坡和几名新战士攀登到达顶端时,现场响起了一片掌声。

接下来的一幕让他格外惊喜,原来是习主席来到训练场。马洪坡回忆:"看到习主席向我们走来,我激动得不知所措。突然想起手上还有防滑的镁粉,赶紧在身上使劲擦。握住习主席的手,温暖一直传到我心里。"

习主席强调指出"军人还得有血性""打仗从来都是狭路相逢勇者胜,军人必须有一不怕苦、二不怕死的精神",牢记习主席嘱托,马洪坡将刻苦训练、磨砺血性作为军旅生涯必修课,他逐渐懂得,新兵要尽快成长为合格军人,必须在兵之初就不断强化矢志强军的担当,培养敢打必胜的血性!

跑出的骏马飞出的鹰,打出的威风练出的兵。如今,已成长为连长的马洪坡笔记本上增加了"和平时期,决不能把兵带娇气了""要坚持练兵备战,在提高本领、砥砺血性上下功夫"等习主席关于严格带兵的要求,他言传身教,带出了一大批有血性敢担当的新兵。

血性担当,让"强军种子"生根发芽。习主席视察基地时那批新兵,已有116名战士考入军校,17名战士先后立功。近年来,从基地走出了新兵6800名、学员兵8900名,148人进入师以上参谋机关工作,56人走上营连主官岗位,500余人担任班长骨干。

"宝剑锋从磨砺出,梅花香自苦寒来。"2014年在武警新疆总队某部特勤中队视察时,习主席用诗句勉励官兵们培养不畏艰苦、不怕困难的坚强意志。

越是复杂严峻的环境,越能磨砺意志。特勤中队每季度进行一次"魔鬼周"训练,负重30多公斤在高温酷暑、冰天雪地中风餐露宿。2015年底,中队35名官兵连续50余天战斗在反恐一线,圆满完成10余项任务。

这几年,中队官兵牢记主席嘱托,先后打赢30余次反恐战斗,被武警部队授予"反恐先锋中队"荣誉称号,被国家民委表彰为"全国民族团结进步创建活动示范单位"。

"请习主席放心!"这不仅是该中队官兵的心里话,更是全军将士的铮铮誓言。

(资料来源:李国利、张海华、张和芸、鲁文帝《系好人生"第一粒扣子"》,光明日报,2019年2月25日第01版)

课后练习

一、单选题

1. 2018年3月,十三届全国人大一次会议通过宪法修正案,把国家倡导(　　)正式写入宪法。

A. 改革开放　　　　　　　　B. 社会主义核心价值观
C. 爱国主义　　　　　　　　D. 科学发展观

2. 富强、民主、文明、和谐是(　　)。

A. 公民个人层面的价值准则　　B. 社会层面的价值取向
C. 国家层面的价值目标　　　　D. 个人的行为准则

3. 自由、平等、公正、法治是(　　)。

A. 公民个人层面的价值准则　　B. 社会层面的价值取向
C. 国家层面的价值目标　　　　D. 个人的行为准则

4. 爱国、敬业、诚信、友善是(　　)。

A. 公民个人层面的价值准则　　B. 社会层面的价值取向

C. 国家层面的价值目标 D. 个人的行为准则
5. 职业道德的核心是（ ）。
A. 爱岗 B. 敬业 C. 诚信 D. 奉献
6. 社会主义核心价值观养成要从小抓起、从学校抓起。创新中小学德育课和高校思想政治理论课教育教学，推动社会主义核心价值观（ ）。
A. 进教材、进课堂、进学生头脑 B. 进社区、进学校、进居民头脑
C. 进企业、进高校、进工人头脑 D. 进教材、进社区、进学生头脑
7. 完善（ ）三结合的教育网络，引导广大家庭和社会各方面主动配合学校教育，以良好的家庭氛围和社会风气巩固学校教育成果。
A. 学校、企业、社会 B. 学校、家庭、社会
C. 学校、社会、基层 D. 学校、家庭、企业

二、简答题

青年大学生如何做社会主义核心价值观的积极践行者？

参 考 答 案

一、单选题

1. B 2. C 3. B 4. A 5. B 6. A 7. B

二、简答题

（1）系好人生的"第一粒扣子"。
（2）勤学、修德、明辨、笃实。

第五章　明大德守公德严私德

  学习目标

(1) 知识目标：了解道德的基本理论及正确的道德观，引导大学生自觉践行公共生活、职业生活和家庭生活等社会领域所要遵循的道德规范。

(2) 能力目标：大学生能够提升对道德的理论认知，吸收借鉴优秀道德成果，遵守公民道德准则，对社会主义道德、社会公德、职业道德、家庭美德、个人品德等领域中的理论和知识有较为深入的了解，对社会生活领域中的道德规范以及个人品德提升的路径有精准的把握。

(3) 素质目标：自觉遵守相应的道德要求，就必须用道德规范指导自己的实践，追求崇高道德境界。培育大学生正确道德判断和道德责任，弘扬中华民族优秀道德传统和中国革命道德，自觉树立社会主义道德观。

  理论焦点

(1) 马克思主义关于道德的起源、本质、功能和作用。
(2) 中国革命道德的形成发展、主要内容与当代价值。
(3) 社会主义道德建设必须坚持以"为人民服务"为核心、以集体主义为原则。

难点突破

(1) 大学生如何继承与弘扬中国革命道德。
(2) 大学生应积极投身崇德尚明的道德实践。

  思维导图

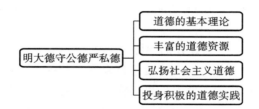

第一节　教材热点面对面

《思想道德修养与法律基础(2018年版)》第五章主要讲授的是一般意义上的道德以及社会主义道德教育的关键要素。推进大学生在道德修养、道德品质上的提升。重点分析公共生活、职业生活、婚姻家庭生活等重要道德领域的理论与规范性要求。包括中华传统美德、中国革命道德、社会主义道德等都是我们大力提倡的道德规范。当代大学生必须坚持以为人民服务为核心、以集体主义为原则,推进社会公德、职业道德、家庭美德、个人品德建设的全方位素养培育。道德建设的重点既在知识的学习,更在实践的落实,是一个长期的社会与个人互动的历史进程。

一、理论要点

大学阶段是大学生道德学习和道德建设的重要时期,是养成道德观念和道德行为的关键时期。大学生是实现科教兴国战略的重要力量之一,他们的思想道德状况如何,关系到我国现代化事业的成败,关系到能否实现中华民族的伟大复兴。作为人类灵魂的工程师,大学教师不只是知识的传播者,还应是大学生共产主义思想道德品质的培养者。因此,了解和掌握新世纪大学生思想道德状况,对于教育工作者来讲是必需的;而要做好大学生的道德学习和道德建设工作,则更需要充分认识大学生思想道德建设中所出现的新情况,注重大学生道德学习和道德教育途径与方法的创新,采取积极有效的措施,才能解决新问题。

(一)道德在社会发展中的作用

1. 道德的社会作用

道德反作用于社会经济关系是普遍的现象,但它所起的能动作用却具有不同的性质,存在着革命与反动、进步与保守的区别。马克思主义伦理学充分肯定了道德在社会历史发展中的能动作用,但并不把它看作是变革阶级社会经济关系的决定性力量。

道德功能的发挥和实现所产生的社会影响及实际效果,就是道德的社会作用。道德的社会作用主要表现在:道德能够影响经济基础的形成、巩固和发展;道德对其他社会意识形态的存在和发展有着重大的影响;道德是影响社会生产力发展的一种重要的精神力量;道德通过调整人们之间的关系维护社会秩序和稳定;道德是提高人的精神境界、促进人的自我完善、推动人的全面发展的内在动力;在阶级社会中,道德是阶级斗争的重要工具。在看到道德具有重要的社会作用的同时,也必须看到道德发挥作用的性质并不都是一样的。道德发挥作用的性质与社会发展的不同历史阶段相联系,由道德所反映的经济基础、代表的阶级利益所决定。

2. 塑造正确的道德认知

1) 当代大学生道德认知与行为存在的问题

在东西方文明史中,"止于至善"的道德理想被众多思想家所推崇,康德认为遵守道德是人们应当无条件服从的命令;而中国的儒家思想也将至善至美作为追求的崇高目标。沿袭了上千年的文化传统,大学生在当前道德教育中被填鸭式地灌输了"至善论"的思想,却没有根据学生的年龄特征和理解消化能力把道德教育阶段化和层次化,没有循序渐进地从最初的日常行为规范培养,进而具备较高的道德品质,直至确立崇高远大的道德追求。一些学校拔苗助长式的道德教育笼统地把最高级的道德标准竖立起来,却忽略了道德品质的形成过程,一些学生望着遥不可及的标杆,无奈地作出"伪善"的选择。另外,随着近现代自由解放运动发展以及改革开放以来西方思想的传入,人们对自身权利越来越关注。在社会群体生活中,一些人把只要不突破道德底线、尽可能实现个人利益的最大化当作处事标准,道德与权利的地位发生反转。

2) 提高大学生道德水平的对策

首先,要理论与实践相结合,增强辨识能力。大学道德课堂教育由于受到授课时间与理论教学的限制,教学活动的内容往往不能满足大学生实际的道德需要;即使在课堂上传授了相关内容,在遇到实际问题的时候,也不可能与书本情况完全一致。大学道德教育的主要作用不是解决具体问题,而是实现自我道德判断与辨识。大学生只有在丰富多彩的社会实践中才能进行道德实践,才能感受到不同观点的碰撞,通过掌握的道德知识克服非理性的冲动、辨别是非对错,从而实现道德辨识。

其次,要培养正面情绪,关注心理健康。有研究表明,大学生的心理状态与道德判断存在着显著的正相关联系,在自信、快乐等正面情绪下的道德判断标准比较公正、积极;在悲伤、抑郁等负面情绪下的道德判断比较偏颇、消极。另外,研究还发现,情绪状态的高低与道德判断能力成非线性相关对应关系,即在中等程度情绪状态下道德判断能力最高,低等和高等程度情绪状态下道德判断能力相对降低。在相同主体与环境背景下,正面的情绪状态有助于增强认知加工过程中的理性程度,遵守固有的判断标准,提高思维决策能力,从而提高整体的道德判断能力。

最后,应以自律培养为主,达到"慎独"境界。道德自律是指基于公共社会道德基础上的道德需要、道德内化和道德自觉。中国儒家思想倡导的"慎独"就是自律,指人们在独自活动、无人监督的情况下,凭着高度自觉,按照一定的道德规范行动,不做任何有违道德信念、做人原则之事。这是进行个人道德修养的重要方法,也是评定一个人道德水准的关键性环节。伴随着互联网的普及,大学生日常活动范围和道德环境都发生了很大的改变。他们接触的事物远远超出了学校和家庭的范围,时常会脱离老师和家长的管理和干预,在无人约束的情况下,大学生可能会降低对自身道德水准的要求。因此,大学生应当在线上和线下实现道德标准的统一,建立道德信仰和道德内化机制,培养道德自律感,实现自我评判、自我约束和自我控制,将"他律"升华为"自律"。

(二) 中华传统美德的基本精神及当代价值

中华传统美德对于民族复兴、国家强大、人民幸福、社会和谐都有重要时代价值。在剔除糟粕、不断扬弃的基础上,实现中华优秀文化及传统美德的创造性转化、创新性发展,必须以认识其价值为理论前提。

优秀传统文化中蕴含着生生不息的当代道德价值。习近平总书记提出:"要加强对中华优秀文化的挖掘和阐发,使中华民族最基本的文化基因与当代文化相适应、与现代社会相协调,把跨越时空、超越国界、富有永恒魅力、具有当代价值的文化精神弘扬起来。要推动中华文明创造性转化、创新性发展,激活其生命力,让中华文明同各国人民创造的多彩文明一道,为人类提供正确精神指引。"这为我们认识传统文化与传统道德中的当代价值提供了理论指南。对于中华传统道德文化,我们一方面要善于继承和弘扬其精华,另一方面要挖掘和阐发其当代价值。认识、阐发传统文化的当代价值是增强文化自信的重要内容。也是当代大学生道德教育的重要内容。

(三)中国革命道德的主要内容和当代价值

1. 中国革命道德的主要内容

首先是为实现社会主义和共产主义理想而奋斗。坚持社会主义、共产主义理想和信念不屈不挠的精神,是革命道德的灵魂。无数革命先烈,正是为了实现这样一个崇高的理想,毫不犹豫地献出了自己的生命。其次是始终把革命利益放在首位。始终把革命利益放在首位,极大地激发了革命者为集体而献身的斗志,革命队伍形成了前所未有的向心力和凝聚力。最后是努力为人民服务。它作为贯穿中国革命道德始终的一根红线,是中国共产党在中国革命实践中的一个伟大创造,对中国的革命、建设事业和道德建设,产生了极其重大的推动作用。

中国革命道德传统是中国革命和建设实践的产物,是中华民族优良道德传统的继承和发展。它以追求真理、勇于献身、热爱人民、服务人民、英勇顽强、坚忍不拔为基本特征,是中华民族传统道德的重要组成部分,也是构建社会主义道德体系及践行社会主义荣辱观所不可或缺的。

2. 中国革命道德的当代价值

在建设中国特色社会主义的新时代,大力弘扬中国革命道德传统有着特别重要的现实意义。弘扬中国革命道德传统有利于加强和巩固社会主义和共产主义的理想和信念,有利于教育、培养和形成马克思主义的世界观、价值观和人生观。弘扬中国革命道德传统是对社会中出现的个人主义、个人本位和形形色色的利己主义思想的一种有力的抵制和批判。弘扬中国革命道德传统也是对最近十几年来一些人否定中国革命和宣扬资产阶级改良主义思潮的有力回击。

(四)网络生活中的道德要求

从本质上说,网络交往仍然是人与人的现实交往,网络生活也是人的真实生活,因而也必须遵守道德规范。

(1)正确使用网络工具。应当正确使用网络,提高对网络内容和信息的鉴别力,积极运用网络传播正能量,使网络成为开阔学习视野、提高学习能力的重要工具。

(2)健康进行网络交往。应通过网络开展健康有益的人际交往,积极参与网络文化的建设与管理,进行有利于个人身心健康和品德培养的网络交往。同时,要树立自我保护意识,不要轻易相信、约会网友,避免受骗上当,避免给自己的人身和财产安全带来危害。

(3)自觉避免沉迷网络。应当从自己的身心健康出发,合理安排上网时间,理性对待网络。

(4)养成网络自律精神。应当在网络生活中培养自律精神,做到自律而"不逾矩",促进网络生活的健康与和谐。面对网络生活,不仅遵守道德规范,也应当自觉学习和遵守有关互联网的法律规定,坚守法律法规底线、社会主义制度底线、国家利益底线、公民合法权益底线、社会公共秩序底线、道德风尚底线和信息真实性底线,这也是遵守网络道德的要求。

(五)追求崇高道德境界

唯物史观告诉我们,道德属于社会上层建筑,归根结底,它是一种由社会经济关系决定的特殊意识形态。随着人类社会经济关系的发展,在不同的历史时期里,处于不同经济地位的人。在社会主义条件下,我们要追求更高的道德境界。

首先是要增强道德意识,提高道德觉悟。人们往往把这一点看得比较容易,其实这里包含着非常复杂的内容,需要"激发人们形成善良的道德意愿、道德情感,培育正确的道德判断和道德责任"等,这些也就是常讲的道德认识、道德情感、道德意志的培养过程。做到这一点,一是要学习社会主义核心价值观,坚持用人类美好崇高的道德境界鼓舞人,分辨是非善恶;二是必须常看、常想,常用古今中外人们的道德事例作对比,用他们善恶荣辱的形成过程和经验教训同自我的成长作对比。当然还要从"自我"走向"我们",即人民的立场上来。

在全社会的思想道德建设中,实践是比认识更重要的基础环节,习近平总书记讲的"提高道德实践能力尤其是自觉践行能力",不但指出我们道德认识的目的,而且也指明了道德觉悟提升的途径。人们经常爱问:道德在哪里,怎样才能提高思想道德境界?其实道德就在我们的身上和周边,就在我们如何待人处事的日常生活里,在千百万人民群众的社会实践中;提升道德的关键就在我们的脚下,就是要按照社会主义核心价值观所指的方向,爱国、敬业、诚信、友善,搞好改革开放,建设好我们的社会主义事业。我们的思想道德建设,不但是我们建设中国特色社会主义事业的一个组成部分,而且必须在建设中国特色社会主义事业的实践之中进行,这里的每一步几乎都涉及道德问题。例如,我们在平日所进行的劳动和工作,其实也是培养和锻炼我们勤劳俭朴、艰苦奋斗的大熔炉;我们身边开展的种种学习雷锋活动、各种义务服务和公益事业,也都是培养我们仁爱友善、爱国为民的大学校。当前我们党所领导的群众路线教育实践活动,反对形式主义、官僚主义、享乐主义和奢靡之风,更是一个群众性道德教育活动,通过让广大干部"照镜子、正衣冠、洗洗澡、治治病"的实践,实现为民务实清廉的价值追求,广大人民群众也会从活动中受到一次深刻的勤俭节约、实事求是的道德教育。

二、理论热点

(一) 传承传统美德与坚定文化自信

2016年7月1日,习近平总书记在庆祝中国共产党成立95周年大会上发表重要讲话时指出,文化自信是更基础、更广泛、更深厚的自信。中华民族在5000多年文明发展中孕育起来的优秀传统文化,在党和人民伟大斗争中孕育的革命文化和社会主义先进文化,积淀着中华民族最深层的精神追求,代表着中华民族独特的精神标识。

热点解读

中华优秀传统文化,是中华民族独特的气节品格所在,是中华民族的精神魂魄所在,是我们在世界文化激荡中站稳脚跟的根基,是我们屹立于世界民族之林的根本。习总书记指出,"要继承和弘扬我国人民在长期实践中培育和形成的传统美德,坚持马克思主义道德观、坚持社会主义道德观,在去粗取精、去伪存真的基础上,坚持古为今用、推陈出新,努力实现中华传统美德的创造性转化、创新性发展,引导人们向往和追求讲道德、尊道德、守道德的生活,让13亿人的每一分子都成为传播中华美德、中华文化的主体。"习近平总书记高度重视传统文化的重要作用,强调培育和弘扬社会主义核心价值观必须立足中华优秀传统文化,使中华优秀传统文化成为涵养社会主义核心价值观的重要源泉。

2014年10月15日,习总书记在文艺工作座谈会上的讲话中指出,中华民族在长期实践中培育和形成了独特的思想理念和道德规范,有崇仁爱、重民本、守诚信、讲辩证、尚和合、求大同等思想,有自强不息、敬业乐群、扶正扬善、扶危济困、见义勇为、孝老爱亲等传统美德。中华优秀传统文化中很多思想理念和道德规范,不论过去还是现在,都有其永不褪色的价值。

由于受社会转型的影响,现在有部分青年学生显得非常浮躁和焦虑,甚至完全背离了中国传统的生活方式。因此,加强社会主义道德建设,要致力于加强文化重建、精神重建、道德重建,坚定文化自信。对中华传统美德和优秀传统文化,既要精心呵护,又要加强挖掘和阐发,使中华民族最基本的文化基因同当代中国文化相适应、同现代社会相协调,让中华文化跨越时空、超越国界、焕发出新的生机和时代新价值。

(二) 传统美德教育与学生的价值导向

2018年全国政协教育界别委员联组会议上,教育部部长陈宝生认为,优秀传统文化里面,包含中国人怎样看待世界、怎样看待生命,中国人的世界观、人生观、价值观,有着非常丰富的资源,阐述得很系统。如果不能把这些继承下来,学生的人生可能会发生方向的偏离。已传承数千年的中华优秀传统文化,包含着先人们丰富、深刻的行为规则,即人们在日常生活中需要认同与遵循的价值体系与规范系统。优秀传统文化不仅有文学之美、艺术之美,更具有精神之美和价值之美;弘扬中华优秀传统文化,不仅有助于提升公众的文化修养与审美情趣,也能够丰盈老百姓的精神家园,帮助人们树立正确的人生坐标和价值航向。

热点解读

在学校里传承好中华传统文化,有三个关键措施。第一是重视师资力量的培养,教师们开口就是"白日依山尽",而不能仅仅是"柴米酱醋茶"。第二是在教材中增加优秀传统文化的内容,特别是经典名篇要占一定的比重。第三是加强校园文化建设,要形成一个学生愿意学习优秀传统文化,愿意体验优秀传统文化,愿意交流优秀传统文化的环境。

习近平总书记曾强调:"对传统文化中适合于调理社会关系和鼓励人们向上向善的内容,我们要结合时代条件加以继承和发扬,赋予其新的涵义。"穿越时代的中华优秀传统文化,依然具有浸润心灵、启迪人心的作用;激活优秀传统文化基因,创新传统文化的时代表达,让中华优秀传统文化浸润校园,需要让更多教师成为"燃灯者",去照亮学生们前进的道路。当教师们张口就是"白日依山尽",当他们更有文化底蕴,年轻一代才能更好地传承中华优秀传统文化。

(三) 文化自信与红色文化

红色文化作为马克思主义中国化的文化成果,是中国共产党领导中国人民在革命、建设和改革开放时期以马克思列宁主义为指导,吸收中外优秀文化养分所创造的先进文化,是中国共产党人和广大人民群众优良传统和品格风范的集中体现。红色文化近百年的历史,孕育了丰富的物质文化、制度文化、精神文化、行为文化和符号文化成果。可以说,红色文化是对中华优秀传统文化的传承与发展的结果,是中国共产党人根据新的历史境况作出的创新与推进。这二者之间是历史延续而非历史断裂,并且形成了一种彼此支撑、相互促进的共存关系。没有中华优秀传统文化的文化自信,是轻飘的"忘本"之举;没有红色文化的文化自信,则是茫然的"丢魂"之态。基于此,我们很有必要对红色文化保持清醒的认知和足够的自信。

热点解读

红色文化自信不是简单的喊口号和发指令得来的，而是必须建立在红色文化自身的理论魅力和发挥作用的实践基础之上。事实上，中国红色文化百年历史，不仅书写了马克思主义中国化、时代化、大众化的华彩篇章，而且迎来了中国从"站起来""富起来"走向"强起来"的伟大征程。在理论魅力上，红色文化作为中国共产党政党文化的重要内容，在同各种主义和思潮的竞争乃至斗争中脱颖而出，成为马克思主义与中国实际相结合的重要文化表达；其坚定的人民性立场、雅俗并举的理论风格，获得了人民大众的高度认同；其丰富的精神性内涵、实践性品质支撑着中国共产党由弱而强、由简而巨，红色文化成为了中国共产党人的精神家园。在实践基础上，红色文化产生于一个国家从落后挨打走向独立自主，从后发跟跑走向并跑赶超甚至引领时代的伟大实践。道路自信、理论自信、制度自信、文化自信的底气不断提升，正如习近平总书记所言，"当今世界，要说哪个政党、哪个国家、哪个民族能够自信的话，那中国共产党、中华人民共和国、中华民族是最有理由自信的。"这些伟大的实践，都为红色文化自信提供了有力的经济、政治支撑，也获得了有力的制度化保障和民心基础。

既然如此，红色文化自信如何才能在现实生活中成为鲜活的实践呢？具体而言，践行红色文化自信可从以下三方面着手：

第一，建构红色文化记忆。红色历史不应是停留在过去的历史，而应该成为当代人的集体记忆。当前，我们的纪念馆、博物馆、遗址地等都是红色记忆的物质存储载体，在互联网时代的当代中国，将作为红色记忆的存储载体发挥重要作用。加强红色记忆存储载体的建设，在情感纽带下对红色记忆进行选择和建构，加强红色记忆的输出渠道建设，催生形成亿万中华儿女的群体性记忆结晶。

第二，加强红色符号传播。符号是内涵阐释与意义携带的综合体，红色符号亦如此。作为中国共产党奋斗历程的符号凝练，其在文化传播与价值传承中发挥着重要作用。在革命时期，漫画宣传画等图像符号、标语口号等文字符号、旗帜徽章等象征符号发挥着引领民族精神、凝聚革命热情的重要作用。在当今中国，符号仍然是重要的价值传递与精神凝聚载体。宣传思想部门与党的舆论机构应充分发挥其价值引领与红色文化传承的作用，增强大众的红色文化自信。

第三，强调红色仪式的展示。践行红色文化自信有主动践行与教育引导两种取向，而仪式教育则是潜移默化影响大众文化心理的重要方式。仪式作为大众教育的重要渠道与文化传播的重要载体，包括纪念活动、民间庆祝、大小文艺晚会等多种方式。在仪式的展演中，以纪念日为核心的纪念活动是最具代表性的仪式表达。举办围绕党的纪念日、伟人诞逝纪念日、建国纪念日等为中心的纪念活动，结合文艺演出和文化讲演等方式，可以加强红色文化传播的有效性，增进大众的红色文化自信。

总之，在新时代的中国，我们尤其要坚定红色文化自信，增强红色文化自信的底气，在社会主义核心价值观的引领下，积极践行红色文化自信，不断滋养中国特色社会主义的自信文化。

（资料来源：求是网，http://www.qstheory.cn/wp/2018-04/02/c_1122622672.htm，节选）

第二节　实践教学设计

实践教学一:讨论"让美德占据心灵"的哲学案例

【实践目的】

(1) 通过课堂讨论,使学生明白免除心灵烦扰的方式唯有让美德占据心灵,只有依据道德准则行事,方可赋予生命美好和尊严。

(2) 培养学生的思考能力,小组成员需要思考如何除去自身内心的"杂草"。

(3) 培养互助合作的态度,小组成员将个人所得所思相互讨论后形成小组意见。

(4) 提升学生各项能力,如口语表达、分析能力,批判性思考、组织协调能力等。

(5) 加深学生对课本知识的理解,小组成员共同参与讨论,通过学习哲学小故事延伸至思考道德的重要性。

【实践方案】

(1) 教师:给予讨论题目并提出相关要求。

(2) 学生:按分组原则成立课堂讨论小组,选出小组组长。

(3) 讨论的方式:分组讨论,每个组员需要提交个人的思考心得,最终由组长汇总,汇报本组的讨论意见。

(4) 讨论流程:主题——→思考——→讨论——→摘要——→整合——→结论。

(5) 课堂讨论总结。

【参考资料】

一位哲学家带着他的一群学生去漫游世界。十年间,他们游历了很多的国家,拜访了很多有学问的人。现在他们回来了,个个都满腹经纶。在进城之前,哲学家在郊外一片草地上坐了下来,说:"十年游历,你们都已是饱学之士,现在学业要结束了,我们上最后一课吧。"弟子们围着哲学家坐下来。哲学家问:"现在我们坐在什么地方?"弟子们答:"我们坐在旷野里。"哲学家又问:"旷野里长满杂草,现在我想知道如何除掉这些杂草。"弟子们感到很惊奇,他们都没想到,一直在探讨人生奥秘的老师,最后一课问的竟是这么简单的一个问题。一个弟子先开口了:"老师,只要有把铲子就够了。"哲学家点点头。另一个弟子接着说:"用火烧也是一种很好的办法。"哲学家微笑了一下,示意下一位。第三个弟子说:"撒上石灰就会除掉所有的杂草。"第四个弟子说:"斩草要除根,要把根挖出来才行。"等弟子们都讲完了,哲学家站起来说:"课就上到这里,你们回去以后,按照各自的办法,除去一片杂草,一年后再来相聚。"一年后,弟子们都来了,不过原来相聚的地方,已经不再是杂草丛生,它变成了一片长满谷子的庄稼地。弟子们围着谷子坐了下来,等待老师的到来。可是,哲学家始终没有来。几十年后,哲学家去世,弟子们在整理他的言论时,发现哲学家在书的最后补上了这样一段话:"要想除掉旷野上的杂草,方法只有一种,那就是在上面种上庄稼。同样,要想让灵魂无纷扰,唯一的办法,就是让美德占据心灵。"

(资料来源:语文网,https://yuwen.chazidian.com/yuedu54985/,有改动)

【案例点评】

该哲学故事阐明了一个深刻的人生哲理:要想让灵魂无纷扰,唯一的办法,就是让美德占据心灵。这句话给了我们以下启示。首先人存在的价值不惟知识的饱学,不惟智慧的增长,最重要的是人格的建树、精神的挺立。要让自己心灵无杂草、无尘埃、无污秽,唯一的办法就是让美德占据心灵的旷野,在自己的心灵播种高尚的人格种子。其次,教育就是要让真、善、美常驻人们的心间,让这个世界更加美好祥和。最后,我们学会合乎道德地生活,是为了改善自己的生活质量、改善周围人的生活质量,没有什么比这更有意义。正如爱因斯坦所说:"人的最有价值的努力是为我们行为的道德化而奋斗。我们的内心平衡,甚至我们的生存本身都取决于道德。唯有我们行为的道德化才能赋予生命以美好和尊严。"

实践教学二:红色筑梦之旅

【实践目的】

中国革命道德内容丰富、历久弥新。红船精神、井冈山精神、苏区精神、长征精神、延安精神、西柏坡精神等红色精神蕴含的革命道德,都是党领导全体人民实现民族独立、人民解放的精神支撑和思想武器。新时代的大学生走好新时代的长征路,去往革命景区、革命博物馆等实地,有助于大学生深入了解红色文化,体会革命道德,进而推进全面落实思想政治教育。

【实践方案】

在校期间可组织学生,前往八七会议遗址、中共五大遗址等地开展实景教学。外出前制定好应急预案,做好学生安全教育,指导教师带队,将班级分为小组,指定小组负责人,以组为单位清点人数,保证外出参观期间学生的安全。并向学生推荐利用假期,去往其他红色景区参观学习,同样要做好学生安全教育。

实践教学三:集中观看道德模范视频

【实践目的】

通过播放全国道德模范王福昌的事迹视频,引导学生认识到在长期的革命实践中以中国共产党人为代表的革命者,以自己的行动成为率先践履革命道德的典范。进而让学生通过直观感受,体会革命道德的魅力与当代价值,促使学生思考如何践行红色精神,传承革命道德。

【实践方案】

(1)集中播放事迹视频,让学生分组讨论观后感想,最后选取小组代表,阐述观后体会。

(2)配合发扬中国革命道德的教学,培养学生全心全意为人民服务、严于律己、助人为乐的革命道德。

【参考资料】

王福昌,男,汉族,1915年12月生,中共党员,总参军训部北京第八干休所离休干部。

在东北"三下江南"战役的一次歼灭战中,王福昌在零下40多度的冰天雪地里潜伏一昼夜,左踝关节被严重冻伤,截去了左下肢,被定为二等甲级伤残军人。离职休养后,他一如既往地关心国家和军队建设,热心公益事业,以支援西部建设、资助希望工程、交纳特殊党费等方式,先后累计捐款69万余元。

百岁抗战老兵王福昌出生在穷苦人家,参加过抗日、解放、抗美援朝等战争,经历了百团大战、延安保卫战、四平攻坚战、"三下江南"等战役战斗。离职休养后,他对自己的要求更加"苛刻",吃的是粗茶淡饭,常年穿的是七十年代老伴裁剪的涤卡上装,家具都是20世纪80年代退休时买的,有的还是子女家里淘汰的。

王福昌对自己要求"苛刻",但对国家和军队建设却十分"慷慨",先后6次为中国航天基金会捐款达40万元;2013年"七一"前夕,在生病住院时,他还委托女儿交纳特殊党费10万元;当他得知老家旱情严重,就千方百计与当地政府联系,把5万元钱捐给了河南省太康县马头镇;王福昌还先后捐款6万元用于家乡希望小学建设;汶川发生特大地震后,他又捐出2万余元……2014年,他又满怀深情地说:"如果我能活到建军90周年和建党100周年,还要将余下来的生活费全部捐献给党和军队。"

王福昌曾荣获三级独立自由勋章、三级解放勋章、独立功勋荣誉章,百团大战中荣立二等功1次。

(资料来源:中国文明网,http://www.wenming.cn/specials/sxdt/fifthmd/dyzhsjz_27621/ddmfmd/zrwl/201510/t20151012_2900985.shtml,有改动)

【案例点评】

无论是战争年代舍生忘死、保家卫国,还是和平年代严于律己、助人为乐,在王福昌老人身上,人们能看到一种信仰,那就是对国家、对人民披肝沥胆、竭尽忠诚。"我这辈子不留金,不留银,只给儿女留下助人为乐的精神"是王福昌老人的做人原则,更是老一辈无产阶级革命者以中国革命事业为重,严于律己、谦虚谨慎、淡泊名利、清正廉洁、胸襟坦荡、光明磊落的高尚革命道德的体现,是我们每一个大学生应该学习的榜样。

阅读一　在坚定文化自信中弘扬优秀传统文化

文化是一个国家和民族精神的延续,而优秀的传统文化更是一个国家和民族文化与精神层面的集中表达,具有深远的意义。在我国历史发展的长河中,形成了许多优秀的传统文化,它们是我国珍贵的文化宝藏。而中华优秀传统文化的传承离不开文化自信,以及对文化价值的高度认同和践行。将其与现代化相融合,能够发挥出我国优秀传统文化的价值力量,不断提升我国国民文化素质和我国文化软实力。

只有具备文化自信才能真正将中华优秀传统文化不断传承发扬下去

任何一个国家和民族在发展过程中都会形成一定的优秀传统文化,这是历史的积淀,更是精神的凝聚。在我国优秀传统文化中,常体现出明显的民族性、地理性、时代性等特征,是我国丰富的文化遗产。只有具备文化自信才能真正将中华优秀传统文化不断传承发扬下去。在我国现代化的发展进程中,主要面对的无非三种文化,即中华传统文化、西方文化和马克思主义文化,构成了各种文化并存的格局,深深影响着中国特色社会主义的建设与发展。

中华优秀传统文化是在历史发展中对物质、精神等方面的整合与凝结,蕴含着高度的民族认同感,能够影响国人的言行,增强人们的爱国主义精神和集体主义意识。由于中华优秀传统文化是在实践的基础上发展而来的,具有鲜明的民族性特征,从而具备了高度的教育意义和动员作用。同时也有利于增强我国的文化软实力,促使国民不断提升团结和凝聚意识,促进我国综合实力的有效提升。

文化自信对中华优秀传统文化的传承具有深远意义,在文化自信视域下,我国优秀传统文化传承的语境主要两种。一是历史语境。中华优秀传统文化是经过历史的不断洗礼和沉淀而流传下来的,形成了独具特色的文化传统,其中蕴含着我国许多历史人物伟大的爱国主义和民族精神,是我国抵御挫折的重要精神支柱。二是时代语境。在经济全球化以及网络信息技术飞速发展的今天,各国之间往来的日益密切使得文化的交流也逐渐呈现多样化的特征,我国优秀传统文化也要不断适应新时代的发展需求。

明晰优秀传统文化的定位,继承和弘扬中华优秀传统文化

在十九大报告中,习近平同志提出"没有高度的文化自信,就没有中华民族的伟大复兴。"由此可见,文化自信对我国建设与发展具有非常重要的作用。

时代的进步与发展要求继承和弘扬我国优秀传统文化。首先,应清晰定位其概念与内容。优秀的传统文化,顾名思义就是具有一定文化价值和影响力且能够被一直推崇、学习和传播的文化。在对其内容进行定位和传承时,需要注意将历史性和时代性相结合,选择能够为大众所接受的内容,增强民众的认同感,促使其能够将优秀的传统文化运用在实际的生活中。同时,还应将社会主义核心价值观通过优秀传统文化表现出来,加大对好人好事、名人事迹等具有正能量的社会实践的传播力度,以增强我国人民群众的对文化的自信与社会凝聚力。

实现与马克思主义的协同发展,借助国民教育路径弘扬传统文化

在新时代的背景下,马克思主义对我国文化建设具有重要的影响和指导意义。因此,继承和发扬优秀传统文化,还需将其与马克思主义结合起来,促进两者的协调发展。在实际的传承中,应根据马克思主义基本原理对传统文化的传承内容和方式进行调整,借鉴其中优秀的部分,并立足于新形势的发展,将能够解决当下实际问题、促进我国未来发展的优秀传统文化传承下去。例如在现代社会发展中,积极宣扬和践行社会主义核心价值观的内容,以有效指导民众的思想和行为,提升其对优秀传统文化的高度自觉性和自信心。

在优秀传统文化的传承过程中,教育是一种极为重要的传播路径,其能够将我国传统文化深入贯彻到教学过程中,从不同学科和领域展开多样化的传统文化渗透,进而不断增强学生对优秀传统文化的热爱和信心。因此,要充分发挥教育的力量,将优秀传统文化有目的、有计划地向所有学生推进,将文化的传播与具体的教育相互结合起来,增强其在我国学生群体中的影响力。同时,还应加大我国优秀传统文化的对外宣传力度,积极办好国际教育,如发挥好"孔子学院"的作用等。

高效利用网络技术传播传统文化,开展多样化传承活动

在现代社会,网络信息技术具有非常强大的影响力,因此在进行优秀传统文化的传承中,还应积极发挥各种网络技术平台和手段的作用,将其作为重要的传播媒介和载体,实现优秀传统文化与现代技术的有效融合,进而为广大群众文化自信的形成与提升提供良好的条件。首先,由于新媒体具有强大的社会舆论导向作用,并且随着网络的普及,网民的数量不断上升,群体结构也呈现出多样化的趋势,因此要发挥新媒体等网络平台的作用,充分发挥其传播优势,不断提高群众对我国优秀传统文化的认同感,提高优秀传统文化的影响力。

其次,在实际生活中,还可以借助多样化的活动形式来传承我国优秀传统文化。结合现今非常火热的一些有关传统文化的网络综艺节目,如最强大脑、中国成语大会等,大力传播我国优秀的传统文化。还可通过一些音乐、戏曲、舞蹈展演活动等,或者借助一些比赛、培训、文艺晚会等形式传承中华优秀传统文化,提高公众文化自信。

综上所述,中华优秀传统文化具有丰富的文化价值和精神内涵,对推动我国现代化建设的进一步发展具有巨大的影响和作用。发挥我国优秀传统文化的作用,需要每一位中国人民都树立坚定不移的文化自信,增强对我国传统文化的认知与认同,并在实际的学习、工作和生活中积极传播和弘扬,在引导我们自身言行的同时不断增强我国优秀传统文化的社会影响力,从而逐渐提高我国的文化实力和国际地位。

(资料来源:新华网,http://www.xinhuanet.com/culture/2018-02/01/c_1122351007.htm)

阅读二　习近平:在纪念孔子诞辰2565周年国际学术研讨会上的讲话

各位嘉宾,

各位专家学者,

女士们,先生们,朋友们:

"有朋自远方来,不亦乐乎。"今天,来自中国和世界各地的嘉宾和专家学者齐聚北京,举行纪念孔子诞辰2565周年国际学术研讨会暨国际儒学联合会第五届会员大会。这次会议是国际儒学界和国际学术界的一次盛会。首先,我谨对会议的召开,表示热烈的祝贺!对朋友们的到来,表示诚挚的欢迎!

这次会议以"儒学:世界和平与发展"为主题,体现了关注世界前途、人类命运的人文情怀,是一个很有现实意义的题目。

和平与发展是当今时代的主题,也是事关各国人民幸福安康的两大问题。世界各国人民都希望生活在祥和的氛围之中,期盼战争、暴力远离人类。世界各国人民也都希望生活在安康的环境之中,期盼饥饿、贫困远离人类。然而,现实世界并不像人们希望的那么美好,局部战争依然此起彼伏,贫困饥饿依然广泛发生,连绵战火、极度贫困依然在威胁着众多人们的生命和生存,特别是许多妇女儿童依然在战争和贫困的阴影下苦苦挣扎。想到这些不幸的人们,我们心中充满了同情和责任。国际社会应该携手努力,一起来维护世界和平、促进共同发展。只有这样,和平才有希望,发展才有希望。

维护世界和平,促进共同发展,需要多管齐下、多方共济,其中很重要的一个方面就是要从思想上确立和平发展的理念。今年3月,我访问联合国教科文组织总部,其大楼前的石碑上用多种文字镌刻的一句话给我留下了深刻印象,这句话是:"战争起源于人之思想,故务需于人之思想中筑起保卫和平之屏障。"这句话讲得很有道理。我认为,在人们心中牢固树立爱好和平的思想,这对实现和平具有十分重要的作用。

中华民族历来是一个爱好和平的民族,爱好和平在儒家思想中也有很深的渊源。中国人自古就推崇"协和万邦"、"亲仁善邻,国之宝也"、"四海之内皆兄弟也"、"远亲不如近邻"、"亲望亲好,邻望邻好"、"国虽大,好战必亡"等和平思想。爱好和平的思想深深嵌入了中华民族的精神世界,今天依然是中国处理国际关系的基本理念。

从1840年鸦片战争爆发到1949年中华人民共和国成立,中华民族遭受了世所罕见的外族入侵和内部动荡,中国人民遭受了前所未有的苦难,一度到了濒临亡国灭种的危险境地。仅在中国人民抗日战争中,中华民族就付出了3500万人伤亡的沉重代价。近代以后经历了长期苦难的中国人民最懂得和平的宝贵,最懂得发展的重要。中国人民深知,和平对人类就像阳光和空气一样重要,没有阳光和空气,万物就不能生存生长。

己所不欲,勿施于人。中国需要和平、爱好和平,也愿意尽最大努力维护世界和平,真诚帮助仍然遭受战争和贫困煎熬的人们。中国将坚定不移走和平发展道路,中国也希望世界各国都走和平发展道路,大家一起把和平发展的理念落实到自己的政策和行动之中。

女士们、先生们、朋友们！

今年是孔子诞辰2565周年。孔子创立的儒家学说以及在此基础上发展起来的儒家思想，对中华文明产生了深刻影响，是中国传统文化的重要组成部分。儒家思想同中华民族形成和发展过程中所产生的其他思想文化一道，记载了中华民族自古以来在建设家园的奋斗中开展的精神活动、进行的理性思维、创造的文化成果，反映了中华民族的精神追求，是中华民族生生不息、发展壮大的重要滋养。中华文明，不仅对中国发展产生了深刻影响，而且对人类文明进步作出了重大贡献。

中国传统文化，尤其是作为其核心的思想文化的形成和发展，大体经历了中国先秦诸子百家争鸣、两汉经学兴盛、魏晋南北朝玄学流行、隋唐儒释道并立、宋明理学发展等几个历史时期。从这绵延2000多年之久的历史进程中，我们可以看出这样几个特点。一是儒家思想和中国历史上存在的其他学说既对立又统一，既相互竞争又相互借鉴，虽然儒家思想长期居于主导地位，但始终和其他学说处于和而不同的局面之中。二是儒家思想和中国历史上存在的其他学说都是与时迁移、应物变化的，都是顺应中国社会发展和时代前进的要求而不断发展更新的，因而具有长久的生命力。三是儒家思想和中国历史上存在的其他学说都坚持经世致用原则，注重发挥文以化人的教化功能，把对个人、社会的教化同对国家的治理结合起来，达到相辅相成、相互促进的目的。

从历史的角度看，包括儒家思想在内的中国传统思想文化中的优秀成分，对中华文明形成并延续发展几千年而从未中断，对形成和维护中国团结统一的政治局面，对形成和巩固中国多民族和合一体的大家庭，对形成和丰富中华民族精神，对激励中华儿女维护民族独立、反抗外来侵略，对推动中国社会发展进步、促进中国社会利益和社会关系平衡，都发挥了十分重要的作用。

当今世界，人类文明无论在物质还是精神方面都取得了巨大进步，特别是物质的极大丰富是古代世界完全不能想象的。同时，当代人类也面临着许多突出的难题，比如，贫富差距持续扩大，物欲追求奢华无度，个人主义恶性膨胀，社会诚信不断消减，伦理道德每况愈下，人与自然关系日趋紧张，等等。要解决这些难题，不仅需要运用人类今天发现和发展的智慧和力量，而且需要运用人类历史上积累和储存的智慧和力量。

世界上一些有识之士认为，包括儒家思想在内的中国优秀传统文化中蕴藏着解决当代人类面临的难题的重要启示，比如，关于道法自然、天人合一的思想，关于天下为公、大同世界的思想，关于自强不息、厚德载物的思想，关于以民为本、安民富民乐民的思想，关于为政以德、政者正也的思想，关于苟日新日日新又日新、革故鼎新、与时俱进的思想，关于脚踏实地、实事求是的思想，关于经世致用、知行合一、躬行实践的思想，关于集思广益、博施众利、群策群力的思想，关于仁者爱人、以德立人的思想，关于以诚待人、讲信修睦的思想，关于清廉从政、勤勉奉公的思想，关于俭约自守、力戒奢华的思想，关于中和、泰和、求同存异、和而不同、和谐相处的思想，关于安不忘危、存不忘亡、治不忘乱、居安思危的思想，等等。中国优秀传统文化的丰富哲学思想、人文精神、教化思想、道德理念等，可以为人们认识和改造世界提供有益启迪，可以为治国理政提供有益启示，也可以为道德建设提供有益启发。对传统文化中适合于调理社会关系和鼓励人们向上向善的内容，我们要结合时代条件加以继承和发扬，赋予其新的涵义。希望中国和各国学者相互交流、相互切磋，把这个课题研究好，让中国优秀传统文化同世界各国优秀文化一道造福人类。

女士们、先生们、朋友们！

人类已经有了几千年的文明史，任何一个国家、一个民族都是在承先启后、继往开来中走到今天的，世界是在人类各种文明交流交融中成为今天这个样子的。推进人类各种文明交流交融、互学互鉴，是让世界变得更加美丽、各国人民生活得更加美好的必由之路。

正确对待不同国家和民族的文明，正确对待传统文化和现实文化，是我们必须把握好的一个重大课题。我认为，应该注重坚持以下原则。

第一，维护世界文明多样性。"物之不齐，物之情也。"和而不同是一切事物发生发展的规律。世界万物万事总是千差万别、异彩纷呈的，如果万物万事都清一色了，事物的发展、世界的进步也就停止了。每一个国家和民族的文明都扎根于本国本民族的土壤之中，都有自己的本色、长处、优点。我们应该维护各国各民族文明多样性，加强相互交流、相互学习、相互借鉴，而不应该相互隔膜、相互排斥、相互取代，这样世界文明之园才能万紫千红、生机盎然。

丰富多彩的人类文明都有自己存在的价值。要理性处理本国文明与其他文明的差异，认识到每一个国家和民族的文明都是独特的，坚持求同存异、取长补短，不攻击、不贬损其他文明。不要看到别人的文明与自己的文明有不同，就感到不顺眼，就要千方百计去改造、去同化，甚至企图以自己的文明取而代之。历史反复证明，任何想用强制手段来解决文明差异的做法都不会成功，反而会给世界文明带来灾难。

第二，尊重各国各民族文明。文明特别是思想文化是一个国家、一个民族的灵魂。无论哪一个国家、哪一个民族，如果不珍惜自己的思想文化，丢掉了思想文化这个灵魂，这个国家、这个民族是立不起来的。本国本民族要珍惜和维护自己的思想文化，也要承认和尊重别国别民族的思想文化。不同国家、民族的思想文化各有千秋，只有姹紫嫣红之别，而无高低优劣之分。每个国家、每个民族不分强弱、不分大小，其思想文化都应该得到承认和尊重。

强调承认和尊重本国本民族的文明成果，不是要搞自我封闭，更不是要搞唯我独尊、"只此一家，别无分店"。各国各民族都应该虚心学习、积极借鉴别国别民族思想文化的长处和精华，这是增强本国本民族思想文化自尊、自信、自立的重要条件。

第三，正确进行文明学习借鉴。文明因交流而多彩，文明因互鉴而丰富。任何一种文明，不管它产生于哪个国家、哪个民族的社会土壤之中，都是流动的、开放的。这是文明传播和发展的一条重要规律。在长期演化过程中，中华文明从与其他文明的交流中获得了丰富营养，也为人类文明进步作出了重要贡献。丝绸之路的开辟，遣隋遣唐使大批来华，法显、玄奘西行取经，郑和七下远洋，等等，都是中外文明交流互鉴的生动事例。儒学本是中国的学问，但也早已走向世界，成为人类文明的一部分。

"独学而无友，则孤陋而寡闻。"对人类社会创造的各种文明，无论是古代的中华文明、希腊文明、罗马文明、埃及文明、两河文明、印度文明等，还是现在的亚洲文明、非洲文明、欧洲文明、美洲文明、大洋洲文明等，我们都应该采取学习借鉴的态度，都应该积极吸纳其中的有益成分，使人类创造的一切文明中的优秀文化基因与当代文化相适应、与现代社会相协调，把跨越时空、超越国度、富有永恒魅力、具有当代价值的优秀文化精神弘扬起来。进行文明相互学习借鉴，要坚持从本国本民族实际出发，坚持取长补短、择善而从，讲求兼收并蓄，但兼收并蓄不是囫囵吞枣、莫衷一是，而是要去粗取精、去伪存真。

第四，科学对待文化传统。不忘历史才能开辟未来，善于继承才能善于创新。优秀传统文化是一个国家、一个民族传承和发展的根本，如果丢掉了，就割断了精神命脉。我们要善于把弘扬优秀传统文化和发展现实文化有机统一起来，紧密结合起来，在继承中发展，在发展中继承。

传统文化在其形成和发展过程中,不可避免会受到当时人们的认识水平、时代条件、社会制度的局限性的制约和影响,因而也不可避免会存在陈旧过时或已成为糟粕性的东西。这就要求人们在学习、研究、应用传统文化时坚持古为今用、推陈出新,结合新的实践和时代要求进行正确取舍,而不能一股脑儿都拿到今天来照套照用。要坚持古为今用、以古鉴今,坚持有鉴别的对待、有扬弃的继承,而不能搞厚古薄今、以古非今,努力实现传统文化的创造性转化、创新性发展,使之与现实文化相融相通,共同服务以文化人的时代任务。

女士们、先生们、朋友们!

文以载道,文以化人。当代中国是历史中国的延续和发展,当代中国思想文化也是中国传统思想文化的传承和升华,要认识今天的中国、今天的中国人,就要深入了解中国的文化血脉,准确把握滋养中国人的文化土壤。

研究孔子、研究儒学,是认识中国人的民族特性、认识当今中国人精神世界历史来由的一个重要途径。春秋战国时期,儒家和法家、道家、墨家、农家、兵家等各个思想流派相互切磋、相互激荡,形成了百家争鸣的文化大观,丰富了当时中国人的精神世界。虽然后来儒家思想在中国思想文化领域长期取得了主导地位,但中国思想文化依然是多向多元发展的。这些思想文化体现着中华民族世世代代在生产生活中形成和传承的世界观、人生观、价值观、审美观等,其中最核心的内容已经成为中华民族最基本的文化基因。这些最基本的文化基因,是中华民族和中国人民在修齐治平、尊时守位、知常达变、开物成务、建功立业过程中逐渐形成的有别于其他民族的独特标识。

中国人民的理想和奋斗,中国人民的价值观和精神世界,是始终深深植根于中国优秀传统文化沃土之中的,同时又是随着历史和时代前进而不断与日俱新、与时俱进的。

中国共产党人是马克思主义者,坚持马克思主义的科学学说,坚持和发展中国特色社会主义,但中国共产党人不是历史虚无主义者,也不是文化虚无主义者。我们从来认为,马克思主义基本原理必须同中国具体实际紧密结合起来,应该科学对待民族传统文化,科学对待世界各国文化,用人类创造的一切优秀思想文化成果武装自己。在带领中国人民进行革命、建设、改革的长期历史实践中,中国共产党人始终是中国优秀传统文化的忠实继承者和弘扬者,从孔夫子到孙中山,我们都注意汲取其中积极的养分。中国人民正在为实现"两个一百年"奋斗目标而努力,其中全面建成小康社会中的"小康"这个概念,就出自《礼记·礼运》,是中华民族自古以来追求的理想社会状态。使用"小康"这个概念来确立中国的发展目标,既符合中国发展实际,也容易得到最广大人民理解和支持。

总之,只有坚持从历史走向未来,从延续民族文化血脉中开拓前进,我们才能做好今天的事业。

女士们、先生们、朋友们!

温故而知新。知识有前人传承的知识,也有今人创造的知识。前人传承的知识积累了人们历史上对处理人、社会、自然三者关系的重要认知和经验,今人创造的知识形成了人们应对时代问题的智慧和探索。这两方面的知识对人类继往开来都十分重要。

在21世纪的今天,几千年来人类积累的一切理性知识和实践知识依然是人类创造性前进的重要基础。只有不断发掘和利用人类创造的一切优秀思想文化和丰富知识,我们才能更好认识世界、认识社会、认识自己,才能更好开创人类社会的未来。

(资料来源:新华网,http://www.xinhuanet.com//politics/2014-09/24/c_1112612018.htm)

阅读三 注重家庭,注重家教,注重家风

中华民族历来重视家庭。正所谓"天下之本在家"。尊老爱幼、妻贤夫安、母慈子孝、兄友弟恭,耕读传家、勤俭持家,知书达礼、遵纪守法,家和万事兴等中华民族传统家庭美德,铭记在中国人的心灵中,融入中国人的血脉中,是支撑中华民族生生不息、薪火相传的重要精神力量,是家庭文明建设的宝贵精神财富。

随着我国改革开放不断深入,随着我国经济社会发展不断推进,随着我国人民生活水平不断提高,城乡家庭的结构和生活方式发生了新变化。但是,无论时代如何变化,无论经济社会如何发展,对一个社会来说,家庭的生活依托都不可替代,家庭的社会功能都不可替代,家庭的文明作用都不可替代。无论过去、现在还是将来,绝大多数人都生活在家庭之中。我们要重视家庭文明建设,努力使千千万万个家庭成为国家发展、民族进步、社会和谐的重要基点,成为人们梦想启航的地方。这里,我给大家提几点希望。

第一,希望大家注重家庭。家庭是社会的细胞。家庭和睦则社会安定,家庭幸福则社会祥和,家庭文明则社会文明。历史和现实告诉我们,家庭的前途命运同国家和民族的前途命运紧密相连。我们要认识到,千家万户都好,国家才能好,民族才能好。国家富强,民族复兴,人民幸福,不是抽象的,最终要体现在千千万万个家庭都幸福美满上,体现在亿万人民生活不断改善上。同时,我们还要认识到,国家好,民族好,家庭才能好。当前,全党全国各族人民正在实现"两个一百年"奋斗目标、实现中华民族伟大复兴中国梦的新长征路上砥砺前行。只有实现中华民族伟大复兴的中国梦,家庭梦才能梦想成真。中国人历来讲求精忠报国,革命战争年代母亲教儿打东洋、妻子送郎上战场,社会主义建设时期先大家后小家、为大家舍小家,都体现着向上的家庭追求,体现着高尚的家国情怀。

广大家庭都要把爱家和爱国统一起来,把实现家庭梦融入民族梦之中,心往一处想,劲往一处使,用我们4亿多家庭、13亿多人民的智慧和热情汇聚起实现"两个一百年"奋斗目标、实现中华民族伟大复兴中国梦的磅礴力量。

第二,希望大家注重家教。家庭是人生的第一个课堂,父母是孩子的第一任老师。孩子们从牙牙学语起就开始接受家教,有什么样的家教,就有什么样的人。家庭教育涉及很多方面,但最重要的是品德教育,是如何做人的教育。也就是古人说的"爱子,教之以义方","爱之不以道,适所以害之也"。青少年是家庭的未来和希望,更是国家的未来和希望。古人都知道,养不教,父之过。家长应该担负起教育后代的责任。家长特别是父母对子女的影响很大,往往可以影响一个人的一生。中国古代流传下来的孟母三迁、岳母刺字、画荻教子讲的就是这样的故事。我从小就看我妈妈给我买的小人书《岳飞传》,有十几本,其中一本就是讲"岳母刺字",精忠报国在我脑海中留下的印象很深。作为父母和家长,应该把美好的道德观念从小就传递给孩子,引导他们有做人的气节和骨气,帮助他们形成美好心灵,促使他们健康成长,长大后成为对国家和人民有用的人。

广大家庭都要重言传、重身教,教知识、育品德,身体力行、耳濡目染,帮助孩子扣好人生的第一粒扣子,迈好人生的第一个台阶。要在家庭中培育和践行社会主义核心价值观,引导家庭成员特别是下一代热爱党、热爱祖国、热爱人民、热爱中华民族。要积极传播中华民族传统美德,传递尊老爱幼、男女平等、夫妻和睦、勤俭持家、邻里团结的观念,倡导忠诚、责任、亲情、学习、公益的理念,推动人们在为家庭谋幸福、为他人送温暖、为社会作贡献的过程中提高精神境

界、培育文明风尚。

第三,希望大家注重家风。家风是社会风气的重要组成部分。家庭不只是人们身体的住处,更是人们心灵的归宿。家风好,就能家道兴盛、和顺美满;家风差,难免殃及子孙、贻害社会,正所谓"积善之家,必有余庆;积不善之家,必有余殃"。诸葛亮诫子格言、颜氏家训、朱子家训等,都是在倡导一种家风。毛泽东、周恩来、朱德同志等老一辈革命家都高度重视家风。我看了很多革命烈士留给子女的遗言,谆谆嘱托,殷殷希望,十分感人。

广大家庭都要弘扬优良家风,以千千万万家庭的好家风支撑起全社会的好风气。特别是各级领导干部要带头抓好家风。《礼记·大学》中说:"所谓治国必先齐其家者,其家不可教而能教人者,无之。"领导干部的家风,不仅关系自己的家庭,而且关系党风政风。各级领导干部特别是高级干部要继承和弘扬中华优秀传统文化,继承和弘扬革命前辈的红色家风,向焦裕禄、谷文昌、杨善洲等同志学习,做家风建设的表率,把修身、齐家落到实处。各级领导干部要保持高尚道德情操和健康生活情趣,严格要求亲属子女,过好亲情关,教育他们树立遵纪守法、艰苦朴素、自食其力的良好观念,明白见利忘义、贪赃枉法都是不道德的事情,要为全社会做表率。

今天受到表彰的家庭,要珍惜荣誉、再接再厉,带动全国千千万万个家庭行动起来,共同为促进家庭和睦、亲人相爱、下一代健康成长、老年人老有所养而努力,共同为提高全社会文明程度而努力。

各级党委和政府要充分认识家庭文明建设的重要性,负起领导责任,切实把家庭文明建设摆上议事日程。工会、共青团、妇联等群众团体要结合自身特点,积极组织开展家庭文明建设活动。各方面要满腔热情关心和帮助生活困难的家庭,帮助他们排忧解难。精神文明建设工作部门要发挥统筹、协调、指导、督促作用,动员社会各界广泛参与,推动形成爱国爱家、相亲相爱、向上向善、共建共享的社会主义家庭文明新风尚。

——这是习近平在会见第一届全国文明家庭代表时讲话的一部分

(资料来源:人民网-中国共产党新闻网,http://theory.people.com.cn/n1/2018/0103/c416126-29743636.html)

阅读四 青年在选择职业时的考虑

自然本身给动物规定了它应该遵循的活动范围,动物也就安分地在这个范围内活动,不试图越出这个范围,甚至不考虑有其他什么范围的存在。神也给人指定了共同的目标——使人类和他自己趋于高尚,但是,神要人自己去寻找可以达到这个目标的手段;神让人在社会上选择一个最适合于他、最能使他和社会都得到提高的地位。

能有这样的选择是人比其他生物远为优越的地方,但是这同时也是可能毁灭人的一生、破坏他的一切计划并使他陷于不幸的行为。因此,认真地考虑这种选择——这无疑是开始走上生活道路而又不愿拿自己最重要的事业去碰运气的青年的首要责任。

每个人眼前都有一个目标,这个目标至少在他本人看来是伟大的,而且如果最深刻的信念,即内心深处的声音,认为这个目标是伟大的,那他实际上也是伟大的,因为神决不会使世人完全没有引导;神总是轻声而坚定地作启示。

但是,这声音很容易被淹没;我们认为是灵感的东西可能须臾而生,同样可能须臾而逝。也许,我们的幻想油然而生,我们的感情激动起来,我们的眼前浮想联翩,我们狂热地追求我们以为是神本身给我们指出的目标;但是,我们梦寐以求的东西很快就使我们厌恶——于是我们的整个存在也就毁灭了。

因此,我们应当认真考虑:所选择的职业是不是真正使我们受到鼓舞?我们的内心是不是同意?我们受到的鼓舞是不是一种迷误?我们认为是神的召唤的东西是不是一种自欺?但是,不找出鼓舞的来源本身,我们怎么能认清这些呢?

伟大的东西是光辉的,光辉则引起虚荣心,而虚荣心容易给人鼓舞或者是一种我们觉得是鼓舞的东西;但是,被名利弄得鬼迷心窍的人,理智已无法支配他,于是他一头栽进那不可抗拒的欲念驱使他去的地方;他已经不再自己选择他在社会上的地位,而听任偶然机会和幻想去决定它。

我们的使命绝不是求得一个最足以炫耀的职业,因为它不是那种使我们长期从事而始终不会感到厌倦、始终不会松动、始终不会情绪低落的职业,相反,我们很快就会觉得,我们的愿望没有得到满足,我们理想没有实现,我们就将怨天尤人。

但是,不只是虚荣心能够引起对这种或那种职业突然的热情。也许,我们自己也会用幻想把这种职业美化,把它美化成人生所能提供的至高无上的东西。我们没有仔细分析它,没有衡量它的全部分量,即它让我们承担的重大责任;我们只是从远处观察它,然而从远处观察是靠不住的。

在这里,我们自己的理智不能给我们充当顾问,因为它既不是依靠经验,也不是依靠深入的观察,而是被感情欺骗,受幻想蒙蔽。然而,我们的目光应该投向哪里呢?在我们丧失理智的地方,谁来支持我们呢?

是我们的父母,他们走过了漫长的生活道路,饱尝了人世的辛酸。——我们的心这样提醒我们。

如果我们通过冷静的研究,认清所选择的职业的全部分量,了解它的困难以后,我们仍然对它充满热情,我们仍然爱它。觉得自己适合它,那时我们就应该选择它,那时我们既不会受热情的欺骗,也不会仓促从事。

但是,我们并不能总是能够选择我们自认为适合的职业;我们在社会上的关系,还在我们有能力对它们起决定性影响以前就已经在某种程度上开始确立了。

我们的体质常常威胁我们,可是任何人也不敢蔑视它的权利。

诚然,我们能够超越体质的限制,但这一来,我们也就垮得更快;在这种情况下,我们就是冒险把大厦筑在松软的废墟上,我们的一生也就变成一场精神原则和肉体原则之间的不幸的斗争。但是,一个不能克服自身相互斗争的因素的人,又怎能抗拒生活的猛烈冲击,怎能安静地从事活动呢?然而只有从安静中才能产生伟大壮丽的事业,安静是唯一生长出成熟果实的土壤。

尽管我们由于体质不适合我们的职业,不能持久地工作,而且工作起来也很少乐趣,但是,为了恪尽职守而牺牲自己幸福的思想激励着我们不顾体弱去努力工作。如果我们选择了力不能胜任的职业,那么我们决不能把它做好,我们很快就会自愧无能,并对自己说,我们是无用的人,是不能完成自己使命的社会成员。由此产生的必然结果就是妄自菲薄。还有比这更痛苦的感情吗?还有比这更难于靠外界的赐予来补偿的感情吗?妄自菲薄是一条毒蛇,它永远啮噬着我们心灵,吮吸着其中滋润生命的血液,注入厌世和绝望的毒液。

如果我们错误地估计了自己的能力,以为能够胜任经过周密考虑而选定的职业,那么这种错误将使我们受到惩罚。即使不受到外界指责,我们也会感到比外界指责更为可怕的痛苦。

如果我们把这一切都考虑过了,如果我们生活的条件容许我们选择任何一种职业;那么我们就可以选择一种能使我们最有尊严的职业；选择一种建立在我们深信其正确的思想上的职业；选择一种能给我们提供广阔场所来为人类进行活动、接近共同目标（对于这个目标来说，一切职业只不过是手段）即完美境地的职业。

尊严就是最能使人高尚起来、使他的活动和他的一切努力具有崇高品质的东西，就是使他无可非议、受到众人钦佩并高出于众人之上的东西。

但是，能给人以尊严的只有这样的职业，在从事这种职业时我们不是作为奴隶般的工具，而是在自己的领域内独立地进行创造；这种职业不需要有不体面的行动（哪怕只是表面上不体面的行动），甚至最优秀的人物也会怀着崇高的自豪感去从事它。最合乎这些要求的职业，并不一定是最高的职业，但总是最可取的职业。

但是，正如有失尊严的职业会贬低我们一样，那种建立在我们后来认为是错误的思想上的职业也一定使我们感到压抑。

这里，我们除了自我欺骗，别无解救办法，而以自我欺骗来解救又是多么糟糕！

那些不是干预生活本身，而是从事抽象真理研究的职业，对于还没有坚定的原则和牢固、不可动摇的信念的青年是最危险的。同时，如果这些职业在我们心里深深地扎下了根，如果我们能够为它们的支配思想牺牲生命、竭尽全力，这些职业看来似乎还是最高尚的。

这些职业能够使才能适合的人幸福，但也必定使那些不经考虑、凭一时冲动就仓促从事的人毁灭。

相反，重视作为我们职业的基础的思想，会使我们在社会上占有较高的地位，提高我们本身的尊严，使我们的行为不可动摇。

一个选择了自己所珍视的职业的人，一想到他可能不称职时就会战战兢兢——这种人单是因为他在社会上所居地位是高尚的，他也就会使自己的行为保持高尚。

在选择职业时，我们应该遵循的主要指针是人类的幸福和我们自身的完美。不应认为，这两种利益是敌对的，互相冲突的，一种利益必须消灭另一种的；人类的天性本来就是这样的：人们只有为同时代人的完美、为他们的幸福而工作，才能使自己也达到完美。

如果一个人只为自己劳动，他也许能够成为著名的学者、大哲人、卓越诗人，然而他永远不能成为完美无疵的伟大人物。

历史承认那些为共同目标劳动因而自己变得高尚的人是伟大人物；经验赞美那些为大多数人带来幸福的人是最幸福的人；宗教本身也教诲我们，人人敬仰的理想人物，就曾为人类牺牲了自己——有谁敢否定这类教诲呢？

如果我们选择了最能为人类福利而劳动的职业，那么，重担就不能把我们压倒，因为这是为大家而献身；那时我们所感到的就不是可怜的、有限的、自私的乐趣，我们的幸福将属于千百万人，我们的事业将默默地、但是永恒发挥作用地存在下去，面对我们的骨灰，高尚的人们将洒下热泪。

（资料来源：卡尔·马克思写于1835年8月12日，选自《马克思恩格斯论教育》，人民教育出版社1986年版）

课后练习

一、单选题

1. 道德往往运用善恶、荣辱、义务、良心等范畴，反映人类的道德实践活动和道德关系，从中揭示社会道德发展的趋势。这说明道德具有（　　）。
　　A. 认识功能　　　　B. 导向功能　　　　C. 辩护功能　　　　D. 调节功能
  2. 马克思主义科学地揭示了道德的起源，认为道德（　　）。
　　A. 起源于人性中的情感、欲望
　　B. 起源于人先天具有的某种良知和善良意志
　　C. 产生于人类的历史发展和人们的社会实践中
　　D. 起源于"天"的意志、"神"的启示或"上帝"的意志
  3. 道德作为一种特殊的社会意识形态，归根到底是（　　）的反映。
　　A. 社会经济关系　　B. 人的本性　　　　C. 社会上层建筑　　D. 政治制度
  4. 社会主义道德区别并优越于其他社会形态道德的显著标志是，社会主义道德建设（　　）。
　　A. 以实用主义为原则　　　　　　　　B. 以知荣明耻为重点
　　C. 以"为人民服务"为核心　　　　　　D. 以非强制性规范为特色
  5. 人类在长期社会生活实践中逐步积累起来的、为社会交往和社会公共生活所应当遵守的最基本的行为准则，称为（　　）。
　　A. 职业道德　　　　B. 家庭美德　　　　C. 个人品德　　　　D. 社会公德
  6. 古语有云："天行健，君子以自强不息。"体现中华传统美德中（　　）。
　　A. 求真务实，敬重诚实守信的美德　　B. 乐群和贵，强调人际和谐的美德
　　C. 勤劳勇敢，追求自由解放的美德　　D. 励志自强，崇尚精神境界的美德
  7. 亚里士多德曾说过："人们由于从事建筑而变成建筑师，由于演奏竖琴而变成竖琴演奏者。同样，由于实行公正而变为公正的人，由于实行节制和勇敢而变为节制、勇敢的人。"这句话说明在进行道德修养时，应该（　　）。
　　A. 认真学习，提高道德修养　　　　　B. 严格要求，完善道德品质
　　C. 坐而论道，凝练道德规范　　　　　D. 勤于实践，强化道德行为训练
  8. 社会主义道德建设是社会主义文化建设的重要内容。社会主义道德的核心是（　　）。
　　A. 为人民服务　　　B. 团结互助　　　　C. 公平正义　　　　D. 集体主义
  9. 习总书记指出："绿水青山就是金山银山。"生态环境保护是功在当代、利在千秋的事业。我们现在倡导绿色低碳的生活方式，体现公共生活中的道德规范的（　　）方面。
　　A. 爱护公物　　　　B. 保护环境　　　　C. 文明礼貌　　　　D. 遵纪守法
  10. 中国革命道德萌芽于（　　）前后。
　　A. 辛亥革命　　　　B. 五四运动　　　　C. 抗日战争　　　　D. 整风运动
  11. 《荀子·劝学》中提道："不积跬步，无以至千里；不积小流，无以成江海"，告诉我们做事重在坚持，"勿以恶小而为之，勿以善小而不为"告诉我们在个人品德修养方面更重坚持，这体现掌握道德修养正确方法的（　　）方面。
　　A. 知行合一　　　　B. 积善成德　　　　C. 学思并重　　　　D. 慎独自律
  12. 个体在道德意识、道德行为方面，自觉按照一定社会或阶级的道德要求进行自我审度、自我教育、自我锻炼、自我革新、自我完善的活动，称为（　　）。
　　A. 道德认识　　　　B. 道德修养　　　　C. 道德调节　　　　D. 道德发展
  13. 在道德的功能系统中，主要的功能是认识功能和（　　）。

A. 评价功能　　　　B. 调节功能　　　　C. 导向功能　　　　D. 激励功能

二、简答题

1. 社会主义道德为什么要以"为人民服务"为核心？

2. 社会主义市场经济条件下为什么要继续坚持集体主义，反对个人主义？

3. 道德的社会作用主要表现在哪些方面？

三、论述题

1. 中国革命道德内容丰富、历久弥新。红船精神、井冈山精神、长征精神等红色精神中蕴含着革命道德，请结合其中一种红色精神，谈谈革命道德在实现中华民族伟大复兴的过程中所具有的现实意义与所体现的当代价值？

2. 《资治通鉴》中谈道："才者，德之资也；德者，才之帅也"。请结合实际，谈谈大学生应如何掌握并践行道德修养的正确方法，使自身成为一名德才兼备的时代新人？

3. "家庭是人生的第一个课堂"。中国人一向重视家庭在个人成长过程中的作用，这就要求我们重视家教家风，请结合个人实际谈谈良好的家庭、家教、家风在帮助大学生成人成才方面的重要意义？

参 考 答 案

一、单选题

1. A　2. C　3. A　4. C　5. D　6. D　7. D　8. A　9. B　10. B　11. B　12. B　13. B

二、简答题

略。

三、论述题

略。

第六章　尊法学法守法用法

学习目标

（1）知识目标：了解社会主义法律的本质特征、我国的实体法律部门、我国的程序法律部门，理解宪法是我国的根本法及宪法的基本原则、建设中国特色社会主义法治体系的重大意义、法律权威的含义、尊重和维护法律权威的重要意义及基本要求，掌握法律的含义及其历史发展、社会主义法律的运行过程、我国宪法确立的基本制度、建设中国特色社会主义法治体系的主要内容、全面依法治国的基本格局、坚持走中国特色社会主义法治道路的基本要求、行使法律权利的界限、违反法定义务应当承担的法律责任。

（2）能力目标：能够运用法律知识、法治思维正确分析法律事件，能够作出正确的法律行为选择，能够依法正确行使法律权利与履行法定义务。

（3）素质目标：提高法治素养，以实际行动努力做尊法学法守法用法的模范，积极参与到全面依法治国、建设法治中国的进程中。

理论焦点

（1）我国社会主义法律的运行。
（2）建设中国特色社会主义法治体系的主要内容。
（3）全民依法治国的基本格局。
（4）党的领导和社会主义法治的关系。
（5）我国宪法法律规定的公民的基本权利与义务。

难点突破

（1）宪法是国家的根本法。
（2）法治与德治的结合。
（3）尊重和维护法律权威。
（4）怎样培养法治思维？

思维导图

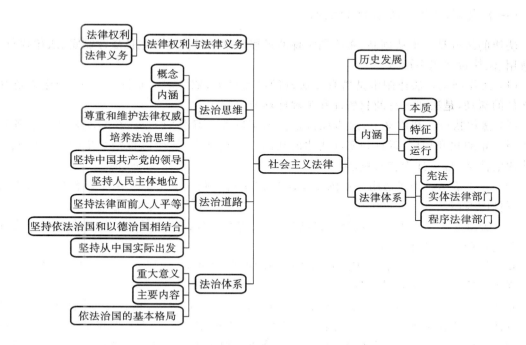

第一节 教材热点面对面

《思想道德修养与法律基础(2018年版)》第六章从讲马克思主义法学基本原理开始,帮助学生正确认识社会主义法律的本质特征和运行规则,整体把握中国特色社会主义法律体系、法治体系和法治道路,自觉培养法治思维,最后落实到行动上,形成了"法学原理──法律体系──法治体系──法治道路──法治思维──权利义务"法治观教育内容体系。第一节主要讲述"社会主义法律的特征和运行",使学生对"法律"有了全面深刻的理解。第二节主要讲述"以宪法为核心的中国特色社会主义法律体系",总体介绍构成我国法律部门的实体法律体系和程序法律体系。第三节主要讲述"建设中国特色社会主义法治体系",有助于大学生了解依法治国的相关内容以及党的十九大对发展社会主义民主政治、建设社会主义法治国家的重大部署。第四节主要讲述"坚持走中国特色社会主义法治道路",介绍了中国特色社会主义法治道路是建设社会主义法治国家的正确道路。第五节主要讲述"培养法治思维",解读法治思维的基本含义与特征、区别法治思维与人治思维,重点介绍法治思维的基本内容,围绕尊重法律权威的重要意义、基本要求展开。第六节主要讲述"依法行使权利与履行义务",介绍我国宪法法律规定的公民的基本权利和义务,最后落脚到如何行使法律权利、履行法律义务。

一、理论要点

（一）我国社会主义法律的运行

法律的运行是一个从创制、实施到实现的过程。这个过程主要包括法律制定、法律执行、法律适用、法律遵守四个环节。

（1）法律制定。法律制定是指有立法权的国家机关，依照法定职权和程序，制定规范性法律文件的活动，是法律运行的起始性和关键性环节。

（2）法律执行。在广义上，法律执行是指国家机关及其公职人员，在国家和公共事务管理中依照法定职权和程序，贯彻和实施法律的活动。在狭义上，法律执行则是指国家行政机关执行法律的活动，也被称为行政执法。

（3）法律适用。法律适用是指国家司法机关及其公职人员依照法定职权和程序适用法律处理案件的专门活动。

（4）法律遵守。法律遵守是指国家机关、社会组织和公民个人依照法律规定行使权力和权利以及履行职责和义务的活动。

我国社会主义法律的运行主要是从法学原理的角度阐述，从制定、执行、适用、遵守四个环节呈现了法律在社会运行的过程。

党的十八大提出"科学立法、严格执法、公正司法、全民守法"。此后，习近平总书记在多次重要讲话中对此作出强调。这是中国新时期依法治国的"新十六字方针"，也是法治中国建设的衡量标准，侧重于从社会主义法治建设怎样做的角度阐述我国社会主义法律的建设与运行。

（二）建设中国特色社会主义法治体系的主要内容

中国特色社会主义法治体系的具体要求就是要形成完备的法律规范体系、高效的法治实施体系、严密的法治监督体系、有力的法治保障体系和完善的党内法规体系。把党内法规体系纳入法治体系当中还是第一次，这五个体系是有机统一的整体。

（1）完备的法律规范体系。完备的法律规范体系是对中国特色社会主义法律体系的深化和提升。目前我们国家立法的科学化、民主化水平和立法的质量都在不断提高，法律在确保国家权力正确行使、促进经济社会发展、维护社会公平正义、保障人民各项权利等方面的作用不断增强。虽然我们已经宣布了中国特色社会主义法治体系已经形成，但是并不意味着非常完备，实际上还有很多不合理的地方，有很多需要完善的空间。

（2）高效的法治实施体系。高效的法治实施体系包括两方面：一是守法，二是法律的落实。

（3）严密的法治监督体系。法治监督体系对于法治的运行也是至关重要的。法治监督体系包括国家和社会这两个层面。

（4）有力的法治保障体系。法治保障体系包括这样四大环节：一是法治人才队伍，二是法律纠纷、争议化解机制，三是法制理念和法治文化，四是党的领导。

（5）完善的党内法规体系。党内法规体系和法律规范体系都是法治的基础和前提。

（三）全民依法治国的基本格局

"科学立法、严格执法、公正司法、全民守法"十六字方针，展现了全面依法治国的基本格局。

推进全面依法治国,必须从立法、执法、司法、守法四个方面统筹推进。

（1）科学立法是前提。健全有立法权的人大主导立法工作的体制机制,发挥人大及其常委会在立法工作中的主导作用;加强和改进政府立法制度建设,完善行政法规、规章制定程序,完善公众参与政府立法机制。

（2）严格执法是关键。严格执法即依法全面履行政府职能,健全依法决策机制,深化行政执法体制改革,严格规范公正文明执法,强化对行政权力的制约和监督,以及全面推进政务公开。

（3）公正司法是防线。要完善司法体制,科学配置司法职权,建立科学的权力运行机制,健全人权司法保障制度。

（4）全民守法是基础。要强化道德对法治文化的支撑作用,弘扬社会主义法治精神,建设法治文化。发挥市民公约、乡规民约、行业规章、团体章程等社会规范在社会治理中的积极作用,坚持系统治理、依法治理、综合治理和源头治理,提高社会治理法治化水平。

（四）党的领导和社会主义法治的关系

党的十九大报告指出,全面依法治国是中国特色社会主义的本质要求和重要保障。必须把党的领导贯彻落实到依法治国全过程和各方面,坚定不移走中国特色社会主义法治道路。

社会主义法治必须坚持党的领导,党的领导必须依靠社会主义法治。坚持党的领导,是社会主义法治的根本要求,是党和国家的根本所在、命脉所在,是全国人民的利益所系、幸福所系,是全面推进依法治国的题中应有之义。只有在党的领导下依法治国、厉行法治,人民当家作主才能充分实现,国家和社会生活法治化才能有序推进。我们必须牢记,党的领导是中国特色社会主义法治之魂,是我们的法治同西方资本主义国家法治的最大区别。离开了中国共产党的领导,中国特色社会主义法治体系及社会主义法治国家的建立就是一句空话。

（五）我国宪法法律规定的公民的基本权利与义务

我国宪法法律规定了公民享有一系列权利,主要包括政治权利、人身权利、财产权利、社会经济权利、宗教信仰及文化权利等。

政治权利,是公民参与国家政治活动的权利和自由的统称。人身权利,是指公民的人身不受非法侵犯的权利,公民参加国家政治、经济与社会生活的基础,是公民权利的重要内容。财产权利,是指公民、法人或其他组织通过劳动或其他合法方式取得财产和占有、使用、收益、处分财产的权利。社会经济权利,是指公民要求国家根据社会经济的发展状况,积极采取措施干预社会经济生活,加强社会建设,提供社会服务,以促进公民的自由和幸福,保障公民过上健康而有尊严的生活的权利。宗教信仰及文化权利,是指公民依法享有的与宗教信仰活动和文化生活相关联的自由和权利的总称,主要包括宗教信仰自由、文化教育权等。

除了在各个部门法中规定了公民的法律义务外,我国宪法特别规定了公民的基本义务。具体包括:维护国家统一和全国各民族团结的义务;遵守宪法和法律,保守国家秘密、爱护公共财产、遵守劳动纪律、遵守公共秩序、尊重社会公德的义务;维护祖国安全、荣誉和利益的义务;保卫祖国、抵抗侵略和依法服兵役、参加民兵组织的义务;依法纳税的义务。此外,公民还有劳动的义务和受教育的义务,夫妻双方有实行计划生育的义务,父母有抚养教育未成年子女的义务,成年子女有赡养扶助父母的义务等。

（六）宪法是国家的根本法

宪法是治国安邦的总章程，是党和人民意志的集中体现，是中国特色社会主义法律体系的核心，在全面依法治国中具有突出地位和重要作用。

我国宪法确认了党领导人民长期奋斗取得的辉煌成果，规定了人民民主专政国家政权的性质和根本制度，明确了国家未来建设发展的根本任务和总的目标，是党的指导思想、中心工作、基本原则、重大方针、重要政策在国家法制上的最高体现。宪法修正案共21条，包括12个方面的内容：确立了科学发展观、习近平新时代中国特色社会主义思想在国家政治和社会生活中的指导地位；调整完善了中国特色社会主义事业总体布局和第二个百年奋斗目标的内容；完善全面依法治国和宪法实施举措；调整充实我国革命和建设发展历程的内容；调整完善广泛的爱国统一战线和民族关系的内容；调整完善和平外交政策方面的内容；充实坚持和加强中国共产党全面领导的内容；增加国家倡导社会主义核心价值观的内容；修改完善国家主席任职任期方面的有关规定；增加设区的市制定地方性法规的规定；增加有关监察委员会的有关规定；修改完善全国人大专门委员会的有关规定。

宪法修正案是一个整体，它全面体现了自上一次修宪以来党和人民在中国特色社会主义建设和改革实践中取得的重大理论创新、实践创新、制度创新的成果，体现了我们党依宪执政、依宪治国的理念。要坚持党的领导、人民当家作主、依法治国有机统一，加强宪法实施和监督，把国家各项事业和各项工作全面纳入依法治国、依宪治国的轨道，把实施宪法提高到新的水平。

（七）法治与德治的结合

党的十九大报告在谈到坚持全面依法治国时，强调"坚持依法治国和以德治国相结合"，并提出了"提高全民族法治素养和道德素质"的要求，这进一步明确了在全面依法治国的过程中道德建设对法治建设的重要作用。法律与道德同属为经济基础服务的上层建筑，本质是相同的，但产生方式、实施方式、表现形式、调整范围和功能作用是不同的。习近平总书记指出，法律是成文的道德，道德是内心的法律。法律和道德都具有规范社会行为、调节社会关系、维护社会秩序的作用，在国家治理中都有其不同的地位和功能。法治，就是发挥法律规范作用，以其权威性和强制性，用法律准绳规范社会行为、社会生活、国家治理。德治，就是发挥道德教化作用，以其说服力和劝导力提高社会成员思想道德觉悟，用道德引导规范社会成员行为，调节社会关系。

1. 德法结合，相辅相成

法律和道德是调整社会关系、实现社会治理的重要规范。法律是准绳，任何时候都必须遵循；道德是基石，任何时候都不可忽视。法律和道德犹如鸟之两翼、车之双轮，对于任何社会形态的社会治理都是不可或缺。

2. 坚定自信，开辟新路

中国特色社会主义法治道路要在中国共产党领导下，以人民为主体，以法律面前人人平等为原则，以中国的实际情况为出发点，以突出依法治国和以德治国相结合为特色。这就是法治的中国模式，就是法治的中国方案。

（八）尊重和维护法律权威

树立了法治思维就必须对法律产生敬畏，尊重和维护法律的绝对权威，否则依法治国也就无从谈起。具体要做到以下四点:信仰法律、遵守法律、服从法律和维护法律。

(1) 信仰法律。应当相信法律、信奉法律,树立崇尚法律、信仰法律的牢固观念,增强对法律的信任感、认同感。法律要发生作用,需要全社会都信仰法律。

(2) 遵守法律,要用实际行动捍卫法律尊严,保障法律实施。参与社会活动,实施个人行为,都要以法律为依据,不得违反法律规范。

(3) 服从法律,应当拥护法律的规定,接受法律的约束,履行法定的义务,服从依法进行的管理,承担相应的法律责任。

(4) 维护法律,争当法律权威的守望者、公平正义的守护者、具有良知的护法者。

(九) 怎样依法行使法律权利与履行法律义务

依法行使法律权利要求公民行使权利时应严格依据法律进行,以法律的相关规定为界限,超出这个边界就可能侵犯到他人的权利或者损害到国家、社会的利益。

行使权利的法律意识主要从四个方面理解:权利行使的目的,公民在行使法律权利时,不仅要在形式上符合相关法律的规定,也要符合立法意图和精神,不得违反宪法法律确定的基本原则,保障权利行使的正当性;权利行使的限度,任何权利的行使都不是绝对的,都有其相应的限度,必须依照法律规定的限度来行使权利;权利行使的方式,权利行使的方式分为口头方式、书面方式和行为方式,有时口头方式和书面方式可以兼用;权利行使的程序,由于一个人行使权利的过程可能就是另一个人履行义务的过程,所以程序正当原则同样适用于权利行使过程。

法律权利的行使,必须伴随着法律义务的履行,但法律义务更需要由法律加以规定。义务法定,一方面是说义务的设定必须有法律依据,另一方面是说法定的义务应当履行,否则会承担不利的法律后果。

二、理论热点

(一) 聚焦司法改革

党的十九大报告指出,深化司法体制综合配套改革,全面落实司法责任制,努力让人民群众在每一个司法案件中感受到公平正义。近年来,在以习近平同志为核心的党中央坚强领导下,司法机关瞄准制约司法公正和司法能力的体制机制问题,不断深化司法体制改革,坚持以钉钉子精神推进各项改革措施落到实处、发挥实效。

司法改革 滚石上山再发力

为改革提供精细化配套设计

今年2月,最高人民法院、最高人民检察院相继出台深化司法体制综合配套改革的文件:最高法提出了65项改革举措,涉及人民法院工作机制、诉讼程序、队伍建设、科技创新等各个层面;最高检确定了46项改革任务,要求健全完善检察机关坚持党的领导制度、检察机关法律监督、完善检察权运行等六大体系,为司法体制综合配套改革做好了顶层设计。

"司法体制综合配套改革是司法体制改革的新阶段、新征程。"江苏省常州市委书记汪泉代表表示,在以习近平同志为核心的党中央坚强领导下,司法体制改革在重要领域和关键环节取得突破性进展,司法体制框架性、支柱性的制度已经建立。"现在的主要任务,是在司法体制综合配套改革上下更大功夫,全面深化司法责任制改革的'精装修',为司法体制改革提供精细化配套设计。"汪泉代表说。

"党的十九大从发展社会主义民主政治、深化依法治国实践的高度,作出深化司法体制综合配套改革、全面落实司法责任制的重要战略部署,回应了广大人民群众对公平正义的迫切需求。"长期关注司法体制改革的华东政法大学刑事司法学院副院长虞浔表示,深入推进司法体制综合配套改革需要从优化司法队伍结构、规范司法权力运行机制、提高司法保障水平等多个方面入手,有效提升司法效率和司法质量,确保好的制度创设发挥应有的作用。

"目前,以司法责任制为核心的司法体制改革全面推进,以审判为中心的诉讼制度改革初见成效,专业化、正规化、职业化的司法队伍正在形成。"深圳清华大学研究院研究员姜希猛代表认为,下一步要根据实际情况动态调整员额比例,切实做到分类管理到位、岗位责任到位、职业保障到位。

吸收行之有效的基层经验

今年的最高人民法院工作报告和最高人民检察院工作报告,列出了不少地方推进司法体制改革的经验做法。比如,浙江法院开展移动微法院试点,让当事人和法官充分感受"指尖诉讼、掌上办案"的便利;杭州互联网法院率先在国际上探索互联网司法新模式;上海牵头探索长三角环境保护一体化检察协作机制,等等。

对此,陕西省律师协会副会长方燕代表说:"司法体制改革的措施在基层要发挥实效,能用、好用、管用,就必须因地制宜,防止'一刀切'。基层面临的挑战多、承担的任务重,对改革有迫切的需求。同时,基层坚持问题导向,探索了不少好经验好做法,值得总结提升推广。因此,应该将'接天线'和'接地气'结合起来,发挥顶层设计的作用,也调动地方积极性,上下合力推进司法体制改革。"

"这些年随着司法体制改革的不断深入,司法机关啃下的都是硬骨头,全国法院推进改革的积极性高、主动性强,司法体制改革取得了扎扎实实的成效。"北京金诚同达律师事务所高级合伙人刘红宇委员说。

去年,最高法健全常态化改革督察机制,开展集中督察,编发55个司法改革示范案例,推广各地先进经验,提高全国法院改革整体效能。北京法院的集约化送达、上海法院的智能辅助办案、天津法院的审务政务标准化、苏州法院的语音识别智能运用、成都法院的庭审实质化和实习助理、深圳法院的"执转破"工作和购买社会化服务机制……鲜活的地方经验成为代表委员们热议的话题。

河南省沈丘县冯营乡李寨村党支部书记李士强代表说,深入推进司法体制改革,需要注重提炼、挖掘各地法院可复制和有推广价值的创新举措,推动将有益经验上升为制度设计。

以钉钉子精神不断深化改革

今年1月3日,在国务院新闻办新闻发布会上,最高检向社会公开了按照新的职能和办案机制正式运行的10个检察厅。这一次最高检内设机构改革,被誉为一场"动筋骨触灵魂"的重塑性变革。

"这次改革主要解决检察工作面临的四大难题。"最高检政治部副主任郭兴旺说,一是如何把握检察工作新的时代方位,二是如何适应反贪转隶后检察职能的重大调整,三是如何适应司法责任制对专业化建设提出的更高要求,四是如何解决检察机关机构职能、数量、名称等方面存在的不一致问题。

"检察机关内设机构改革是司法体制改革的一项重要内容,充分体现了最高检主动适应新时代形势任务发展变化,准确把握检察工作发展规律的努力。"浙江省人民检察院检察长贾宇代表表示,"建议最高检继续加强顶层设计、加强指导,推进改革配套措施的落地生根,最大程度地发挥改革的活力和作用。"

在最高法工作报告中,关于深化司法体制改革的内容也引起了代表委员的广泛关注。"最高法提出,要深化以审判为中心的刑事诉讼制度改革,强化庭审功能。我们律师对深化这一制度改革充满了期待。"中华全国律师协会副会长吕红兵委员说,法庭是律师体现价值的平台,是律师施展才华的舞台,只有庭审实质化,律师才能发挥真正作用,才能切实维护和保障合法权益。

最高人民法院副院长李少平委员在介绍最高法第五个五年改革纲要时表示,对于需要进一步攻坚克难的前沿性、瓶颈性问题,要统筹解决。如"推动将具有普遍法律适用指导意义、关乎社会公共利益的案件交由较高层级法院审理""诉源治理""搭建全国统一的电子送达平台""研究推动建立个人破产制度",等等。

(资料来源:徐隽、彭波、魏哲哲《司法改革 滚石上山再发力》,人民日报 2019 年 3 月 13 日第 09 版,有删减)

(二)聚焦宪法修正案

2018 年 3 月 11 日,第十三届全国人大第一次会议通过了我国第五次宪法修正案,共 21 条;本次宪法修改吸纳了我国新时期社会主义改革的诸多理论与实践成果,修改的条文与内容举世瞩目。

《中华人民共和国宪法修正案》的"坚守"与"变革"

中共十九届二中全会指出,宪法修改必须坚持党的领导,坚持中国特色社会主义法治道路,坚持正确政治方向;严格依法按照程序进行;充分发扬民主、广泛凝聚共识,确保反映人民意志、得到人民拥护;坚持对宪法作部分修改、不作大改的原则,做到既顺应党和人民事业发展要求,又遵循宪法法律发展规律,保持宪法连续性、稳定性、权威性。宪法法律的发展规律之一,就是既要通过宪定和法定的程序,使宪法和法律的修订也要依宪依法进行,同时又要确保宪法法律修订内容与修订前的内容之间具有历史连续性。这样,宪法和法律规范的运行才不会突然因规范的改变而陷入乱局。因此,我们要准确理解和适用本次宪法修正案,就须精准把握我国现行宪法与历次宪法修正案之间的内在关联,把握第五次宪法修正案对国家根本制度、根本政治制度的"坚守",以及对某些具体制度的"变革"。

第一,宪法修正案体现了国家"指导思想"发展的阶段性与连续性。宪法修正案第三十二条、第三十三条将"科学发展观"与"习近平新时代中国特色社会主义思想"作为新增的指导思想写入宪法，同时将"健全社会主义法制"修改为"健全社会主义法治"；增写"贯彻新发展理念"与"社会文明""生态文明"，强调"五大文明"的协调发展，将"实现中华民族伟大复兴"列为新的"国家发展目标"，将"致力于中华民族伟大复兴的爱国者"列为"爱国统一战线"的新成员，回应了新时期宪法改革的要求，体现了国家指导思想发展的最新成就。习近平总书记在党的十九大报告中指出："新时代中国特色社会主义思想，是对马克思列宁主义、毛泽东思想、邓小平理论、'三个代表'重要思想、科学发展观的继承和发展，是马克思主义中国化最新成果，是党和人民实践经验和集体智慧的结晶，是中国特色社会主义理论体系的重要组成部分。"因此，"科学发展观"与"习近平新时代中国特色社会主义思想"写入宪法，体现了中国共产党领导中国人民积极探索中国特色社会主义道路在不同历史时期所形成的理论成果，以及中国特色社会主义理论的内在连续性。

第二，宪法修正案体现了国家"根本制度"存续的稳定性与权威性。社会主义制度是我国的根本制度，人民代表大会制度是我国的根本政治制度。宪法修正案第三十六条在宪法第一条第二款后增写一句"中国共产党领导是中国特色社会主义最本质的特征"，使我国社会主义制度这一根本制度的本质特征更为鲜明。宪法修正案第三十七条、第四十一条至第五十二条（第四十五条、第四十七条除外）均涉及国家监察委员会的设立与职权，以宪法修正案形式确认了国家监察制度改革的成果，体现了我国监察制度由行政监察体制向国家监察体制转变的特点。与此同时，宪法修正案将国家监察机构纳入人民代表大会制度的体系之中，使之成为由人大选举产生、对人大负责、受人大监督的国家机构，体现了我国人民代表大会制度这一根本政治制度的稳定性与权威性。

第三，宪法修正案体现了国家"宪法制度"的权威地位与最高效力。各国宪法实践说明，要维护宪法规范的至上权威，就必须培育宪法权威意识，确保国家机关严格依照宪法行使权力。在我国，实现宪法权威的关键在于确保党的领导与人民当家作主、依法治国有机统一。因此，宪法修正案第四十条增加了国家工作人员的就职宣誓制度，旨在增强国家工作人员的宪法意识。全国人大常委会副委员长兼秘书长王晨在"关于《中华人民共和国宪法修正案（草案）》的说明"中指出：党章对党的中央委员会总书记、党的中央军事委员会主席，宪法对中华人民共和国中央军事委员会主席，都没有作出"连续任职不得超过两届"的规定。宪法对国家主席的相关规定也采取上述做法，有利于维护以习近平同志为核心的党中央权威和集中统一领导，有利于加强和完善国家领导体制。因此，宪法修正案第四十五条删除了"国家主席连续任职不得超过两届"的限制性条款。由此可见，本次宪法修正案有关具体制度的修改，体现了宪法变动性与宪法权威性的统一，有利于维护党的领导、人民当家作主与依法治国三者之间的有机统一，因而确保宪法的至上权威。

（资料来源：周刚志《〈中华人民共和国宪法修正案〉的"坚守"与"变革"》，湖南日报，2018年03月22日第12版，有删减）

（三）聚焦全面依法治国

党的十九大报告在"不忘初心，牢记使命，高举中国特色社会主义伟大旗帜，决胜全面建成小康社会，夺取新时代中国特色社会主义伟大胜利，为实现中华民族伟大复兴的中国梦不懈奋斗"的鲜明主题下，以新时代、新思想、新矛盾、新目标、新征程等重大政治判断为战略主线，深刻阐释了推进全面依法治国的一系列新思想新理念新任务，从历史与逻辑两个大的维度，对建设法治中国作出整体设计和战略规划。

习近平新时代中国特色社会主义法治思想的形成与发展

党的十八大明确提出,要全面推进依法治国,加快建设社会主义法治国家,到2020年实现依法治国基本方略全面落实、法治政府基本建成、司法公信力不断提高、人权得到切实尊重和保障、国家各项工作实现法治化的宏伟目标。

党的十八届三中全会把全面深化改革与法治建设紧密结合起来,开创性地提出推进法治中国建设,推进国家治理体系和治理能力现代化。

党的十八届四中全会作出《中共中央关于全面推进依法治国若干重大问题的决定》,提出了全面推进依法治国的指导思想、基本原则、总目标、总抓手和基本任务、法治工作的基本格局,阐释了中国特色社会主义法治道路的核心要义,回答了党的领导与依法治国的关系等重大问题,制定了法治中国建设的路线图,按下了全面依法治国的"快进键"。

党的十八届五中全会明确提出"创新、协调、绿色、开放、共享"的新发展理念,提出法治是发展的可靠保障,必须把经济社会发展纳入法治轨道,加快建设法治经济和法治社会,到2020年全面建成小康社会时,实现"国家治理体系和治理能力现代化取得重大进展,各领域基础性制度体系基本形成,人民民主更加健全,法治政府基本建成,司法公信力明显提高,人权得到切实保障,产权得到有效保护"的任务,进一步明确了推进法治中国建设的阶段性目标。

党的十八届六中全会正式提出和确立"以习近平同志为核心的党中央",凸显了思想建党和制度治党的主题,体现了依规治党与依法治国的深度结合,完成了"四个全面"的战略布局,进一步强化了全面依法治国的战略地位和重要作用。

党的十九大报告,进一步丰富和发展了中国特色社会主义法治理论,是习近平新时代中国特色社会主义法治思想的最新理论成果。党的十九大作出了中国特色社会主义进入新时代、我国社会主要矛盾已经转化等重大政治判断,确立了习近平新时代中国特色社会主义思想的历史地位,明确提出了新时代坚持和发展中国特色社会主义的基本方略,深刻回答了新时代坚持和发展中国特色社会主义的一系列重大理论和实践问题,作出了社会主义现代化建设"两个阶段"的重大战略安排,绘就了高举中国特色社会主义伟大旗帜、决胜全面建成小康社会、夺取新时代中国特色社会主义伟大胜利的新蓝图,开启了迈向社会主义现代化强国和建设法治中国的新征程。

党的十九大报告在"不忘初心,牢记使命,高举中国特色社会主义伟大旗帜,决胜全面建成小康社会,夺取新时代中国特色社会主义伟大胜利,为实现中华民族伟大复兴的中国梦不懈奋斗"的鲜明主题下,以新时代、新思想、新矛盾、新目标、新征程等重大政治判断为战略主线,深刻阐释了推进全面依法治国的一系列新思想新理念新任务,从历史与逻辑两个大的维度,对建设法治中国作出整体设计和战略规划:一是历史维度——党的十八大以来的五年,我们党领导人民推进全面依法治国,中国特色社会主义民主法治建设迈出重大步伐,在八个方面取得显著成就;全面依法治国是"四个全面"战略布局的重要组成部分,要坚定不移推进全面依法治国,深化依法治国的理论和实践,加快建设社会主义法治国家,到2035年基本建成法治国家、法治政府、法治社会;二是逻辑维度——实现"两个一百年"奋斗目标和"两个阶段"的战略安排,建设社会主义现代化强国,实现民族复兴的伟大梦想,必须坚持习近平新时代中国特色社会主义法治思想为指导思想和行动指南,坚持全面依法治国,加快建设中国特色社会主义法治体系、建设社会主义法治国家,必须把党的领导贯彻落实到依法治国全过程和各方面,坚定不移走中国特色社会主义法治道路,发展中国特色社会主义法治理论,从八个方面深化依法治国实践,努力把我国建设成为社会主义法治强国。

(资料来源:中国社会科学网,http://www.cssn.cn/zt/zt_xkzt/mkszyzt/xjpxsdzgtsshzysizt/xsxbwtg/201807/t20180726_4511097.shtml,有删减)

深刻理解加强党对全面依法治国的集中统一领导

2019年2月16日,《求是》杂志发表习近平总书记重要文章《加强党对全面依法治国的领导》,文章深刻阐述了加强党对全面依法治国集中统一领导的重大意义,系统阐明了全面依法治国必须遵循的新理念新思想新战略,是新时代加强党对全面依法治国领导、全面推进依法治国的行动指南,意义重大,内涵丰富,部署明确,必须深刻理解,准确把握,切实把加强党对全面依法治国的领导落到实处。

加强党对全面依法治国的领导具有重大意义

加强党对全面依法治国的领导规定了中国特色社会主义法治道路的前进方向和根本立场,具有重大的政治意义。中国共产党的领导是中国特色社会主义最本质的特征,强调加强党对全面依法治国的领导就是明确全面依法治国的性质和方向,就是强调全面依法治国必须毫不动摇地坚持走中国特色社会主义法治道路。习近平总书记指出:"全面依法治国,必须走对路。如果路走错了,南辕北辙了,那再提什么要求和举措也都没有意义了。走什么样的法治道路、建设什么样的法治体系,是由一个国家的基本国情决定的。正确的法治道路书上抄不来,别人送不来,只能靠自己走出来。"全面推进依法治国既要学习国外优秀的法治文明成果,也要以我为主、为我所用。在中国,坚持党的领导、人民当家作主和依法治国是有机统一的,坚持人民当家作主是坚持中国特色社会主义法治道路的根本目的。因此全面推进依法治国,必须从中国实践、中国问题出发,突出中国特色。否则就会发生颠覆性错误,与全面依法治国的总目标和根本目的相背离。

加强党对全面依法治国的领导明确了建设中国特色社会主义法治体系这个总抓手,具有重大的理论意义。习近平同志强调:"良法是善治之前提。要恪守以民为本、立法为民理念,贯彻社会主义核心价值观,使每一项立法都符合宪法精神、反映人民意志、得到人民拥护。"中国特色社会主义法治体系是包括完备的法律规范体系、高效的法治实施体系、严密的法治监督体系、有力的法治保障体系和完善的党内法规体系的有机整体。建设这一体系必须要回答如何解决党与法的关系问题,必须回答如何规范和约束公权的问题,必须回答党内法规与国家法律如何协调的问题,必须回答立法权、司法权等权力如何配置等问题,这必将带来法学理论、政治学理论和党建理论的重大发展。加强党对全面依法治国的领导是对全面依法治国和全面从严治党关系的深刻回答,是习近平新时代中国特色社会主义思想的重要组成部分,深化了对共产党执政规律、社会主义建设规律和人类社会发展规律的认识,丰富和发展了中国特色社会主义理论体系。

加强党对全面依法治国的领导明确了中国共产党这一统揽全局、协调各方的主体,具有重大的实践意义。正如习近平总书记在文章中指出:"党的十八届四中全会制定了推进全面依法治国的顶层设计、路线图、施工图。党的十九大对新时代推进全面依法治国提出了新任务,明确到2035年,法治国家、法治政府、法治社会要基本建成。只有坚持和加强党的领导,做好全面依法治国重大问题的运筹谋划、科学决策,实现集中领导、高效决策、统一部署,才能压实地方落实全面依法治国的责任,才能啃硬骨头、涉险滩、闯难关。历史和现实表明,正是坚持中国共产党的领导,中国特色社会主义法治才取得了历史性成就。"加强以习近平同志为核心的党中央对全面依法治国的领导,必然带来依法治国实践再深化、再拓展,加快建设中国特色社会主义法治国家和中华民族伟大复兴中国梦的实现。

加强党对全面依法治国的领导的科学内涵

加强党对全面依法治国的领导就是要贯彻全面依法治国新理念新思想新战略。党的十八大以来,以习近平同志为核心的党中央,为适应党和国家事业的需要,提出了一系列全面依法治国新理念新思想新战略,明确了全面依法治国的正确方向、发展道路、工作布局和重点任务。这是我们党在推进马克思主义法治思想中国化进程中取得的最新成果,为确保全面依法治国能够顺利实现,必须长期坚持,不断丰富和发展。

加强党对全面依法治国的领导就是要把党的领导贯彻到依法治国全过程和各方面。新时代推进全面依法治国,首先要善于使党的主张通过法定程序成为国家意志,把以习近平同志为核心的党中央权威和集中统一领导这一根本要求、把牢固树立"四个意识"这一根本原则贯穿到立法全过程;要建立权责统一、权威高效的依法行政体制,完善行政执法程序,全面落实执法责任制;要完善司法管理体制和司法权力运行机制,规范司法行为,加强对司法活动的监督;要形成党员领导干部带头守法、全社会崇尚法治的良好氛围,培育全社会办事依法、遇事找法、解决问题用法、化解矛盾靠法的法治环境。其次,要健全党领导依法治国的制度和工作机制,完善党对全面依法治国的统一领导、统一部署、统筹协调的工作机制和程序,完善党委统一领导和各方分工负责、齐抓共管的责任落实机制,强化全面推进依法治国决策部署的贯彻落实。

加强党对全面依法治国的领导还要正确认识把握党和法的关系。习近平同志指出:"党和法的关系是一个根本问题,处理得好,则法治兴、党兴、国家兴;处理得不好,则法治衰、党衰、国家衰。"一方面,党的领导是社会主义法治最根本的保证。全面依法治国绝不是要削弱党的领导,而是要加强和改善党的领导,不断提高党领导依法治国的能力和水平,巩固党的执政地位;另一方面,坚持依宪治国、依宪执政,坚持法治国家、法治政府、法治社会一体化建设。但这里讲的依宪治国和依宪执政同西方的"宪政"有着本质区别,因为这里包括坚持宪法确定的中国共产党领导地位不动摇。必须破除"党大还是法大"的政治陷阱,任何人以任何企图把党的领导和法治割裂开来、对立起来都是绝不能接受的,我们必须加以坚决地反对。

加强党对全面依法治国的领导的制度保障

加强党对全面依法治国的领导绝不是一句空话,必须通过一系列的制度机制予以保证,使其落到实处。

习近平总书记在《加强党对全面依法治国的领导》一文中指出,成立中央全面依法治国委员会"就是要健全党领导全面依法治国的制度和工作机制,强化党中央在科学立法、严格执法、公正司法、全民守法等方面的领导,更加有力地推动党中央决策部署贯彻落实。"习近平同志强调:"中央全面依法治国委员会要管宏观、谋全局、抓大事,既要破解当下突出问题,又要谋划长远工作,把主要精力放在顶层设计上;增强'四个意识',坚定'四个自信',主动谋划和确定中国特色社会主义法治体系建设的总体思路、重点任务,做好全面依法治国重大问题的运筹谋划,科学决策;加强对工作落实情况的指导督促、考核评价。"

全面推进依法治国必须抓住领导干部这个"关键少数"。一把手抓法治,是全面依法治国关键中的关键。要加快实施《党政主要负责人履行推进法治建设第一责任人职责规定》,明确县级以上地方党委和政府主要负责人在推进法治建设中的主要职责,夯实一把手负责推进法治建设的制度。要充分发挥各级党委的领导核心作用,真正把全面推进依法治国工作摆在全局工作中的突出位置。只有党政主要负责人亲力亲为,不搞花架子、做表面文章,全面推进依法治国才能落到实处。同时,领导干部要做尊法学法守法用法的模范,带头了解法律、掌握法律,遵纪守法、捍卫法治,厉行法治、依法办事,不断提高运用法治思维和法治方式深化改革、推动发展、化解矛盾、维护稳定的能力,以实际行动带动全社会尊法学法守法用法。

加强党对全面依法治国的领导还必须加快党内法规制度体系建设,推进党的领导制度化、法治化。全面依法治国是一个系统工程,要坚持依法治国、依法执政、依法行政共同推进,法治国家、法治政府、法治社会一体化建设,就必须使党内法规体系、法治实施体系、监督体系、保障体系、法律规范体系相协同,成为一个有机统一体。只有形成党内法规制度体系与国家法律体系和制度体系相融合的格局,党内治理驱策国家治理进而带动社会治理的格局才能形成,才能建设社会主义法治文化,加快全面依法治国的进程。

(资料来源:中国社会科学网,http://www.cssn.cn/mkszy/yc/201904/t20190401_4858301.shtml,有改动)

(四)聚焦法治建设

2019年3月28日,中国社会科学院法学研究所与社会科学文献出版社联合主办的2019年《法治蓝皮书》《四川法治蓝皮书》《珠海法治蓝皮书》发布暨中国法治发展研讨会在京举行。

2019年《法治蓝皮书》:中国法治建设全面推进

《法治蓝皮书》指出,2018年中国进一步完善了依法治国领导体制,立法、法治政府、司法体制改革、刑事法治、民商经济法治、社会法治等全面推进。

《法治蓝皮书》指出,立法机关为落实全面推进依法治国的任务要求,在完善宪法及其实施机制、助力深化改革、完善经济监管、加强生态环境保护等方面成效突出;中国法治政府建设稳步推进,党和国家机构改革自上而下有条不紊地进行,行政立法更加规范,"放管服"改革取得新进展,行政执法规范化程度继续强化,行政复议体制改革持续探索推进,行政诉讼制度实现重大突破;司法体制改革进一步落实十九大以来党中央在推进司法体制改革方面提出的一系列新任务,在配合做好国家监察体制改革、继续深化司法责任制改革、加强司法人财物保障、规范司法权力运行、保护人民群众诉权、基本解决执行难、智慧司法建设等方面取得明显进展;2018年刑事司法发展呈现明显的制度化趋势,顶层设计日益完善。通过修正《刑事诉讼法》贯彻党的政策,总结认罪认罚的司法经验并将之上升为法律。通过完善刑事陪审制,推进司法民主。通过加强对民营企业家及其产权的刑事司法保护,回应经济社会需求。通过推进刑事辩护全覆盖试点改革,贯彻以审判为中心的诉讼制度改革。通过完善刑事申诉公开审查,加强检察监督,维护当事人的合法权益。

《法治蓝皮书》认为，中国正在全面推进依法治国，为深化改革开放保驾护航，为此，需要进一步整合地方层面的法治领导机构，加强组织领导，同时亟须建立科学有效的依法治国落实情况评价机制。法治发展仍需突破现有制度瓶颈，确保改革与发展于法有据，如应加快民法典编纂工作。为确保机构改革平稳落地，需要探索完善相关配套制度。针对群众关心的司法公正问题，《法治蓝皮书》建议，应深入完善配套措施，全面总结司法体制改革经验，跟踪关注入额法官检察官的办案保障与办案质量提升、待遇落实情况、人身安全保障、法官助理遴选等晋升渠道畅通性、辅助人员保障等问题。针对近年来各地广为关注的打造法治营商环境的问题，《法治蓝皮书》提出应进一步依法规范行政权力、深化放管服改革，为经济社会发展保驾护航，同时，给予新经济、新业态积极的法治回应，采取积极审慎的监管策略，促进其在规则之下健康发展，并将防范金融风险作为改善营商法治环境的重点。《法治蓝皮书》还提出，要防控社会风险，破解基层社会治理困境，今后社会法治建设应从提升国家治理能力和治理水平的大处着眼，从规范政府决策、防控决策风险、紧急事件处置、社会关系修复等细微之处着手，建立起科学的社会风险评价机制，健全社会风险感知与防控体系，以期全方位提升治理体系和治理能力现代化水平。

（资料来源：中国社会科学网，http://www.cssn.cn/zx/bwyc/201903/t20190328_4856226.shtml，有删减）

（五）聚焦依法治国实践的时代要求

全面依法治国是中国特色社会主义的本质要求和重要保障，党的十九大报告将坚持全面依法治国作为新时代坚持和发展中国特色社会主义的基本方略之一，提出了深化依法治国实践的时代要求，为中国特色社会主义法治实践向纵深发展指明了前进方向。

热点解读

坚持党对全面依法治国的领导必须把党的领导贯彻落实到深化依法治国实践全过程和各方面，坚定不移走中国特色社会主义法治道路。党的十九大报告提出成立中央全面依法治国领导小组，加强对法治中国建设的统一领导等重要举措，将有力推动依法治国实践向纵深发展。

党纪和国法同为中国特色社会主义法治体系的重要组成部分。一方面，党纪严于国法，党纪保障国法顺利实施。党纪的严格要求与党员带头遵法守法，是全面依法治国向纵深发展的基本保障。另一方面，党必须依法执政，任何组织和个人都必须在宪法法律范围内活动，依照宪法法律行使权力或权利、履行职责或义务，都不得有超越宪法法律的特权。党对宪法法律的尊崇遵守必定强化党纪权威。国家监察制度改革后，通过国家法律在法定程序层面有效强化了党纪的作用，为推进全面从严治党、营造风清气正的政治生态提供了法治保障。必须坚持依规治党和依法治国有机统一，充分发挥党纪与国法的各自优势和联动效应，理顺国家监察委员会与纪检、司法机关的工作机制，将党内监督和其他监督机制贯通，在党集中统一领导下发挥最大合力。

坚持以人民为中心深化依法治国实践

党的十九大报告指出，"坚持以人民为中心"，"把党的群众路线贯彻到治国理政全部活动之中，把人民对美好生活的向往作为奋斗目标"。全面依法治国必须坚持以人民为中心，紧紧围绕人民主体地位深化法治实践。

法治要保证人民当家作主,就要继续坚持和完善人民代表大会制度,推动协商民主广泛、多层、制度化发展,加强人权法治保障,形成高效完备的制度体系。法治是保护人格权的必由之路。人格权是法秩序的基石,事关人民的尊严和自由,是体现人民主体地位、彰显人文精神的基本权利。党的十九大报告明确指出:"保护人民人身权、财产权、人格权。"在编纂民法典的重要关头,积极稳妥地推进人格权立法,是贯彻以人民为中心的发展思想、促进人的全面发展的重要举措。法治是改善民生的重要保障。"深化农村土地制度改革,完善承包地'三权'分置制度",是法治惠农、推动乡村振兴战略实施的重要举措。"民以食为天",食品药品安全法律制度的不断完善和监督机制的长效运行,是实施健康中国战略的制度前提。"房子是用来住的,不是用来炒的",要加快建立多主体供给、多渠道保障、租购并举的住房法律制度。法治是保障生态文明、建设美丽中国的制度基石,要实行最严格的生态环境保护制度,加快建立绿色生产和消费的法律制度。

全面深化改革与深化依法治国实践互相促进

只有改革开放才能发展中国、发展社会主义。中国特色社会主义进入新时代,全面深化改革离不开法治保障。可以说,全面依法治国是保障各项改革事业顺利推进、确保国家长治久安的压舱石。

全面深化改革与全面依法治国是中国特色社会主义伟大事业的车之两轮、鸟之双翼,相互促进、相辅相成。应坚持重大改革于法有据,以前瞻性的科学立法引领改革步伐。科学立法必须吸收成熟的改革经验,改革决策与立法政策前后呼应,以立法确定改革成果。

全面深化改革应贯彻法治思维和法治方法。法治建设应紧密配合改革的全局性、层次性和阶段性,依法解决发展过程中不平衡不充分问题。以法治方式引领和推动改革,坚守规则意识,列明权力清单、责任清单、负面清单,建立并优化容错纠错机制。以司法责任制为核心,全面推进司法体制改革。

在深化依法治国实践中推进国家治理现代化

"法令行则国兴。"党的十九大报告指出,必须坚持和完善中国特色社会主义制度,不断推进国家治理体系和治理能力现代化。全面依法治国是实现国家治理体系和治理能力现代化的必然要求。必须坚持依法治国与以德治国相结合,共同推进国家治理现代化。基层治理法治化是深化法治实践的重要基础和工作重点。做好基层法治工作是法治国家、法治政府和法治社会一体建设的出发点和落脚点。充分发挥法治在行为引导、规则约束、权益维护等方面的优势,把握方向,解决问题,为实现基层治理主体自我约束、自我管理、自我服务、自我监督提供坚实保障。

深刻理解新时代深化依法治国实践的新要求

法律有位阶之分,党的十九大报告在"科学立法、民主立法"的基础上补充"依法立法",在立法阶段厉行法治,进一步强调了立法过程下位法不得背离上位法的意旨和范围,在内容和程序两方面都必须严格在宪法法律的框架内行使立法权限。

(资料来源:北京市习近平新时代中国特色社会主义思想研究中心《深化依法治国实践的时代要求》,光明日报 2018 年 07 月 26 日第 06 版,有删减)

(六)聚焦司法公开

近年来法检信息化蓬勃发展,全国各级法院、检察院利用"互联网+"思维全方位推进司法公开,将司法活动置于当事人乃至全社会的监督之下,有效防止办案人员滥用权力、超越法律。

最高人民法院在坚持打造审判流程公开、庭审活动公开、裁判文书公开、执行信息公开四大平台基础上,建设并完善减刑假释信息公开、道路交通纠纷信息公开、破产案件信息公开、司法案例信息公开等平台,不断扩大司法公开范围,促进司法公开步入一个新的层次。

2016年7月1日,中国庭审公开网上线试运行,最高人民法院率先垂范,宣布对所有公开开庭审理的案件在该网站进行互联网直播。截至2019年4月,中国庭审公开网累计访问量突破160亿人次,已成为全国最大的政务类视频公开网站和全国日均网络流量最大的政务网站。2019年以来,全国法院公开直播庭审523 658场。其中,最高人民法院公开庭审182场,全国各级法院公开覆盖率超过92%。全国已有53 085名员额法官在中国庭审公开网直播庭审案件,直播100起以上案件的员额法官达69名,直播10起以上案件的法官超过1.6万名。

扎实推进庭审公开,全面助力阳光司法

作为全国四级法院统一的庭审公开平台,中国庭审公开网自开通以来,不断优化完善平台功能,加强直播规范化建设,以庭审视频直播为主,进一步丰富公开形式,加大庭审公开覆盖面,提升公开的质量和效果。庭审直播工作常态化,各种案件类型、各种审判程序的案件普遍实现互联网直播,大力便利了人民群众旁听、了解庭审,充分保障了社会公众对人民法院工作的知情权、监督权,同时,也有效促进了审判管理工作,倒逼法官严格依法规范履职,不断提升庭审驾驭能力和审判业务水平。以庭审直播为主体的庭审公开,努力打造开放、动态、透明、便民的阳光司法机制,不仅让司法公正看得见、能评价、受监督,也为全面落实司法责任制改革要求、促进人民法院审判体系和审判能力现代化提供了有力支撑。

除视频直播主渠道外,中国庭审公开网还增加了图文直播功能,审理法院通过图片、文字、短视频等方式呈现庭审、实现直播,既丰富了庭审公开的形式,也扩大了对社会关注度较高热点案件的庭审公开覆盖面,以不同直播公开形式,积极有效地回应了社会公众需求。与此同时,央视网、腾讯网、今日头条、新华网等多家网络媒体纷纷依托中国庭审公开网,从直播公开案件中选取各类典型案件、热点案件进行传播,共同为全社会营造一个积极向上、良性互动的学法、普法氛围。

最高法院审判管理办公室主任李亮强调,作为全国法院统一、权威的司法公开平台,随着直播案件数量大幅增长,中国庭审公开网的社会影响力逐步提升,社会作用日益凸显。在服务、保障全国各级法院不断加大庭审公开工作力度的同时,中国庭审公开网将更加注重当事人、诉讼代理人、辩护人、证人等诉讼参与人的个人信息保护,更加注重人民群众的用户体验和获得感,以更好地满足人民群众了解、参与、监督司法的新要求、新期待。

法律权威源自人民的真诚信仰,司法公信力源自人民的内心信赖。展望未来,中国庭审公开网将以更加有力的改革举措和担当意识,努力让人民群众感受到公平正义的阳光普照。

(资料来源:网易,http://dy.163.com/v2/article/detail/E1L8DK730514CPFV.html,有删减)

(七)聚焦"互联网+"法治建设

"互联网+"在法治政府建设中具有独特的功能优势,有助于提高立法和决策的科学性,有助于提高行政效率、降低行政成本,有助于推动政府治理模式转型,有助于构建全方位的监督机制。

推动法治政府建设与"互联网+"深度融合

  法治政府建设是现代国家政治文明的重要标志,是全面推进依法治国的关键。当前,我国已经全面进入互联网时代,法治政府建设与"互联网+"的深度融合,为全面依法治国战略目标的实现提供了重要历史机遇。

  党的十八大以来,党中央的一系列文件明确了"互联网+"在法治政府建设中的重要地位,这是因为"互联网+"在法治政府建设中具有独特的功能优势。

  "互联网+"有助于提高立法和决策的科学性。科学立法是法治政府建设的前提,科学决策是法治政府建设的重要环节。在立法和决策中坚持"互联网+"思维,通过立法和决策过程网上公开、网络征集民意等措施,为人民广泛参与立法和决策提供了更大可能,提高了立法和决策的民主性,能够更有效的汲取民智,使立法和决策更为真实的反映人民的意志和需求。

  "互联网+"有助于提高行政效率、降低行政成本。"互联网+"为政府实现信息化管理和服务提供了便利条件。首先,"互联网+"有助于政府内部组织结构和工作流程的优化重组,超越时间、空间和部门分隔的制约,建成一个精简、高效、廉洁、公平的政府运作模式。其次,通过"互联网+政务"的开展,推进行政服务事项网上办理,提高了行政效率,方便了相对人。最后,行政管理和行政服务的信息化,推进了政府机构和人员精简,极大降低了行政管理中的人力成本和时间成本。

  "互联网+"有助于推动政府治理模式转型。法治政府建设的一个重要目标是推进治理体系现代化,实现政府单方治理向社会共治的转型。"互联网+"大幅度改变了社会治理中存在的信息不对称现象,使相对人能够更为便捷的获取信息、参与社会治理,实现了平台治理、行业治理等治理模式创新,推进了社会治理结构由传统的"金字塔型"向"扁平型"转变,使原有的以行政权为中心、以管理为中心的对抗性权力关系结构转变成以相对人为中心、以服务为中心的合作性共治的关系结构。

  "互联网+"有助于构建全方位的监督机制。从政府内部监督来说,"互联网+"有助于政府内部信息共享、共用,使层级监督、部门监督能够及时开展,实现防错、纠错。从外部监督来说,"互联网+"有助于政府信息的全面、迅速公开,实现全天候、全透明的政府,充分保障人民群众的知情权和参与权;同时网络举报、网络监督、案卷上网等"互联网+监督"形式的开展更为公民实现对政府的监督提供前所未有的便利,有助于促进执法规范和司法公正。

  (资料来源:彭贵才、康健《推动法治政府建设与"互联网+"深度融合》,法制日报2019年05月24日第05版,节选)

(八)聚焦生态环境法治保护

  6月5日是世界环境日。就在2019年6月5日这天,最高人民法院向社会发布了《最高人民法院关于审理生态环境损害赔偿案件的若干规定(试行)》。这份司法解释围绕"生态环境损害赔偿案件"这个新案件类型,明确了受理条件、证据规则、责任范围等问题。

谁破坏绿水青山，谁就要付出金山银山的代价！

说是新案件类型，其实道理并不复杂：绿水青山就是金山银山，谁破坏碧水蓝天，谁污染我们的绿色家园，谁就理应付出金山银山的代价。

在这个人所共知的逻辑下，新规的三个特点值得关注——

第一，提高破坏生态环境者的违法成本，正是这个规定最显著的特点。

生命离不开灿烂的阳光、清新的空气、洁净的水源，我们在生活中很少察觉到自己有多依赖它们，原因之一就在于我们享受着环境的便利，却很少为它买单。一些黑心企业的成功秘诀，就是利用这种"剪刀差"：

一方面，他们无视环境容量，肆意排放污染，进行掠夺性开发，借助靠损害环境带来的低成本优势巧取豪夺；另一方面，他们顶多是对当地居民遭受的损失聊做赔偿，却无需为破坏了"无主"的环境付出代价。环境系统有很强的公共物品属性：每个人使用的，都是由全社会分享的份额。反过来说，一小撮人对环境的破坏，也是对全民环境资源的残害。

防污治污靠自律、靠市场，但归根结底靠法治。最高法的新规明确，如果生态环境无法修复，原告请求被告赔偿生态环境功能永久性损害造成的损失时，人民法院应根据具体案情予以判决。

当污染者不得不为环境损失的每一个铜板付费，以环境破坏牟利的"生意"就会自然破产——无利可图，谁还会趋之若鹜？

第二，把恢复生态作为司法行为的首要目的，是新规的最大亮点。

对于保护生态环境，惩罚永远不会是目的，而只能是手段。

当伤痕已经造成，疮痍已经留下，再多的赔偿如果不用在正确的地方，也于事无补。不止是赔钱了事，以人民为中心，就要想尽一切办法穷尽一切手段，去重新赢回宜居的生态环境。

从这一角度说，《规定》的最大意义就在于首次将"修复生态环境"作为生态环境损害赔偿的责任方式，明确了受损生态环境能够修复的，人民法院应当依法判决被告承担修复责任，同时，《规定》还创新了责任方式的顺位，也就是能修复的就要判决修复，修复不了的才能判决赔偿由此造成的损失。

司法保护人居环境，把人民的利益放在最高的位置，把生态修复放在金钱之上。生态环境损害赔偿案件聚焦生态恢复的目的，在创新中得到了鲜活体现。

第三，司法越发积极作为勇于担当，是新规体现出的趋势。

人民对美好生活的向往，永远是我们的奋斗目标，而环境正是十九大报告中点出的、人民对美好生活需求的重要方面。

奋斗不息，更需法治护航。只有实行最严格的制度、最严密的法治，才能为生态文明建设提供可靠保障。近年来，全国政法机关在环境保护上越来越积极有为。

据最高法今年发布的《中国环境资源审判2017-2018》（白皮书）披露，2018年，全国法院共受理检察机关提起的环境公益诉讼案件1737件，同比上升33.21%，审结1252件，同比上升28.41%，全年共审结涉环境刑事、民事、行政案逾25万件。曾被习总书记批示的腾格里沙漠污染环境案等一批典型案件得到依法解决,成为环境保护的标杆案件。

在临近世界环境日之际,司法部也印发了《关于进一步做好环境损害司法鉴定管理有关工作的通知》,规定环境公益诉讼可先鉴定后收费,有力破解了公益保护因"鉴定贵"望而却步的老大难问题。

今年中国是世界环境日的主办国,全球主场活动在中国杭州举办。国家主席习近平向主场活动致贺信指出:"人类只有一个地球,保护生态环境、推动可持续发展是各国的共同责任。"对于环境义务,中国从不曾讳言,也不会回避。

将环境保护转化为法律责任,是一个国家应对环境挑战的最有力回应:

坚持完善生态环境法治,用法治的刚强保障生态文明的发展,才能让炎黄子孙永远在绿水青山中不懈奋斗,在绿色发展之路上矢志前行!

(资料来源:中国新闻网,http://www.chinanews.com/gn/2019/06-06/8857865.shtml,有删减)

第二节 实践教学设计

实践教学一:读一本好书

【实践目的】

提高学生法律素养,促进学生全面发展,督促学生读一本法律方面的好书或文章,写一篇读书笔记。做读书笔记不仅能提高学生的阅读效率,而且能提高其科学研究和写作能力,并让学生在阅读中品味和思考问题、了解法律的相关知识,提高学生法律素养,同时升华其精神境界。

【实践方案】

(1)题目自拟,体裁不限,字数要求不少于1500字。

(2)成绩评定采用等级制(优、良、中等、及格、不及格)。

(3)不按时提交,抄袭、雷同者,均无成绩。

(4)所有读书笔记必须手写,打印者成绩为零。

(5)用纸要求:A4纸,单面手写。

(6)在笔记正文首页左上角务必注明班级、学号及姓名。

【参考资料】

1. 读书笔记类型

提纲式。以记住书的主要内容为目的。通过编写内容提纲,明确主要和次要的内容。

摘录式。主要是为了积累词汇、句子。可以摘录优美的词语,精彩的句子、段落,供日后熟读、背诵和运用。

仿写式。为了能做到学以致用,可模仿所摘录的精彩句子、段落进行仿写,学会运用。

评论式。主要是对书中的人物、事件加以评论,以肯定其思想艺术价值。可分为书名、主要内容、评论意见。

心得式。为了记下自己感受最深的内容,记下读了什么书,书中哪些内容对自己教育最深,联系实际写出自己的感受,即随感。

存疑式。主要是记录读书中遇到的疑难问题,边读边记,以后再分别进行询问请教,达到弄懂的目的。

简缩式。为了记住故事梗概、读了一篇较长文章后,可抓住主要内容,把它缩写成短文。

2. 读书笔记的写作规范要求

(1) 书目:将选读之书名、作者、出版社、年月、版次,分项填写于题目左下方。

(2) 全书提要:可经由书前序文、绪言或书后跋、后记等,写作该书的时代背景、结构重点,逐一介绍(勿超过全文三分之一)。重点介绍作者及著书之时代背景。

(3) 心得评论:感想、论述、批判。

(4) 结语:提出问题、表达期许、归纳主要意见。

(5) 附注:为了方便教师批改和同学阅读,对文字的附加解释和说明,包括对书籍或文章的语言、内容、背景、引文的介绍或评议。

(6) 参考资料:读书笔记撰写中,曾参阅哪些书籍、杂志,或其他资料,均应于正文后列出作者、书名或篇名。

【参考书目】

1.《制度是怎样形成的》

作者:苏力。

评价:既有国际视野,又有本土意识和洞见。

简介:书中所收文章皆是作者发表于各种重要期刊的学术文章,有关于社会和法律的热点问题,诸如言论自由和隐私权、送法下乡、科技与法律以及司法审查和制度形成的问题。也有对于法学自身的反思和总结。

2.《乡土中国》

作者:费孝通。

评价:视野宏大,见解精辟,颇多点睛之笔,令人耳目一新。

简介:文字不以气势压人,反而平易晓畅、简洁明快。能做到这些,除了费孝通卓越的学术能力和高超的写作功力外,还源于他对中国乡土社会的了解与情感。他不以"先进/落后"的成见来看待"城/乡""中/西"的文化差异,同时又能预见中国社会正处在剧烈的变迁过程中,数千年乡土社会正在蜕变。

3.《政法笔记(增订版)》

作者:冯象。

评价:汉语法学随笔巅峰之作。

简介:法理精深、角度睿智、论调风趣,以平易近人的姿态思考着最具"中国特色"的社会和司法问题。新加入《旧约圣经》中的利未记也会引发我们对法治的再思考。

4.《寻找法律的印迹(2):从独角神兽到"六法全书"》

作者:余定宇。

评价:游览中国大地,探寻法律传统。

简介:作者走出书斋,实地考察,从法律发展所留下的足迹之中,从人们口耳相传的民间故事、神话传说之中,从出土文物、历史图片之中,探寻人类法律所留下的印迹,梳理法律成长的历史。

5.《公正》

作者:[美]迈克尔·桑德尔,朱慧玲译。

评价:迈克尔的"公正"是哈佛大学最受本科生欢迎的课。

简介:从"何为公正"的关怀出发,关注当代复杂问题:同性婚姻、爱国主义、人权等,提供清晰的思考维度。书中蕴涵亚里士多德、康德、密尔、洛克等哲人的思想精华,被分解成适合入门者吸收的营养。促使读者对自己的固定思维进行深入反思,在内心的解放之路上,向前迈进。

6.《法的门前》

作者:[美]彼得·德恩里科,邓子滨译。

评价:美国法理学必读书目《法律之门》的中文精编本,美国法最佳入门读物。

简介:本书典出卡夫卡的小说,在那部小说里,法学专业出身的小说家表现出他对法律的思考,尤其是法律的专业性给外行人带来困惑,发人深省。本书正是一部美国经典法学教材的浓缩,它不仅有助于刚刚进入法学门槛的学生理解自己的专业,而且也可以为未来的法律人奠定职业发展的思维与知识基础。

实践教学二:电影赏析

【实践目的】

(1)通过观看励志电影可以帮助同学们塑造健全的人格品质,牢固树立正确的法治观念,自觉维护社会主义法律权威。

(2)使学生养成心中有法、自觉守法、遇事找法、解决问题用法、化解矛盾靠法的良好习惯,使学生成为具有较高法律素质的社会主义事业建设者和接班人。

(3)引导大学生树立正确的权利义务观,妥善处理学习、生活中遇到的法律问题和各种矛盾,不断提高自己的法律素质。

【实践方案】

(1)观看视频后,学生自主发言,谈谈自己的观后感。

(2)任课教师对学生的发言进行评价和总结,帮助学生树立正确的法治观。

(3)课后学生撰写心得体会,自觉树立法治意识。

【参考资料】

《杀死一只知更鸟》讲述了白人律师芬奇不顾种族歧视的社会偏见以及个人安危,坚持为一名被控强奸白人妇女的黑人进行辩护的故事。

《熔炉》,该影片以2000年至2004年间发生于光州一所聋哑障碍人学校中性暴力事件为蓝本,描述该时间所发生的悲剧以及学校的教师和人权运动者一起力图揭开背后黑幕的故事。

《巡回法官》讲述法官深入基层、积极工作,用法律精神和思维为民解忧的故事主线,真实、细致地塑造了巡回法官的人物形象,对于传播正能量、弘扬正气、营造和谐社会环境有积极的现实意义。

实践教学三:演讲比赛

【实践目的】

牢固树立社会主义法治信仰,让遵纪守法成为自觉。

【实践方案】

(1) 初赛由学院组织进行,并择优推荐1~2名选手,参加全校决赛。

(2) 决赛由马克思主义学院组织。届时将聘请专业人员组成评委会,从演讲内容、感召力、情感运用、仪容仪表、形象设计等方面进行现场打分,按得分确定名次。参加演讲比赛要求脱稿。

(3) 计分办法:10分制打分,取平均分。

(4) 演讲顺序:随机抽签,按序进行。

【实践选题】

演讲比赛紧紧围绕活动主题,结合信仰法治、坚守法治组织进行。参赛选手的演讲要重点围绕以下几方面内容选题:增强法治意识,提高法治素质;厉行法治,提高司法公信力;培育法治信仰,弘扬法治精神;学法律,讲权利,讲义务,讲责任;自觉尊崇法律、维护法治权威;传承法律文化;培育法治思维,运用法治方式,维护和谐稳定等。

实践教学四:模拟法庭活动

【实践目的】

通过案情分析、角色划分、法律文书准备、预演、正式开庭等环节模拟法律庭审过程,将书本所学融会贯通、学以致用,调动学生的积极性与创造性,提高学生对法的实际感知能力。

【实践方案】

(1) 指导教师给定案情。

(2) 分配角色:将班级成员按组分配,可以分为四个组:审判组、起诉组、辩护组和综合组。审判组由法官、审判员(陪审员)、书记员以及其他不出庭的人员组成。起诉组由公诉人或原告及其代理人以及不出庭人员组成。辩护组由辩护律师、代理人以及不出庭人员组成。综合组由犯罪嫌疑人、被告人、被害人、证人、鉴定人、法警等其他诉讼参与人以及不出庭人员组成。

(3) 流程:书记员核对当事人情况;书记员宣布起立,法官进入;法官介绍案件基本情况(包括议庭组成、原被告、案由等);原告宣读起诉书,从诉讼请求开始读;被告宣读答辩意见;法官可以提问,归纳辩论焦点;法庭调查,证据交换;法庭辩论,原告先说,被告后说,主要是对有争议的事实进行说明;法官询问是否调解,若否则立即判定。

【评分标准】

本次比赛评委由系部书记,法律、思想政治理论课教师以及辅导员共同担任。评委评价的标准主要包括:法律运用是否准确,说理是否透彻;语言表达是否流畅、临场应变是否自如;法律文书写作是否规范娴熟等。评委将根据具体的评审规则及评审实施细则进行打分。

(1) 角色扮演恰到好处,陈述入情入理(15分)。

(2) 反应机敏,表达流畅,辩论合理能引起共鸣(20分)。

(3) 法律运用准确,说理透彻(20分)。

(4) 法律文书写作规范,论证充分(20分)。

(5) 仪态着装合理,尊重对手、评委及观众,言语恰当(15分)。

(6) 全队成员整体配合默契,临场应变能力强(10分)。

实践教学五:辩论赛

【辩论主题】
正方:精神赡养是法律责任
反方:精神赡养是道德义务

【实践目的】
通过辩论的形式活跃学生思维,锻炼辩者的口头表达能力、查找资料能力、搜索能力、统筹分析能力、思辨能力。同时也促使学生在辩论中培养追求真理、达成共识的意识。

【实践方案】
(1) 各班级组建辩论赛代表队。
(2) 辩论赛队伍进行准备,每个队伍进行抽签,决定辩论赛的正反双方。
(3) 举行辩论赛。

阅读一 习近平在首都各界纪念现行宪法公布施行 30 周年大会上的讲话

同志们,朋友们:

1982 年 12 月 4 日,五届全国人大五次会议通过了《中华人民共和国宪法》。我国现行宪法公布施行至今已经 30 年了。今天,我们在这里隆重集会,纪念这一具有重大历史意义和现实意义的事件,就是要保证宪法全面有效实施、推动全面贯彻党的十八大精神。

历史总能给人以深刻启示。回顾我国宪法制度发展历程,我们愈加感到,我国宪法同党和人民进行的艰苦奋斗和创造的辉煌成就紧密相连,同党和人民开辟的前进道路和积累的宝贵经验紧密相连。

我国现行宪法可以追溯到 1949 年具有临时宪法作用的《中国人民政治协商会议共同纲领》和 1954 年一届全国人大一次会议通过的《中华人民共和国宪法》。这些文献都以国家根本法的形式,确认了近代 100 多年来中国人民为反对内外敌人、争取民族独立和人民自由幸福进行的英勇斗争,确认了中国共产党领导中国人民夺取新民主主义革命胜利、中国人民掌握国家权力的历史变革。

1978 年,我们党召开具有重大历史意义的十一届三中全会,开启了改革开放历史新时期,发展社会主义民主、健全社会主义法制成为党和国家坚定不移的基本方针。就是在这次会议上,邓小平同志深刻指出:"为了保障人民民主,必须加强法制。必须使民主制度化、法律化,使这种制度和法律不因领导人的改变而改变,不因领导人的看法和注意力的改变而改变。"根据党的十一届三中全会确立的路线方针政策,总结我国社会主义建设正反两方面经验,深刻吸取十年"文化大革命"的沉痛教训,借鉴世界社会主义成败得失,适应我国改革开放和社会主义现代化建设、加强社会主义民主法制建设的新要求,我们制定了我国现行宪法。同时,宪法只有不断适应新形势、吸纳新经验、确认新成果,才能具有持久生命力。1988 年、1993 年、1999 年、2004 年,全国人大分别对我国宪法个别条款和部分内容作出必要的、也是十分重要的修正,使我国宪法在保持稳定性和权威性的基础上紧跟时代前进步伐,不断与时俱进。

我国宪法以国家根本法的形式,确立了中国特色社会主义道路、中国特色社会主义理论体系、中国特色社会主义制度的发展成果,反映了我国各族人民的共同意志和根本利益,成为历史新时期党和国家的中心工作、基本原则、重大方针、重要政策在国家法制上的最高体现。

30年来,我国宪法以其至上的法制地位和强大的法制力量,有力保障了人民当家作主,有力促进了改革开放和社会主义现代化建设,有力推动了社会主义法治国家进程,有力促进了人权事业发展,有力维护了国家统一、民族团结、社会稳定,对我国政治、经济、文化、社会生活产生了极为深刻的影响。

30年来的发展历程充分证明,我国宪法是符合国情、符合实际、符合时代发展要求的好宪法,是充分体现人民共同意志、充分保障人民民主权利、充分维护人民根本利益的好宪法,是推动国家发展进步、保证人民创造幸福生活、保障中华民族实现伟大复兴的好宪法,是我们国家和人民经受住各种困难和风险考验、始终沿着中国特色社会主义道路前进的根本法制保证。

再往前追溯至新中国成立以来60多年我国宪法制度的发展历程,我们可以清楚地看到,宪法与国家前途、人民命运息息相关。维护宪法权威,就是维护党和人民共同意志的权威。捍卫宪法尊严,就是捍卫党和人民共同意志的尊严。保证宪法实施,就是保证人民根本利益的实现。只要我们切实尊重和有效实施宪法,人民当家作主就有保证,党和国家事业就能顺利发展。反之,如果宪法受到漠视、削弱甚至破坏,人民权利和自由就无法保证,党和国家事业就会遭受挫折。这些从长期实践中得出的宝贵启示,必须倍加珍惜。我们要更加自觉地恪守宪法原则、弘扬宪法精神、履行宪法使命。

在充分肯定成绩的同时,我们也要看到存在的不足,主要表现在:保证宪法实施的监督机制和具体制度还不健全,有法不依、执法不严、违法不究现象在一些地方和部门依然存在;关系人民群众切身利益的执法司法问题还比较突出;一些公职人员滥用职权、失职渎职、执法犯法甚至徇私枉法严重损害国家法制权威;公民包括一些领导干部的宪法意识还有待进一步提高。对这些问题,我们必须高度重视,切实加以解决。

同志们、朋友们!

党的十八大强调,依法治国是党领导人民治理国家的基本方略,法治是治国理政的基本方式,要更加注重发挥法治在国家治理和社会管理中的重要作用,全面推进依法治国,加快建设社会主义法治国家。实现这个目标要求,必须全面贯彻实施宪法。

全面贯彻实施宪法,是建设社会主义法治国家的首要任务和基础性工作。宪法是国家的根本法,是治国安邦的总章程,具有最高的法律地位、法律权威、法律效力,具有根本性、全局性、稳定性、长期性。全国各族人民、一切国家机关和武装力量、各政党和各社会团体、各企业事业组织,都必须以宪法为根本的活动准则,并且负有维护宪法尊严、保证宪法实施的职责。任何组织或者个人,都不得有超越宪法和法律的特权。一切违反宪法和法律的行为,都必须予以追究。

宪法的生命在于实施,宪法的权威也在于实施。我们要坚持不懈抓好宪法实施工作,把全面贯彻实施宪法提高到一个新水平。

第一,坚持正确政治方向,坚定不移走中国特色社会主义政治发展道路。改革开放以来,我们党团结带领人民在发展社会主义民主政治方面取得了重大进展,成功开辟和坚持了中国特色社会主义政治发展道路,为实现最广泛的人民民主确立了正确方向。这一政治发展道路的核心思想、主体内容、基本要求,都在宪法中得到了确认和体现,其精神实质是紧密联系、相互贯通、相互促进的。国家的根本制度和根本任务,国家的领导核心和指导思想,工人阶级领导的、以工农联盟为基础的人民民主专政的国体,人民代表大会制度的政体,中国共产党领导的多党合作和政治协商制度、民族区域自治制度以及基层群众自治制度,爱国统一战线,社会主义法制原则,民主集中制原则,尊重和保障人权原则,等等,这些宪法确立的制度和原则,我们必须长期坚持、全面贯彻、不断发展。

坚持中国特色社会主义政治发展道路,关键是要坚持党的领导、人民当家作主、依法治国有机统一,以保证人民当家作主为根本,以增强党和国家活力、调动人民积极性为目标,扩大社会主义民主,发展社会主义政治文明。我们要坚持国家一切权力属于人民的宪法理念,最广泛地动员和组织人民依照宪法和法律规定,通过各级人民代表大会行使国家权力,通过各种途径和形式管理国家和社会事务、管理经济和文化事业,共同建设,共同享有,共同发展,成为国家、社会和自己命运的主人。我们要按照宪法确立的民主集中制原则、国家政权体制和活动准则,实行人民代表大会统一行使国家权力,实行决策权、执行权、监督权既有合理分工又有相互协调,保证国家机关依照法定权限和程序行使职权、履行职责,保证国家机关统一有效组织各项事业。我们要根据宪法确立的体制和原则,正确处理中央和地方关系,正确处理民族关系,正确处理各方面利益关系,调动一切积极因素,巩固和发展民主团结、生动活泼、安定和谐的政治局面。我们要适应扩大人民民主、促进经济社会发展的新要求,积极稳妥推进政治体制改革,发展更加广泛、更加充分、更加健全的人民民主,充分发挥我国社会主义政治制度优越性,不断推进社会主义政治制度自我完善和发展。

第二,落实依法治国基本方略,加快建设社会主义法治国家。宪法确立了社会主义法制的基本原则,明确规定中华人民共和国实行依法治国,建设社会主义法治国家,国家维护社会主义法制的统一和尊严。落实依法治国基本方略,加快建设社会主义法治国家,必须全面推进科学立法、严格执法、公正司法、全民守法进程。

我们要以宪法为最高法律规范,继续完善以宪法为统帅的中国特色社会主义法律体系,把国家各项事业和各项工作纳入法制轨道,实行有法可依、有法必依、执法必严、违法必究,维护社会公平正义,实现国家和社会生活制度化、法制化。全国人大及其常委会要加强重点领域立法,拓展人民有序参与立法途径,通过完备的法律推动宪法实施,保证宪法确立的制度和原则得到落实。国务院和有立法权的地方人大及其常委会要抓紧制定和修改与法律相配套的行政法规和地方性法规,保证宪法和法律得到有效实施。各级国家行政机关、审判机关、检察机关要坚持依法行政、公正司法,加快推进法治政府建设,不断提高司法公信力。国务院和地方各级人民政府作为国家权力机关的执行机关,作为国家行政机关,负有严格贯彻实施宪法和法律的重要职责,要规范政府行为,切实做到严格规范公正文明执法。我们要深化司法体制改革,保证依法独立公正行使审判权、检察权。全国人大及其常委会和国家有关监督机关要担负起宪法和法律监督职责,加强对宪法和法律实施情况的监督检查,健全监督机制和程序,坚决纠正违宪违法行为。地方各级人大及其常委会要依法行使职权,保证宪法和法律在本行政区域内得到遵守和执行。

第三,坚持人民主体地位,切实保障公民享有权利和履行义务。公民的基本权利和义务是宪法的核心内容,宪法是每个公民享有权利、履行义务的根本保证。宪法的根基在于人民发自内心的拥护,宪法的伟力在于人民出自真诚的信仰。只有保证公民在法律面前一律平等,尊重和保障人权,保证人民依法享有广泛的权利和自由,宪法才能深入人心,走入人民群众,宪法实施才能真正成为全体人民的自觉行动。

我们要依法保障全体公民享有广泛的权利,保障公民的人身权、财产权、基本政治权利等各项权利不受侵犯,保证公民的经济、文化、社会等各方面权利得到落实,努力维护最广大人民根本利益,保障人民群众对美好生活的向往和追求。我们要依法公正对待人民群众的诉求,努力让人民群众在每一个司法案件中都能感受到公平正义,决不能让不公正的审判伤害人民群众感情、损害人民群众权益。我们要在全社会加强宪法宣传教育,提高全体人民特别是各级领导干部和国家机关工作人员的宪法意识和法制观念,弘扬社会主义法治精神,努力培育社会主义法治文化,让宪法家喻户晓,在全社会形成学法尊法守法用法的良好氛围。我们要通过不懈努力,在全社会牢固树立宪法和法律的权威,让广大人民群众充分相信法律、自觉运用法律,使广大人民群众认识到宪法不仅是全体公民必须遵循的行为规范,而且是保障公民权利的法律武器。我们要把宪法教育作为党员干部教育的重要内容,使各级领导干部和国家机关工作人员掌握宪法的基本知识,树立忠于宪法、遵守宪法、维护宪法的自觉意识。法律是成文的道德,道德是内心的法律。我们要坚持把依法治国和以德治国结合起来,高度重视道德对公民行为的规范作用,引导公民既依法维护合法权益,又自觉履行法定义务,做到享有权利和履行义务相一致。

第四,坚持党的领导,更加注重改进党的领导方式和执政方式。依法治国,首先是依宪治国;依法执政,关键是依宪执政。新形势下,我们党要履行好执政兴国的重大职责,必须依据党章从严治党、依据宪法治国理政。党领导人民制定宪法和法律,党领导人民执行宪法和法律,党自身必须在宪法和法律范围内活动,真正做到党领导立法、保证执法、带头守法。

我们要坚持党总揽全局、协调各方的领导核心作用,坚持依法治国基本方略和依法执政基本方式,善于使党的主张通过法定程序成为国家意志,善于使党组织推荐的人选成为国家政权机关的领导人员,善于通过国家政权机关实施党对国家和社会的领导,支持国家权力机关、行政机关、审判机关、检察机关依照宪法和法律独立负责、协调一致地开展工作。各级党组织和党员领导干部要带头厉行法治,不断提高依法执政能力和水平,不断推进各项治国理政活动的制度化、法律化。各级领导干部要提高运用法治思维和法治方式深化改革、推动发展、化解矛盾、维护稳定能力,努力推动形成办事依法、遇事找法、解决问题用法、化解矛盾靠法的良好法治环境,在法治轨道上推动各项工作。我们要健全权力运行制约和监督体系,有权必有责,用权受监督,失职要问责,违法要追究,保证人民赋予的权力始终用来为人民谋利益。

同志们、朋友们!

全党全国各族人民要紧密团结在党中央周围,高举中国特色社会主义伟大旗帜,坚持以邓小平理论、"三个代表"重要思想、科学发展观为指导,坚持依法治国、依法执政、依法行政共同推进,坚持法治国家、法治政府、法治社会一体建设,扎扎实实把党的十八大精神落实到各项工作中去,为全面建成小康社会、开创中国特色社会主义事业新局面而努力奋斗!

(资料来源:新华网,http://www.xinhuanet.com//politics/2012-12/04/c_113907206.htm)

阅读二　加强党对全面依法治国的领导

党中央决定组建中央全面依法治国委员会,这是我们党历史上第一次设立这样的机构,目的是加强党对全面依法治国的集中统一领导,统筹推进全面依法治国工作。

一、充分认识成立中央全面依法治国委员会的重大意义

党的十八大以来,我是很看重依法治国的,讲得也比较多。当前,我国正处于实现"两个一

百年"奋斗目标的历史交汇期,坚持和发展中国特色社会主义更加需要依靠法治,更加需要加强党对全面依法治国的领导。党中央决定成立中央全面依法治国委员会,主要有以下几方面的考虑。

第一,这是贯彻落实党的十九大精神,加强党对全面依法治国集中统一领导的需要。党的十八届四中全会制定了推进全面依法治国的顶层设计、路线图、施工图。党的十九大对新时代推进全面依法治国提出了新任务,明确到2035年,法治国家、法治政府、法治社会要基本建成。为了更好落实这些目标任务,党中央听取各方意见和建议,决定成立中央全面依法治国委员会。成立这个委员会,就是要健全党领导全面依法治国的制度和工作机制,强化党中央在科学立法、严格执法、公正司法、全民守法等方面的领导,更加有力地推动党中央决策部署贯彻落实。

关于党的领导和法治关系问题,我反复讲过。推进党的领导制度化、法治化,既是加强党的领导的应有之义,也是法治建设的重要任务。为什么我国能保持长期稳定、没有乱?根本的一条就是我们始终坚持共产党领导。党的领导是党和国家事业不断发展的"定海神针"。这次修改宪法,在宪法序言确定党的领导地位的基础上,我们又在总纲中明确规定中国共产党领导是中国特色社会主义最本质的特征,强化了党总揽全局、协调各方的领导地位。宪法修改后各方面反响很好。我们要继续推进党的领导制度化、法治化,不断完善党的领导体制和工作机制,把党的领导贯彻到全面依法治国全过程和各方面。

依规治党深入党心,依法治国才能深入民心。党的十八大以来,我们制定和修订了140多部中央党内法规,出台了一批标志性、关键性、基础性的法规制度,有规可依的问题基本得到解决,下一步的重点是执规必严,使党内法规真正落地。绝大多数落马官员忏悔时都说自己不懂党纪国法。为什么党内这么多高级干部走上犯罪的道路?根本原因在于理想信念动摇了,但对党纪国法没有敬畏之心也是一个重要原因。

第二,这是研究解决依法治国重大事项、重大问题,协调推进中国特色社会主义法治体系和社会主义法治国家建设的需要。全面依法治国是一项长期而重大的历史任务,也是一场深刻的社会变革。当前,立法、执法、司法、守法等方面都存在不少薄弱环节,法治领域改革面临许多难啃的硬骨头,迫切需要从党中央层面加强统筹协调。

贯彻新发展理念,实现经济从高速增长转向高质量发展,必须坚持以法治为引领。在发展和法治关系上,一些地方还存在"发展要上、法治要让"的误区。去年,党中央处理了甘肃祁连山国家级自然保护区生态环境问题,一批党政干部受到处分。《甘肃祁连山国家级自然保护区管理条例》历经3次修正,部分规定始终同《中华人民共和国自然保护区条例》不一致,立法上"放水",执法上"放弃",才导致了祁连山生态系统遭到严重破坏的结果。这样的教训必须深刻汲取。

党的根基在人民、力量在人民。现在,人民群众对美好生活的向往更多向民主、法治、公平、正义、安全、环境等方面延展。人民群众对执法乱作为、不作为以及司法不公的意见比较集中,这要成为我们厉行法治的聚焦点和发力点。比如,一些黑恶势力长期进行聚众滋事、垄断经营、敲诈勒索、开设赌场等违法活动,老百姓敢怒不敢言。黑恶势力怎么就能在我们眼皮子底下从小到大发展起来?我看背后就存在执法者听之任之不作为的情况,一些地方执法部门甚至同黑恶势力沆瀣一气,充当保护伞。执法部门代表的是人民利益,决不能成为家族势力、黑恶势力的保护伞。近年来,司法机关依法纠正了呼格吉勒图案、聂树斌案、念斌案等一批冤假错案,受到广大群众好评。造成冤案的原因很多,其中有司法人员缺乏基本的司法良知和责任担当的问题,更深层次的则是司法职权配置和权力运行机制不科学,侦查权、检察权、审判权、执行权相互制约的体制机制没有真正形成。最近发生的长春长生疫苗造假案,背后的原因也是有法不依、执法不严,把法律法规当儿戏。这就要求我们必须促进严格规范公正文明执法,让人民群众真正感受到公平正义就在身边。

中国走向世界,以负责任大国参与国际事务,必须善于运用法治。在对外斗争中,我们要拿起法律武器,占领法治制高点,敢于向破坏者、搅局者说不。全球治理体系正处于调整变革的关键时期,我们要积极参与国际规则制定,做全球治理变革进程的参与者、推动者、引领者。

第三,这是推动实现"两个一百年"奋斗目标,为实现中华民族伟大复兴中国梦提供法治保障的需要。历史和现实都告诉我们,法治兴则国兴,法治强则国强。从我国古代看,凡属盛世都是法制相对健全的时期。春秋战国时期,法家主张"以法而治",偏在雍州的秦国践而行之,商鞅"立木建信",强调"法必明、令必行",使秦国迅速跻身强国之列,最终促成了秦始皇统一六国。汉高祖刘邦同关中百姓"约法三章",为其一统天下发挥了重要作用。汉武帝时形成的汉律60篇,两汉沿用近400年。唐太宗以奉法为治国之重,一部《贞观律》成就了"贞观之治";在《贞观律》基础上修订而成的《唐律疏议》,为大唐盛世奠定了法律基石。从世界历史看,国家强盛往往同法治相伴而生。3000多年前,古巴比伦国王汉谟拉比即位后,统一全国法令,制定人类历史上第一部成文法《汉谟拉比法典》,并将法典条文刻于石柱,由此推动古巴比伦王国进入上古两河流域的全盛时代。德国著名法学家耶林说,罗马帝国3次征服世界,第一次靠武力,第二次靠宗教,第三次靠法律,武力因罗马帝国灭亡而消亡,宗教随民众思想觉悟的提高、科学的发展而缩小了影响,惟有法律征服世界是最为持久的征服。

近代以后,我国仁人志士也认识到了这个问题,自戊戌变法和清末修律起,中国人一直在呼吁法制,但在当时的历史条件和政治条件下,仅仅靠法制是不能改变旧中国社会性质和中国人民悲惨命运的。我们党执政60多年来,虽历经坎坷但对法治矢志不渝,从"五四宪法"到前不久新修订的宪法;从"社会主义法制"到"社会主义法治";从"有法可依、有法必依、执法必严、违法必究"到"科学立法、严格执法、公正司法、全民守法",我们党越来越深刻认识到,治国理政须臾离不开法治。

总之,无论是实现"两个一百年"奋斗目标,还是实现中华民族伟大复兴的中国梦,全面依法治国既是重要内容,又是重要保障。我们把全面依法治国纳入"四个全面"战略布局,就是要为全面建成小康社会、全面深化改革、全面从严治党提供长期稳定的法治保障。我多次强调,在"四个全面"中,全面依法治国具有基础性、保障性作用。在统筹推进伟大斗争、伟大工程、伟大事业、伟大梦想,全面建设社会主义现代化国家的新征程上,我们要更好发挥法治固根本、稳预期、利长远的保障作用。

二、坚持以全面依法治国新理念新思想新战略为指导,坚定不移走中国特色社会主义法治道路

党的十八大以来,党中央对全面依法治国作出一系列重大决策、提出一系列重大举措。我们适应党和国家事业发展要求,完善立法体制,加强重点领域立法,中国特色社会主义法律体系日趋完善。我们坚持依宪治国,与时俱进修改宪法,设立国家宪法日,建立宪法宣誓制度,宪法实施和监督全面加强。我们推进法治政府建设,大幅减少行政审批事项,非行政许可审批彻底终结,建立政府权力清单、负面清单、责任清单,规范行政权力,推动严格规范公正文明执法。我们坚定不移推进法治领域改革,废止劳教制度,推进司法责任制、员额制和以审判为中心的刑事

诉讼制度改革,依法纠正一批重大冤假错案件,司法质量、效率、公信力显著提高。我们坚持把全民普法和守法作为依法治国的基础性工作,实行国家机关"谁执法谁普法"普法责任制,将法治教育纳入国民教育体系,全社会法治观念明显增强。我们推进法治队伍建设,发展壮大法律服务队伍,加强法学教育和法治人才培养。我们坚持依法执政,加强党内法规制度建设,推进国家监察体制改革,依法惩治腐败犯罪,全面从严治党成效卓著。

党的十八大以来,我们提出一系列全面依法治国新理念新思想新战略,明确了全面依法治国的指导思想、发展道路、工作布局、重点任务。概括起来,主要有以下10方面。

一是坚持加强党对依法治国的领导。党的领导是社会主义法治最根本的保证。全面依法治国决不是要削弱党的领导,而是要加强和改善党的领导,不断提高党领导依法治国的能力和水平,巩固党的执政地位。必须坚持实现党领导立法、保证执法、支持司法、带头守法,健全党领导全面依法治国的制度和工作机制,通过法定程序使党的主张成为国家意志、形成法律,通过法律保障党的政策有效实施,确保全面依法治国正确方向。

二是坚持人民主体地位。法治建设要为了人民、依靠人民、造福人民、保护人民。必须牢牢把握社会公平正义这一法治价值追求,努力让人民群众在每一项法律制度、每一个执法决定、每一宗司法案件中都感受到公平正义。要把体现人民利益、反映人民愿望、维护人民权益、增进人民福祉落实到依法治国全过程,保证人民在党的领导下通过各种途径和形式管理国家事务,管理经济和文化事业,管理社会事务。

三是坚持中国特色社会主义法治道路。全面推进依法治国必须走对路。要从中国国情和实际出发,走适合自己的法治道路,决不能照搬别国模式和做法,决不能走西方"宪政"、"三权鼎立"、"司法独立"的路子。

四是坚持建设中国特色社会主义法治体系。中国特色社会主义法治体系是中国特色社会主义制度的法律表现形式。必须抓住建设中国特色社会主义法治体系这个总抓手,努力形成完备的法律规范体系、高效的法治实施体系、严密的法治监督体系、有力的法治保障体系,形成完善的党内法规体系,不断开创全面依法治国新局面。

五是坚持依法治国、依法执政、依法行政共同推进,法治国家、法治政府、法治社会一体建设。全面依法治国是一个系统工程,必须统筹兼顾、把握重点、整体谋划,更加注重系统性、整体性、协同性。依法治国、依法执政、依法行政是一个有机整体,关键在于党要坚持依法执政、各级政府要坚持依法行政。法治国家、法治政府、法治社会三者各有侧重、相辅相成,法治国家是法治建设的目标,法治政府是建设法治国家的主体,法治社会是构筑法治国家的基础。要善于运用制度和法律治理国家,提高党科学执政、民主执政、依法执政水平。

六是坚持依宪治国、依宪执政。依法治国首先要坚持依宪治国,依法执政首先要坚持依宪执政。党领导人民制定宪法法律,领导人民实施宪法法律,党自身必须在宪法法律范围内活动。任何公民、社会组织和国家机关都必须以宪法法律为行为准则,依照宪法法律行使权利或权力,履行义务或职责,都不得有超越宪法法律的特权,一切违反宪法法律的行为都必须予以追究。

七是坚持全面推进科学立法、严格执法、公正司法、全民守法。解决好立法、执法、司法、守法等领域的突出矛盾和问题,必须坚定不移推进法治领域改革。要紧紧抓住全面依法治国的关键环节,完善立法体制,提高立法质量。要推进严格执法,理顺执法体制,完善行政执法程序,全面落实行政执法责任制。要支持司法机关依法独立行使职权,健全司法权力分工负责、相互配合、相互制约的制度安排。要加大全民普法力度,培育全社会办事依法、遇事找法、解决问题用法、化解矛盾靠法的法治环境。

八是坚持处理好全面依法治国的辩证关系。全面依法治国必须正确处理政治和法治、改革和法治、依法治国和以德治国、依法治国和依规治党的关系。社会主义法治必须坚持党的领导，党的领导必须依靠社会主义法治。"改革与法治如鸟之两翼、车之两轮"，要坚持在法治下推进改革，在改革中完善法治。要坚持依法治国和以德治国相结合，实现法治和德治相辅相成、相得益彰。要发挥依法治国和依规治党的互补性作用，确保党既依据宪法法律治国理政，又依据党内法规管党治党、从严治党。

九是坚持建设德才兼备的高素质法治工作队伍。全面推进依法治国，必须着力建设一支忠于党、忠于国家、忠于人民、忠于法律的社会主义法治工作队伍。要加强理想信念教育，深入开展社会主义核心价值观和社会主义法治理念教育，推进法治专门队伍正规化、专业化、职业化，提高职业素养和专业水平。要坚持立德树人，德法兼修，创新法治人才培养机制，努力培养造就一大批高素质法治人才及后备力量。

十是坚持抓住领导干部这个"关键少数"。领导干部具体行使党的执政权和国家立法权、行政权、监察权、司法权，是全面依法治国的关键。领导干部必须带头尊崇法治、敬畏法律，了解法律、掌握法律，遵纪守法、捍卫法治，厉行法治、依法办事，不断提高运用法治思维和法治方式深化改革、推动发展、化解矛盾、维护稳定的能力，做尊法学法守法用法的模范，以实际行动带动全社会尊法学法守法用法。

这些新理念新思想新战略，是马克思主义法治思想中国化的最新成果，是全面依法治国的根本遵循，必须长期坚持、不断丰富发展。

（这是习近平总书记2018年8月24日在中央全面依法治国委员会第一次会议上的讲话的一部分。）

（资料来源：求是网，http://www.qstheory.cn/dukan/qs/2019-02/15/c_1124114454.htm）

阅读三 在新的起点上深化国家监察体制改革

深化国家监察体制改革是贯彻党的十九大精神、健全党和国家监督体系的重要部署，是推进国家治理体系和治理能力现代化的一项重要改革。我们以这个题目进行集体学习，目的是深化认识、增强信心，在新的起点上深化党的纪律检查体制和国家监察体制改革，为新时代完善和发展中国特色社会主义制度、推进全面从严治党提供重要制度保障。

党的十八大以来，党中央就一直思考和谋划如何适应全面从严治党新形势，在强化党内各方面监督的同时，更好发挥监察机关职能作用，强化国家监察，把公权力关进制度的笼子。在党中央领导下，中央纪委组织协调，从北京、浙江、山西试点探索到全国推开，再到组建国家和省市县监察委员会，同纪律检查委员会合署办公，改革取得重要阶段性成果。

一、国家监察体制改革成效初显

党的十九大提出构建集中统一、权威高效的国家监察体系，把组建国家监察委员会列在深化党中央机构改革方案第一条，形成以党内监督为主、其他监督相贯通的监察合力。经过一段时间努力，国家监察体制改革已经显示出多方面成效。

一是有利于党对反腐败工作的集中统一领导。通过体制机制创新，我们把行政监察部门、预防腐败机构和检察机关反腐败相关职责进行整合，解决了过去监察范围过窄、反腐败力量分散、纪法衔接不畅等问题，优化了反腐败资源配置，实现了党内监督和国家监察、依规治党和依法治国有机统一。

二是有利于对公权力监督的全覆盖。我们把所有行使公权力人员纳入统一监督的范围，解决了过去党内监督和国家监察不同步、部分行使公权力人员处于监督之外的问题，实现了对公权力监督和反腐败的全覆盖、无死角。

三是有利于坚持标本兼治、巩固扩大反腐败斗争成果。党的十九大以来，全国纪检监察机关充分发挥新体制的治理效能，收拢五指，重拳出击，不敢腐的震慑效应充分显现，一批腐败分子投案自首，标本兼治综合效应更加凸显。

实践证明，党中央关于推进国家监察体制改革的决策是完全正确的。我们要保持战略定力，持续深化改革，促进执纪执法贯通，有效衔接司法，推进反腐败工作法治化、规范化，强化不敢腐的震慑，扎牢不能腐的笼子，增强不想腐的自觉。

二、加强对公权力的监督

我讲过，国家之权乃是"神器"，是个神圣的东西。公权力姓公，也必须为公。只要公权力存在，就必须有制约和监督。不关进笼子，公权力就会被滥用。马克思强调，社会主义国家的一切权力属于人民，一切公职人员必须"在公众监督之下进行工作"。列宁强调，要提高监督机关的地位、规格、权威，建立起包括党内监督、人民监督、法律监督在内的监督体系，以防止公职人员成为"脱离群众、站在群众之上、享有特权的人物"。

我们党从成立之日起就高度重视权力监督问题。在中央苏区、延安时期，我们党探索了一套对苏维埃政府、边区政府和革命根据地人民政权组织及其工作人员的监督办法。新中国成立后，我们对加强公权力监督进行了不懈探索。党的十八大之后，我们党在加强对国家机器的监督、切实把公权力关进制度的笼子方面做了大量探索和努力，目的就是要确保人民赋予的权力始终用来为人民谋幸福。

深化国家监察体制改革的初心，就是要把增强对公权力和公职人员的监督全覆盖、有效性作为着力点，推进公权力运行法治化，消除权力监督的真空地带，压缩权力行使的任性空间，建立完善的监督管理机制、有效的权力制约机制、严肃的责任追究机制。

国家监察是对公权力最直接最有效的监督，监察委员会第一项职责就是"对公职人员开展廉政教育，对其依法履职、秉公用权、廉洁从政从业以及道德操守情况进行监督检查"。要教育监督各级国家机关和公职人员牢记手中的权力是党和人民赋予的，是上下左右有界受控的，切不可随心所欲、为所欲为，做到秉公用权、依法用权、廉洁用权、为民用权。要督促掌握公权力的部门、组织、个人强化法治思维，严格在宪法法律范围内活动，严格依照法定权限和程序行使权力，决不允许任何组织或者个人有超越法律的特权。

要强化对公权力的监督制约，督促掌握公权力的部门、组织合理分解权力、科学配置权力、严格职责权限，完善权责清单制度，加快推进机构、职能、权限、程序、责任法定化。要盯紧公权力运行各个环节，完善及时发现问题的防范机制、精准纠正偏差的矫正机制，管好关键人、管到关键处、管住关键事、管在关键时，特别是要把一把手管住管好。要认真执行民主集中制，完善"三重一大"决策监督机制，用好批评和自我批评的锐利武器，把上级对下级、同级之间以及下级对上级的监督充分调动起来，增强监督实效。要把日常监督和信访举报、巡视巡察结合起来，加强对问题整改落实情况的督促检查，对整改抓不好的要严肃问责。

"善不可失，恶不可长。"要坚持惩前毖后、治病救人，运用好监督执纪"四种形态"，抓早抓小,防微杜渐。要强化监督执纪,及时发现和查处党风党纪方面的问题,同时强化监察执法,及时发现和查处依法履职、秉公用权、廉洁从政从业以及道德操守等方面的问题,把权力运行的规矩立起来。

需要强调的是,权力监督的目的是保证公权力正确行使,更好促进干部履职尽责、干事创业。一方面要管住乱用滥用权力的渎职行为,另一方面要管住不用弃用权力的失职行为,整治不担当、不作为、慢作为、假作为,注意保护那些敢于负责、敢于担当作为的干部,对那些受到诬告陷害的干部要及时予以澄清,形成激浊扬清、干事创业的良好政治生态。

三、完善纪检监察体制机制

现在,国家监委和省市县三级监委已经组建完成。在新起点上,要以新时代中国特色社会主义思想为指导,全面贯彻落实党的十九大和十九届二中、三中全会精神,坚持目标导向,坚持问题导向,继续把纪检监察体制改革推向前进。

第一,改革目标不能偏。深化纪检监察体制改革是要实现标本兼治。要强化不敢腐的震慑,保持惩治腐败高压态势,强化监督和监察全覆盖的震慑效应,不断释放全面从严强烈信号。要扎牢不能腐的笼子,把"当下改"和"长久立"结合起来,形成靠制度管权、管事、管人的长效机制。要增强不想腐的自觉,引导党员干部坚定理想信念,强化宗旨意识,树立正确的世界观、人生观、价值观,营造风清气正的从政环境和社会氛围。

第二,工作职能要跟上。要强化政治监督,做实日常监督、靠前监督、主动监督,坚决破除空泛式表态、应景式过场、运动式造势等形式主义、官僚主义问题,维护党中央权威和集中统一领导,确保党中央重大决策部署落实到位。

第三,各项规则要跟上。要整合规范纪检监察工作流程,强化内部权力运行的监督制约;健全统一决策、一体运行的执纪执法工作机制,把适用纪律和适用法律结合起来;推动纪检监察工作双重领导体制具体化、程序化、制度化,带动整个纪检监察系统提高履职质量。

第四,配套法规要跟上。要制定同监察法配套的法律法规,将监察法中原则性、概括性的规定具体化,形成系统完备、科学规范、运行有效的法规体系。

第五,协调机制要跟上。要强化对纪检监察体制改革的领导,对内加强跨部门跨地区统筹协调,对外加强反腐败国际追逃追赃工作。要旗帜鲜明支持纪委监委行使职权,为其履行职责创造有利条件。要及时研究解决纪检监察体制改革中遇到的问题,使反腐败工作在决策部署指挥、资源力量整合、措施手段运用上更加协同高效。纪检监察机构要发挥合署办公优势,推进纪律监督、监察监督、派驻监督、巡视监督协调衔接,推动党内监督同国家机关监督、民主监督、司法监督、群众监督、舆论监督有效贯通,把权力置于严密监督之下。

四、规范和正确行使国家监察权

纪检监察机关肩负着党和人民重托,必须牢记打铁必须自身硬的政治要求。党的十八大以来,我多次谈到"谁来监督纪委"、防止"灯下黑",这就是监督者要接受监督的问题。这对行使监督权的机构和同志同样适用。纪检监察机关要马克思主义手电筒既照别人更照自己,不能只照他人、不照自己。在这里,我要再次提醒,纪检监察机关不是天然的保险箱,监察权是把双刃剑,也要关进制度的笼子,自觉接受党和人民监督,行使权力必须十分谨慎,严格依纪依法。

"善禁者,先禁其身而后人;不善禁者,先禁人而后身。"纪检监察干部处在正风肃纪反腐第一线,时刻面临着腐蚀和反腐蚀的考验,很容易被"围猎"。要求其他国家机关和公职人员做到的,纪检监察机关和纪检监察干部必须首先做到,坚决不能滥用职权、以权谋私,特别是不能搞选择性监督、随意执纪调查、任性问责处置。

党的十八大以来,纪检监察机关和纪检监察干部在贯彻落实党中央决策部署方面做得是好的。一事一时带好头不难,难的是事事时时作表率。纪检监察机关和干部任何时候都要克己慎行、守住底线,扎紧制度笼子,强化自我约束。中央纪委国家监委机关要带头加强党的政治建设,增强"四个意识",坚定"四个自信",始终自觉在思想上政治上行动上同党中央保持高度一致,在大是大非面前敢于亮剑、敢于斗争,带头强化自我监督,自觉接受党内监督和社会监督,及时打扫庭院、清理门户,努力建设让党中央放心、人民群众满意的模范机关。广大纪检监察干部要做党和人民的忠诚卫士,坚定理想信念,提高政治能力,加强自我约束,不断增强专业能力,强化纪法思维特别是程序意识,主动接受组织监督,在遵纪守法、严于律己上作表率。

(这是习近平总书记 2018 年 12 月 13 日在十九届中央政治局第十一次集体学习时的讲话。)

(资料来源:求是网,http://www.qstheory.cn/dukan/qs/2019-02/28/c_1124169678.htm)

课后练习

一、单选题

1. (　　)是社会主义法治最根本的保证。
   A. 党的领导　　　B. 国家监察　　　C. 科学执政　　　D. 民主协商

2. 以下关于建设中国特色社会主义法治体系的重大意义错误的是(　　)。
   A. 中国特色社会主义的本质要求和重要保障
   B. 推进国家治理体系和治理能力现代化的重要举措
   C. 不利于科学执政、民主执政和依法执政
   D. 全面依法治国的总抓手

3. (　　)是对公权力最直接最有效的监督。
   A. 国家监察　　　B. 法治实施　　　C. 党的领导　　　D. 以德治国

4. 党的十九大对新时代推进全面依法治国提出了新任务,明确到(　　)年,法治国家、法治政府、法治社会要基本建成。
   A. 2020　　　　　B. 2025　　　　　C. 2030　　　　　D. 2035

5. 在我国,(　　)是社会主义民主政治的本质和核心。
   A. 人民当家作主　B. 党的领导　　　C. 人民民主专政　D. 民主协商

6. 新中国的第一部宪法是(　　)。
   A. 共同纲领　　　B. 1954 年宪法　　C. 1975 年宪法　　D. 1982 年宪法

7. 国家机关、社会组织和公民个人依照法律规定行使权力和权利以及履行职责和义务的活动,称为(　　)。
   A. 法律实施　　　B. 法律适用　　　C. 法律执行　　　D. 法律遵守

8. 我国依法治国的标准是(　　)。
   A. 宪法和法律　　B. 社会道德　　　C. 社会习惯　　　D. 风俗和礼仪

9. (　　)不能形容法治与德治的关系。
   A. 相辅相成　　　B. 相得益彰　　　C. 辩证统一　　　D. 并行相悖

10. 关于宪法对人身自由的规定,下列哪一选项不正确?（　　）
A. 禁止用任何方式对公民进行侮辱、诽谤和诬告陷害
B. 生命权是宪法明确规定的公民基本权利,属于广义的人身自由权
C. 禁止非法搜查公民身体
D. 禁止非法搜查或非法侵入公民住宅

二、多选题

1. 尊重和维护法律权威,就是要(　　)。
A. 信仰法律　　B. 遵守法律　　C. 挑战法律　　D. 服从法律　　E. 维护法律

2. 国家强制力并不是保证法律实施的唯一力量,(　　)等在保证法律实施中也发挥着重要作用。
A. 法律意识　　B. 道德观念　　C. 价值观念　　D. 纪律观念　　E. 生活观念

3. 法律的运行是一个从创制、实施到实现的过程。这个过程主要包括(　　)等环节。
A. 法律制定　　B. 法律执行　　C. 法律适用　　D. 法律遵守　　E. 法律使用

4. 我国宪法法律规定了公民享有的权利包括(　　)。
A. 政治权利　　　　　　B. 人身权利　　　　　　C. 财产权利
D. 社会经济权利　　　　E. 宗教信仰及文化权利

5. 关于我国宪法,说法正确的有(　　)。
A. 治国安邦的总章程　　　　B. 党和人民意志的集中体现
C. 党的指导思想最高体现　　D. 中国特色社会主义法律体系的核心
E. 确认了党领导人民长期奋斗取得的辉煌成果

6. 完善立法体制机制,需要增强法律法规的(　　)。
A. 及时性　　B. 系统性　　C. 民主性　　D. 针对性　　E. 有效性

7. 中国特色社会主义法治体系的具体要求就是要形成(　　)。
A. 完备的法律规范体系　　　　B. 高效的法治实施体系
C. 严密的法治监督体系　　　　D. 有力的法治保障体系
E. 完善的党内法规体系

8. 法律义务具有以下哪些特点(　　)。
A. 法律义务是历史的　　　　　B. 法律义务源于现实需要
C. 法律义务必须依法设定　　　D. 法律义务可能发生变化
E. 法律义务不可能发生变化

9. 我国公民的政治权利与义务包括(　　)。
A. 选举权利与义务　　　　　　B. 表达权利与义务
C. 民主管理权利与义务　　　　D. 监督权利与义务
E. 人身权利与义务

10. 全面依法治国的格局包括(　　)。
A. 科学立法　　B. 严格执法　　C. 公正司法　　D. 全民守法　　E. 从严管理

三、判断题

1. 法律所体现的统治阶级意志具有整体性,不是统治阶级内部个别人的意志,也不是统治者个人意志的简单相加。(　　)

2. 法律的运行是一个从创制、实施到实现的过程。（　　）
3. 法律作为上层建筑的重要组成部分，其基本内容和性质可独立于生产关系。（　　）
4. 从本质上说，我国社会主义法律是中国特色社会主义制度的重要组成部分，是党领导人民当家作主的制度保障。（　　）
5. 法律权利的行使，必须伴随着法律义务的履行。（　　）
6. 我国人民民主与西方所谓的"宪政"本质上是不同的。（　　）
7. 全面依法治国是中国特色社会主义的本质要求和重要保障。（　　）
8. 法律面前不可能人人平等。（　　）
9. 法律权利是人权的内容和来源。（　　）
10. 全面依法治国的过程中道德建设与法治建设是鸟之两翼、车之两轮的关系。（　　）

参考答案

一、单选题
1. A　2. C　3. A　4. D　5. A　6. B　7. D　8. A　9. D　10. B

二、多选题
1. ABDE　2. ABCD　3. ABCD　4. ABCDE　5. ABCDE
6. ABDE　7. ABCDE　8. ABCD　9. ABCD　10. ABCD

三、判断题
1. √　2. √　3. ×　4. √　5. √　6. √　7. √　8. ×　9. ×　10. √

参考文献

[1] 冉鑫,朱丽佳.《思想道德修养与法律基础》实践教学指导教程[M].北京:中国人民大学出版社,2016.
[2] 李明建.思想道德修养与法律基础实践探索[M].南京:南京大学出版社,2017.
[3] 彭国平.思想道德修养与法律基础实践教程[M].武汉:华中科技大学出版社,2018.
[4] 汪应明.思想道德修养与法律基础实践教程[M].北京:机械工业出版社,2016.